Gustav Höcker

Drei große Tondichter

Karl Maria von Weber. Franz Schubert. Felix Mendelssohn-Bartholdy

Europäischer Musikverlag

Gustav Höcker

Drei große Tondichter

Karl Maria von Weber.Franz Schubert.Felix Mendelssohn-Bartholdy

ISBN/EAN: 9783956980435

Auflage: 1

Erscheinungsjahr: 2013

Erscheinungsort: Norderstedt, Deutschland

Hergestellt in Europa, USA, Kanada, Australien, Japan
Europäischer Musikverlag in Hansebooks GmbH, Norderstedt

Cover: Foto ©Jürgen Reitböck / pixelio.de

Karl Maria von Weber.
(Nach einem Stahlstich. Verlagsanstalt F. Bruckmann, München.)

Drei große Tondichter

Karl Maria von Weber.
Franz Schubert.   Felix Mendelssohn-Bartholdy.

In biographischen Erzählungen
von
Gustav Höcker.

Mit drei Porträts.

Glogau.
Carl Flemming, Verlag,
Buch- und Kunstdruckerei, A. G.

Vorwort.

Nachdem ich in meinem früheren Werke: „Das große Dreigestirn" die Lebensgeschichte der Tonheroen Haydn, Mozart und Beethoven erzählte, habe ich in dem vorliegenden Buche in gleicher Weise diejenigen ihrer Nachfolger, die ihnen an Genialität am nächsten kommen, zu einem Dreiblatt vereinigt: Weber, Schubert und Mendelssohn-Bartholdy.

Hier wie dort habe ich auf eine fachmännische, von rein musikalischem Standpunkt ausgehende Behandlung meines Gegenstandes verzichten müssen, Berufeneren das Wort lassend, und mich auf die Darstellung des äußeren Lebensganges beschränkt. Hier wie dort habe ich mich aller mehr oder weniger frei erfundenen Zutaten enthalten und bin nur der historischen Wahrheit gefolgt.

Allen drei Meistern war ein früher Tod beschieden. Während ihre großen Vorgänger Bach, Händel, Gluck, Haydn und Beethoven ein höheres Lebensalter erreichten, teilten jene das Schicksal Mozarts, keiner brachte es bis zum vierzigsten Jahre. Weber und Mendelssohn starben auf der Höhe ihres Ruhms, anerkannt und verehrt von der kultivierten Welt. Schubert hinterließ nur eine Lücke in seinen Wiener Bekanntenkreisen. Er erlebte seinen Ruhm nicht. Erst von einer späten Nachwelt wurde er in seinem ganzen Werte erkannt, dessen er sich vielleicht selbst nie voll bewußt gewesen ist. Nur für den kleinsten Teil seiner Werke fand er Verleger; viele seiner größeren Kompositionen hat er selbst nie zu hören bekommen, die vollendetste derselben, die C-dur-Sinfonie, die würdig wäre, Beethovens zehnte zu heißen, wurde erst elf Jahre nach seinem Tode der staunenden Welt bekannt. Mendelssohn dagegen, im Schoße des Reichtums geboren, genoß den Vorzug, schon seine Knabenarbeiten von Musikern aufgeführt zu sehen, die es sich zur Ehre schätzten, in den Hauskonzerten der angesehenen, kunstverständigen Berliner Bankiersfamilie mitzuwirken.

Weber und Mendelssohn erweiterten auf großen Reisen ihre Weltanschauung und Menschenkenntnis und verbreiteten den Glanz ihrer Namen, und das Publikum, vor dem sie ihre Werke dirigierten oder als Virtuosen auftraten, war die weite Welt. Schubert haftete an der Scholle und ist wenig über seine Heimatsstadt Wien hinausgekommen. Er war kein Virtuos, der ein verwöhntes Konzertpublikum hätte verblüffen können, auch kein Orchesterleiter, in dessen Hand sich der Taktstock in einen Zauberstab verwandelte. Er hat nicht vor gekrönten Häuptern sich und seine Schöpfungen produziert. Seine größte Meisterschaft bekundete er in seinen Liedern, die erst durch andere zur Geltung kommen konnten. Schwer um das tägliche Dasein ringend und von schlichtem und schüchternem Wesen, bewegte er sich nur im engen Freundeskreise; daher bietet seine Biographie nur ein Klein- und Stillleben dar, worin manches zu einem Ereignis anschwillt, was in den buntbewegten Daseinsbeziehungen Webers und Mendelssohns kaum erwähnenswert erscheinen würde.

Bei Schubert und Mendelssohn trat der Beruf für die Musik schon frühzeitig entscheidend für ihr ganzes Leben hervor; Weber war wiederholt nahe daran, sich von der Musik loszusagen, ehe diese in ihm die Oberherrschaft über andere Neigungen gewann. Mit seinem wunderlichen Vater, einem wandernden Theaterdirektor, durch die Lande ziehend, fühlte er sich schon als Knabe in der Welt der Kulissen daheim. Aus diesen frühen Eindrücken entwickelte sich seine dramatische Gestaltungskraft. Der

Schwerpunkt seines Schaffens und seiner Erfolge war die Oper. Schubert und Mendelssohn dagegen haben auf diesem Gebiete keine Lorbeern gepflückt. Das Dramatische, wie es von der Bühne herab wirken soll, stak ihnen nicht im Blute. Schubert hat sich oft darin versucht und scheiterte fast stets an der kritiklosen Wahl seiner Operntexte; Mendelssohn verfiel in den entgegengesetzten Fehler: bei seiner feinen literarischen Bildung ging er allzu kritisch vor und konnte keinen Text finden, der seinen hohen Anforderungen entsprach.

Sehr bezeichnend sind die Beziehungen der drei Künstler zu dem größten ihrer Zeitgenossen, zu Goethe. Den berühmten Komponisten des „Freischütz" empfing der Dichterfürst, ohne nur ein Wort über Musik zu sprechen, wie einen jener zudringlichen Besucher, die ihn aus Neugierde überliefen; von Schubert, der ihm die göttliche Komposition seines „Erlkönigs" und anderer seiner Dichtungen übersandte, nahm er überhaupt keine Notiz; dagegen war es dem elfjährigen Wunderknaben Mendelssohn vorbehalten, die Gunst des Allgewaltigen von Weimar in hohem Grade zu gewinnen. Ein Schoßkind des Glücks witterte das andere.

Das Gesamtwirken der drei großen Tondichter umfaßt einen Zeitraum von noch nicht sechzig Jahren. Nur Weber wurde in mächtige Zeitströmungen hineingerissen, und wie sie auf ihn wirkten, das klingt aus „Lützows wilder, verwegener Jagd" heraus. Er selbst war eine Kampfnatur; seine Stellung als Kapellmeister in Dresden war ein unausgesetztes Ringen gegen die welsche Kunst, die dort hohe Beschützer besaß; die erste Aufführung seines „Freischütz" war eine gewonnene Schlacht gegen denselben Gegner in Preußens Hauptstadt, — ein Sieg war es, der einen ganzen Feldzug entschied.

Der Verfasser.

Inhalt.

Karl Maria von Weber, der Schöpfer des „Freischütz".

		Seite
I.	Musiker und Lithograph	1
II.	Kapellmeister und Geheimsekretär	9
III.	Auf Kunstreisen	24
IV.	Der Prager Operndirektor. — Leier und Schwert. — Karoline Brandt	41
V.	Deutsche und welsche Kunst in Dresden	52
VI.	Häusliches Glück und amtliche Zurücksetzungen	59
VII.	Der „Freischütz"	71
VIII.	„Euryanthe" und „Oberon"	87
IX.	In London und in Dresden	105

Franz Schubert, der Meister des Liedes.

		Seite
I.	Der Konviktzögling	119
II.	Der Schulgehilfe	127
III.	Ein Dichter und ein Sänger. — Schubert und das deutsche Lied	133
IV.	Im Ungarlande. — Opern- und Kirchenmusik	142
V.	Die ersten Erfolge	147
VI.	Im Freundeskreise	152
VII.	Enttäuschungen. — Karl Maria von Weber. — Die „Müllerlieder"	164
VIII.	Reiseeindrücke	174
IX.	Dunkle Stunden und sonnige Tage	180
X.	Franz Schuberts letztes Lebensjahr	189
XI.	Nachklänge	201

Felix Mendelssohn-Bartholdy, ein Liebling der Musen und des Glücks.

		Seite
I.	Beim Dichterfürsten in Weimar	207
II.	Eine glückliche Jugend	213
III.	Eine verunglückte Oper und drei Meisterwerke. — Die Matthäuspassion	221
IV.	In England und Schottland. — „Die Heimkehr aus der Fremde"	232
V.	Süd und Nord	240
VI.	Am Rhein	256
VII.	Die Leipziger Gewandhaus-Konzerte. — „Paulus." — Cäcilie	264
VIII.	Mensch und Künstler. — Robert und Klara Schumann. — Gäste und Feste. — Ruf nach Berlin	273
IX.	„Antigone." — „Die erste Walpurgisnacht." — Das Leipziger Konservatorium. — Die Sommernachtstraum-Musik	286
X.	„Ödipus" und „Athalia". — Musikfeste. — Das Oratorium „Elias"	295
XI.	Königlicher Dank. — Ein schmerzlicher Verlust. — Letztes Schaffen. — Das Ende vom Liede	306

Karl Maria von Weber,

der Schöpfer des „Freischütz".

I.
Musiker und Lithograph.

„Das stumme Waldmädchen. Große romantisch=komische Oper, in Musik gesetzt von Karl Maria von Weber, 13 Jahre alt, einem Zögling Haydns."

So verkündete am 24. November des Jahres 1800 der Theaterzettel den Bewohnern der alten sächsischen Bergstadt Freiberg. Der Verfasser des Operntextes nannte sich Ritter von Steinsberg und war Direktor der reisenden Gesellschaft, welche jeden Winter in Freiberg Vorstellungen gab; aber die obige, etwas pomphafte Ankündigung stammte nicht von ihm, sondern von dem Vater des Komponisten. Der alte Herr hatte sich dabei die Freiheit genommen, ein paar kleine Ungenauigkeiten ein=zuschmuggeln. Um nämlich die große Jugend seines vielver=sprechenden Söhnchens noch mehr hervorzuheben, machte er dieses um ein Jahr jünger, und was den gefeierten Namen seines Lehrers betrifft, der auf dem Zettel prangte, so dachte man dabei selbstverständlich an den Wiener Altmeister Joseph Haydn; wir aber wollen es unsern Lesern jetzt schon verraten, daß sich hinter dem wohlweislich verschwiegenen Vornamen dessen weniger berühmter Bruder Michael verbarg, der in Salzburg das bescheidene Amt eines erzbischöflichen Kapellmeisters bekleidete.

Bereits seit drei Monaten weilte Franz Anton Weber mit seinem Sohne in Freiberg. Beide hatten sich Zutritt in die angesehensten Familien verschafft; zugleich standen sie in angenehmem geselligen Verkehr mit den Studierenden der Bergakademie. Der kleine witzige Musiker wußte sich schnell die Herzen zu erobern. Sein Vater war bereits ein Sechziger, der aber durch seine militärisch stramme Erscheinung und durch sein kavaliermäßiges Auftreten seiner adligen Abkunft Geltung zu verschaffen wußte. Sein großsprecherisches Wesen würde abstoßend gewirkt haben, wenn es nicht durch den gemütlichen süddeutschen Dialekt gemildert worden wäre. In allen Gesellschaften hatte er für sein talentvolles Söhnchen die Reklametrommel tüchtig gerührt, und da auch Ritter von Steinsberg, als Theaterdirektor und Verfasser des Textes, den Mund gehörig vollnahm, so sah man der Aufführung der Oper nicht nur mit hochgespannten Erwartungen entgegen, sondern es hatten sich sogar zwei Parteien gebildet. Die eine, hauptsächlich aus den Bergakademikern bestehend, war für das Werk des jugendlichen Komponisten schon im voraus begeistert; im entgegengesetzten Heerlager sammelten sich die Zweifler und Krittler, und an ihrer Spitze befanden sich der Stadtmusikus Siegert und der Kantor Fischer, zwei alte Perücken, die in musikalischen Dingen bei der Freiberger Elite als Autoritäten galten.

Ritter von Steinsberg tat sein möglichstes, die Oper gut in Szene zu setzen, auch zählte seine Gesellschaft einige recht tüchtige Kräfte, wie man sie damals bei einer Wandertruppe nur selten antraf.

Am Abend der Vorstellung des „stummen Waldmädchens" war das Theater bis auf den letzten Platz gefüllt. Aber man hatte sich zuviel von der Oper versprochen, — man war enttäuscht, und der Erfolg blieb aus.

„Die Musik erhielt nicht ganz den Beifall, den sie verdient, wenn man billige Rücksichten nimmt," schrieben die Freiberger Gemeinnützigen Nachrichten. „Freilich darf man sie mehr nur als Blüten betrachten, die erst in der Folge schöne und reifere Früchte versprechen." Das war gewiß eine milde Beurteilung des kühl aufgenommenen Werkes. Vater Weber jedoch, ein Mann von aufbrausendem Wesen, maßlos in seinen schnell erregten Hoffnungen, unbesonnen in seinen Entschlüssen, faßte die Sache anders auf. Schon durch den Mißerfolg der Oper gereizt, ließ er sich zu einer heftigen Erwiderung hinreißen, und zu dieser wie zu dem ganzen unerquicklichen Federkriege, welcher hierauf entbrannte, mußte Karl Maria seinen Namen hergeben, als ob er selbst der Verfasser sei, obwohl es für jeden auf der Hand lag, daß Inhalt und Ausdrucksweise nicht von dem jungen, noch im Knabenalter stehenden Künstler herrühren konnten. Wie später noch oft, verwickelte der Vater seinen bescheidenen, schlichten Sohn schon hier in Mißhelligkeiten, die sich wie dunkle Schatten über dessen Leben breiteten und oft genug sogar seinen Charakter verdächtigten.

Neid, Mißgunst und Kabale hätten den Erfolg der Oper schon vor ihrer Aufführung untergraben, hieß es in der Weberschen Gegenkritik; der schläfrige Anführer des Orchesters habe sich seiner Aufgabe nicht gewachsen gezeigt, die Instrumente der Musiker seien nicht einmal rein gestimmt gewesen.

Stadtmusikus Siegert, welcher unter dem „schläfrigen Orchesteranführer" gemeint war, blieb natürlich die Antwort nicht schuldig, und an seiner Seite trat auch noch Kantor Fischer auf den Kampfplatz und zerzauste von seinem hohen Standpunkte als Musiktheoretiker aus das Werk des jungen Tonkünstlers in unbarmherziger Weise. In den gepfefferten Erwiderungen, die hierauf folgten, wurde den beiden Großmoguln der Freiberger Musikwelt manch derbes Wort gesagt, und die akademische Jugend rieb sich hierüber vergnügt die Hände; die angesehenen Familien zogen sich jedoch von dem Komponisten und seinem Vater zurück, und beide setzten daher ihren Wanderstab weiter und verließen Freiberg, wo sie sich auf längere Zeit heimisch zu machen gehofft hatten.

So unglücklich endete das erste Operndebüt Karl Maria von Webers, welcher der Welt den unsterblichen „Freischütz" schenken und mit dieser ewig jung bleibenden Schöpfung in die Reihe der größten Tonmeister treten sollte.

Das „stumme Waldmädchen" wurde in Prag und Petersburg gegeben und erlebte in Wien sogar vierzehn Aufführungen; Weber selbst aber nannte es in späteren Jahren ein höchst unreifes Produkt, das nur hier und da einige Erfindungskraft aufweist.

* * *

Der alte Weber, Franz Anton, blickte auf eine vielbewegte Vergangenheit zurück. Einen eigentlichen Beruf hatte er nie erlernt; sein Steckenpferd war die Musik, und einige Instrumente, wie die Violine und sogar die Baßgeige, spielte er mit Virtuosität. Seinen adligen Stammbaum konnte er bis in das sechzehnte Jahrhundert zurückführen, und da er mit seinem Freiherrntitel die flotten Manieren eines Kavaliers verband, so öffneten sich ihm einflußreiche Kreise, die ihm zu einem standesgemäßen Fortkommen verhalfen. Er war Offizier in kurpfälzischen Diensten, dann Hofkammerrat in Hildesheim gewesen. Aber eine unwiderstehliche Wanderlust und seine große Neigung für Musik und Theater trieben ihn von Ort zu Ort. Nachdem er als Theaterdirektor jahrelang umhergezogen war, ward er Musikdirektor am Lübecker Theater, dann fürstbischöflicher Kapellmeister in Lübeck und Eutin. Seine Gattin, aus einer sehr geachteten Hildesheimer Familie stammend, hatte ihm ein ansehnliches Vermögen zugebracht, welches jedoch durch seinen beständigen Aufenthaltswechsel und seine mißglückten Theaterunternehmungen zum größten Teil verbraucht worden war. In den Jahren 1760 bis 1772 hatte sie ihn mit acht Kindern beschenkt, von denen drei Söhne und zwei Töchter am Leben blieben. Es war der leidenschaftliche Wunsch des für die Musik glühenden Mannes, daß sich darunter ein Wunderkind nach dem Muster des jungen Mozart befinden möge; aber so eingehend er auch die Fähigkeiten seiner zahlreichen Sprößlinge prüfte, — hier und da zeigte sich wohl einige künstlerische Veranlagung, mit einem Wunderkinde hatte ihn der Himmel jedoch nicht gesegnet.

Nach dem Tode seiner Frau vermählte sich Franz Anton, bereits fünfzig Jahre alt, in Wien mit der erst achtzehnjährigen Genoveva Brenner. Mit dieser kehrte er nach Eutin zurück; hier übernahm er das Amt eines Stadtmusikus, und der stolze Kavalier und ehemalige Hofkammerrat mußte in dieser Stellung zu Hochzeiten und Bällen, zu Tafel- und Nachtmusiken, bei Wasserpartieen und Schlittenfahrten und sogar beim Vogelschießen aufspielen, wofür er für sich und seine „Gesellen" bestimmte Gebühren erhielt.

In Eutin wurde am 18. Dezember 1786 Karl Maria geboren. Der Knabe war kränklich. Erst mit dem vierten Jahre lernte er gehen; eine Schwäche im Oberschenkel verlor sich nie und war die Ursache, daß er Zeit seines Lebens auf dem rechten Fuße lahm ging.

Franz Anton hatte sein wenig einträgliches Amt als Stadtmusikus bald wieder abgeschüttelt und eine Operngesellschaft gegründet, mit welcher er verschiedene süddeutsche Städte bereiste. Die gemalte Welt der Kulissen wurde bald Karl Marias Heimat. Während Knaben seines Alters in Feld und Wiese umherzustreifen oder sich auf der Straße zu tummeln pflegen, war das Theater der Schauplatz seiner Spiele, und die Kinder der Musiker und Schauspieler waren seine Kameraden. Mit den silberbeklebten

Pappschilden und Schwertern, die abends die Väter trugen, schlugen die Söhnchen am Tage ihre Schlachten; die Rampe bildete die Festung, welche gegen den aus dem Orchester heranstürmenden Feind verteidigt wurde; Versatzstücke dienten als Höhlen und Hinterhalte. Karl Marias erste Jugendeindrücke verwebten sich fest mit dieser Theaterwelt, und das war für seine spätere künstlerische Entwickelung von großem Einfluß; denn dadurch erhielt sein Talent jene dramatische Richtung, welche seine bedeutendsten Schöpfungen auszeichnet. Freilich schloß das Theater für den leicht empfänglichen Knaben auch Gefahren in sich, die auf seine Charakterentwickelung nachteilig einwirken konnten. Aber eine liebende Mutter wachte über ihm; die feingebildete junge Frau, welcher das Theaterleben zuwider war, unterrichtete ihn in den Schulfächern, förderte seine natürliche Anlage zur Herzensgüte, und als gute Katholikin erfüllte sie sein Gemüt mit einer schwärmerischen Anhänglichkeit an die poesievolle Gottesverehrung dieses Glaubens.

Die Hoffnungen des Vaters, ein Wunderkind zu besitzen, waren nun auf Karl Maria übergegangen. Er plagte ihn unaufhörlich mit Musikunterricht; aber ach! der Knabe schien für diese Himmelskunst nicht das mindeste Talent zu haben. Sein Stiefbruder Fridolin, der ihm Violinstunde gab, schlug ihn oft mit dem Bogen über die kleinen Hände und seufzte: „Karl, Du kannst vielleicht alles werden, aber ein Musiker wirst Du nimmermehr!"

Auch Franz Anton verzweifelte. Vielleicht aber stak in dem Knaben irgend ein anderes Kunsttalent; daher ließ er ihn im Zeichnen, Malen und der Kupferstecherei unterweisen, worin er gute Fortschritte machte. Karl Maria zählte zehn Jahre, als seine Eltern nach Hildburghausen zogen. Hier wurde der junge, sehr tüchtige Kammermusiker Heuschkel sein Lehrer im Klavierspiel und im Generalbaß, und der vortreffliche Unterricht trug

Früchte, auf welche der Vater längst nicht mehr zu hoffen gewagt hatte. Nach Verlauf eines Jahres übernahm Weber das Theater in Salzburg, und hier wurde Karl Maria der Schüler von Michael Haydn, dem Bruder des großen Josef. Unter der Anleitung des alten Meisters komponierte der Knabe sechs kleine Fugen, welche im Druck erschienen und in einer hochangesehenen Leipziger Musikzeitung eine sehr günstige Besprechung fanden.

Es waren damals kriegerische Zeiten. Bald nach dem Frieden von Campo-Formio, den Napoleon nicht einhielt, sah sich Österreich genötigt, die Vorbereitungen zu einem neuen Feldzuge zu treffen. Weber machte mit seinem Theaterunternehmen sehr schlechte Geschäfte und siedelte nach München über. Die Gattin aber mußte er auf dem Salzburger St. Sebastianskirchhofe zurücklassen, und der zwölfjährige Karl Maria war nun mutterlos.

Michael Haydn war ein trockner Lehrer gewesen und hatte auf die besonderen Neigungen seines jungen Schülers wenig Rücksicht genommen. Das änderte sich in München, wo der Organist Kalcher sein Lehrer wurde. Er ließ der Phantasie des Knaben mehr Freiheit und erstaunte bald über dessen rasch emporblühendes Talent und außerordentliche Erfindungskraft. Unter seinen Augen entstand eine Menge größerer und kleinerer Kompositionen. Natürlich trugen sie noch die Mängel der Unreife an sich; Vater Weber aber legte ihnen in seinem Enthusiasmus einen hohen Wert bei und wollte sie veröffentlichen. Es fand sich jedoch kein Verleger dafür. Nun hielt sich damals in München der ehemalige Schauspieler Aloys Senefelder auf, welcher die Kunst des Steindrucks erfunden hatte. Bei ihm sah Weber das erste lithographierte Musikstück. Das führte ihn auf den Gedanken, sich selbst dieser neuen, wenn auch noch sehr unvollkommenen Kunst zu bedienen, um den Werken seines Sohnes Verbreitung zu verschaffen, ohne daß man einen Verleger dazu brauchte. Karl Maria zeichnete vortrefflich, auch in der Kupferstecherei wußte er Be=

scheid, — da konnte es ihm nicht schwer fallen, seine Kompositionen selbst zu lithographieren. Mit Feuereifer ergriff der Knabe die Gelegenheit; den ganzen Tag weilte er in Senefelders Werkstatt, wo er sich dessen Erfindung so schnell zu eigen machte, daß er bald ein Heft Variationen im Selbstverlage veröffentlichen konnte. Die Musikstücke selbst fanden Gnade vor der Kritik, dagegen wurde der Stich als sehr mangelhaft getadelt. Vater und Sohn ließen sich dadurch nicht bange machen; sie waren sich ja der Unvollkommenheit der Erfindung bewußt und erkannten auch bald, daß namentlich die Konstruktion der Presse noch sehr der Verbesserung bedurfte. Ihren vereinten Bemühungen gelang es, diesem Fehler einigermaßen abzuhelfen, und bald war es so weit, daß Karl Maria darangehen konnte, seine wertvollsten Kompositionen unter die Nadel zu nehmen. Kalcher hatte die Kompositionen seines Schülers sorgfältig in einem Schranke verwahrt, der im Vorzimmer seiner Wohnung stand. Da fügte es ein seltsames Geschick, daß dieser Schrank auf unerklärliche Weise verbrannte. Karl Maria glaubte an Vorzeichen. Er nahm die Vernichtung seiner Kompositionen für einen höheren Fingerzeig, daß er der Musik entsagen und sein ganzes Streben der neuen Vervielfältigungskunst widmen solle. Senefelder war schon längst auf die beiden Weber eifersüchtig geworden; er fürchtete, sie könnten ihn der Früchte seiner Erfindung berauben, zog sich von ihnen zurück und verschloß ihnen endlich seine Werkstatt. Da blieb ihnen nun nichts mehr übrig, als zur Ausführung ihrer Pläne eine andere Stadt aufzusuchen. Auf ihrer unsteten Wanderung lernten sie in Karlsbad den Ritter von Steinsberg, den Direktor des dortigen Theaters kennen, welcher zugleich Sänger, Schauspieler und Dichter war. Dieser faßte für den jugendlichen Tonkünstler sogleich ein lebhaftes Interesse, und da er soeben seinen Text zum „stummen Waldmädchen" vollendet hatte, so wußte er ihn für die Komposition desselben zu begeistern.

Ein volles Jahr lang hatte Karl Maria Steine geätzt und Zeichnungen zu einer vervollkommneten lithographischen Presse entworfen; jetzt begannen die mechanisch gestochenen Noten sich wieder in klingende Töne zu verwandeln, der gefesselte Genius zersprengte seine Bande, und auch in dem Vater regten sich mächtig wieder die alten Träume von dem musikalischen Wunderkinde. In Freiberg, wohin Ritter von Steinsberg mit seiner Theatergesellschaft übersiedelte, wollte man mit ihm wieder zusammenkommen. Zunächst gab Karl Maria in Erfurt, Gotha und Leipzig verschiedene Konzerte und erntete als junger Klaviervirtuose vielen Beifall. Durch die Einnahmen wurde auch den sehr knapp gewordenen Geldmitteln ein höchst willkommener Zuwachs wieder zugeführt. Teils auf dieser Reise, teils in Freiberg vollendete Karl Maria die Opernkomposition, von welcher Vater und Sohn sich große Dinge versprachen. Welche herbe Enttäuschung sie erleben mußten, wurde zu Anfang dieses Kapitels bereits erzählt. Doch hatte die Anregung Steinbergs zur Komposition seines Opernbuchs den jungen Weber der Kunst zurückgegeben, für welche er auserwählt war.

II.
Kapellmeister und Geheimsekretär.

Seit Freiberg hatte Weber mit seinem Sohne drei Jahre lang kreuz und quer die deutschen Gaue durchzogen. Er hing sich an Karl Marias Fersen, der sich zwar nicht als Wunderkind erwiesen hatte, aber desto Größeres für die Zukunft versprach. Seine Kinder aus erster Ehe waren in alle Welt zerstreut, und mit keinem derselben kam es je wieder zu einem

engern Verkehr. Die Niederlage, die Karl Maria mit seinem
ersten Opernwerke in der sächsischen Bergstadt erlitten, hatte ihn
nicht abgeschreckt, eine neue Oper „Peter Schmoll" zu komponieren, deren Text er nach einem alten Romane selbst verfaßte.
In Augsburg gelang es ihm, sie zur Aufführung zu bringen;
aber „Peter Schmoll" teilte leider das Schicksal des „stummen
Waldmädchens".

Wien war jetzt das sehnsüchtige Ziel des jungen Musikers, der
mit allem Eifer danach strebte, die in ihm schlummernden Kräfte
auszubilden. In Wien hatten Gluck und Mozart ihre unsterblichen
Meisterwerke geschaffen; dort wirkten noch heute der greise Haydn
und der in der Vollkraft des Lebens stehende Beethoven; dort lebte
auch der gefeierte Musikgelehrte, Komponist, Klavier- und Orgelspieler Abt Vogler, und dieser war es, von dem sich Karl Maria
am meisten angezogen fühlte, um noch recht viel in seiner Kunst
zu lernen.

Abt Vogler war auf dem Gebiete der Musik eine europäische
Berühmtheit. Er hatte Frankreich, England, Italien, Griechen-
land, Schweden und Dänemark bereist und überall einen glänzenden Ruf hinterlassen. Früher mit theologischen Studien beschäftigt, hatte er in Rom die Priesterweihe empfangen, und mit
seiner geistlichen Würde wußte er die feinsten aristokratischen
Lebensformen zu vereinigen. In Rede und Schrift war er
Meister. Sein tiefes musikalisches Wissen und Können wußte
er durch sein außerordentliches Lehrtalent andern nutzbar zu
machen, und was er lehrte, trug den Stempel des Unfehlbaren
an sich. Viele junge lernbegierige Tonkünstler sammelten sich um
ihn. Bei ihm als Schüler anzukommen war nicht leicht. Daß
dies dem jungen mittellosen Karl Maria dennoch gelang, sicherte
dem Meister den größten Teil seines Nachruhms, der sich an
die Namen Weber und Meyerbeer heftet.

Abt Vogler erkannte sogleich das außerordentliche Talent

des Jünglings und nahm ihn in den engern Kreis seiner Lieblings=
schüler auf. Freilich mußte Karl Maria zunächst darauf ver=
zichten, größere Sachen zu komponieren; vielmehr war das gründ=
liche Studium der Werke berühmter Meister unter Voglers An=
leitung das wichtigste.

Bei allem Fleiße genoß Karl Maria die Annehmlichkeiten
des lebenslustigen Wien in vollen Zügen. Er war erst siebzehn
Jahre alt, voll Geist und Humor, und galt bereits als eine an=
gehende Berühmtheit. Wenn er sang; nahm er mit seiner nicht
kräftigen, aber überaus wohllautenden Stimme alle Herzen ge=
fangen; dazu spielte er mit unvergleichlichem Ausdruck die Gitarre,
auf welcher er ebenso virtuos war wie auf dem Klavier. Durch
solche glänzenden Vorzüge wurde sein unscheinbares Äußere, seine
schwächliche Gestalt weit überwogen; überall war er beliebt, überall
hieß man ihn jubelnd willkommen.

Vogler hatte beim Einstudieren seiner in Wien aufgeführten
großen Oper „Samori" Webers Mitwirkung in Anspruch ge=
nommen und dabei die Überzeugung gewonnen, daß der junge
Musiker sehr wohl fähig sei, ein Orchester selbständig zu leiten.
Gerade um diese Zeit brauchte das Breslauer Theater einen
neuen Kapellmeister; die Direktion hatte sich an Vogler gewendet,
und dieser empfahl ohne Zögern seinen Schüler Karl Maria
von Weber, der daraufhin auch engagiert wurde. Der Gedanke,
die herrliche Kaiserstadt zu verlassen, an welche ihn so viele schöne
und heitere Erinnerungen, so viele Freundschaftsbande knüpften,
fiel dem jungen Tonkünstler schwer aufs Herz. Aber es gab
zwingende Gründe dafür. Vogler stellte ihm vor, wie wichtig
es für seine Weiterbildung sei, ein Orchester, eine Oper selbständig
zu leiten; in Karl Maria regte sich der Ehrgeiz, in so jugend=
lichem Alter bereits an die Spitze einer bedeutenden Kunstanstalt
berufen zu werden; dies alles und nicht am wenigsten die Knapp=
heit der Geldmittel gab den Ausschlag, und im September 1804

reiste der achtzehnjährige Kapellmeister mit seinem von ihm unzertrennlichen Vater nach Breslau ab.

Die Aufnahme Webers in Breslau war eine geteilte. Die Theaterdirektion brachte ihm die beste Meinung entgegen, da er von einem so berühmten Lehrer wie Abt Vogler empfohlen war; die Musiker betrachteten ihn mit Mißtrauen, hatte er sich doch nicht von einem bescheidenen Orchestersitze Schritt um Schritt emporgearbeitet, sondern in noch jugendlichem Alter sogleich den Dirigentenstab in die Hand bekommen. Der erste Violinist, ein sehr tüchtiger Künstler, der zweiter Orchesterdirigent war, nahm an der Jugend des neuen Kapellmeisters, der zugleich sein nächster Vorgesetzter war, solchen Anstoß, daß er sofort seine Stelle niederlegte. Bei seinem großen Einfluß in den verschiedensten Gesellschaftskreisen wußte er es auch zu bewirken, daß Weber während seines ganzen Breslauer Aufenthalts kein einziges Klavierkonzert geben konnte. Weber vertraute seinem Talente und übte mit feurigem Jugendmute sein Herrscheramt über Orchester und Bühne aus. Das Theater war ihm ja ein heimischer Boden, und in der Person des Professors Rhode, welcher an der Spitze des Theaterunternehmens stand, fand er einen verständnisvollen Förderer seiner Bestrebungen. Der junge Kapellmeister wußte sein Orchester zu begeistern und fortzureißen und es so an seine Hand, an seine Winke zu fesseln, daß das Werk wie aus seiner Seele herausklang. Es befanden sich unter den Musikern viele tüchtige Kräfte; leider waren sie jedoch schlecht bezahlt und konnten nicht ausgenützt werden; denn bei jeder Gelegenheit, wo sie anderwärts mehr Geld verdienen konnten, ließen sie sich durch untergeordnete Musiker vertreten, so daß ein künstlerisch abgerundetes Zusammenspiel nicht zu erreichen war. Damit jene besseren Orchestermitglieder nicht mehr auf Nebenverdienste angewiesen sein sollten, durch welche sie dem Theater entzogen wurden, verlangte Weber für sie eine Gehaltserhöhung; die Gesangskräfte der Oper genügten ihm nicht, es sollten tüchtigere Sänger und Sängerinnen engagiert werden, die natürlich für ihre höheren Leistungen auch höhere Anforderungen an den Säckel der Theaterverwaltung stellten. Die letztere bestand aus einer Anzahl Breslauer Bürger; sie hatten nur beschränkte Mittel zur Verfügung und zeigten sich um so weniger geneigt, auf die Wünsche des jungen Kapellmeisters einzugehen, als nach anderthalb Jahren seiner Tätigkeit das übliche Maß der Ausgaben bereits überschritten und die Einnahme hinter den Erwartungen zurückgeblieben war. Webers Gönner, Professor Rhode, konnte in dieser Sache, wo es sich um das materielle Gedeihen des Theaters handelte, nichts tun, da er nur die künstlerische Leitung in der Hand hatte. Der Musikgeschmack des Breslauer Publikums stand auf ziemlich niederer Stufe. Der Adel, der sich namentlich während des Winters zahlreich in der großen Stadt aufhielt, huldigte anderen Genüssen; nur die der Universität angehörende Gelehrtenwelt, der Kaufmanns- und der mittlere Beamtenstand besaßen Sinn für Kunst; aber dieses Häuflein konnte nicht ausschlaggebend sein.

Webers Verhältnis zu der Theaterverwaltung gestaltete sich immer mißlicher, — da wollte es auch noch sein Verhängnis, daß er längere Zeit von seinem Wirkungskreise ferngehalten wurde. Ein junger Klaviervirtuos Namens Berner, der zu seinen besten Freunden zählte, wollte ihn eines Abends in später Stunde besuchen. Er hatte Webers Fenster erleuchtet gesehen, klopfte jedoch vergebens an dessen Stubentür. Da diese unverschlossen war, so trat er ein. Zu seinem großen Schrecken fand er Weber am Boden liegen. Aus einer zerbrochenen Flasche verbreitete sich ein scharfer Geruch. Unwillkürlich stieß Berner einen Schrei aus, auf welchen Webers Vater aus dem Nebenzimmer herbeieilte. Dieser erkannte sofort die Flasche, in welcher er Salpetersäure zu seinen Kupferstecherarbeiten aufbewahrte. Aus Versehen war sie unter die Weinflaschen geraten, und Karl Maria hatte einen Schluck daraus genommen. Ein herbeigerufener Arzt brachte den Leblosen wieder zum Bewußtsein zurück. Das Innere der Luftröhre und des Mundes war verbrannt; wochenlang blieben die Stimmorgane gelähmt, und obwohl die schöne Singstimme ihren Wohllaut nicht einbüßte, so erhielt sie doch nie ihre frühere volle Kraft wieder.

Während Karl Maria fast zwei Monate krank lag, hatte die Theaterverwaltung dies benutzt, einen Teil des Orchester- und Sängerpersonals zu entlassen. Der junge Kapellmeister geriet darüber außer sich. Von allem, was er erstrebt hatte, war das Gegenteil geschehen, und unter den verabschiedeten Musikern befanden sich einige seiner besten Kräfte. In seinem aufbrausenden Naturell, das er vom Vater geerbt, machte er seiner ganzen Entrüstung Luft und reichte seine Entlassung ein. Vergebens suchte Professor Rhode zwischen ihm und der Theaterverwaltung zu vermitteln, — im Frühjahr 1806 schied Weber aus seiner Stellung. Sein Wirken als Kapellmeister, obwohl es nur anderthalb Jahre gedauert hatte, wurde für seine künftige Laufbahn von höchster Bedeutung. Sein Talent, auf Musiker und Sänger belebend und beseelend einzuwirken, hatte in Breslau seine erste Ausbildung erlangt, welche später in seinen größeren Wirkungskreisen, Prag und Dresden, reiche Früchte tragen sollte.

Vorerst war es um Webers äußere Lage schlimm genug bestellt. Das Leben in Breslau war ziemlich kostspielig. Besonders im Winter, wo genußfrohe Leute dort zusammenströmten, gab es vielfache und verlockende Gelegenheit, Geld auszugeben. Was lustiges Leben hieß, das hatte Weber schon in Wien kennen gelernt, und er war nicht der Mann, der das Angenehme, was die große Oderstadt darbot, verschmäht hätte, und die jungen Künstler, welche sich ihm als Freunde und Verehrer angeschlossen hatten, leisteten ihm dabei Gesellschaft. Unter solchen Umständen war Weber mit seinem Kapellmeistergehalt, das nur sechshundert Taler betrug, natürlich nicht ausgekommen. Zu seinem unverhältnismäßigen Aufwande gesellten sich noch die Ausgaben für die mißlungenen Versuche seines Vaters in der Kupferstecherkunst. So konnte es nicht ausbleiben, daß der junge Musiker in Breslau in schwerdrückende Schulden geriet. Um sich und seinen Vater zu ernähren, sah der ehemalige Opernleiter sich genötigt, Klavierunterricht zu erteilen, der jedoch sehr schlecht lohnte.

Endlich fiel wieder ein Sonnenstrahl in Webers verkümmertes Dasein.

Unter dem reichen Adel, der einen Teil des Winters in Breslau verbrachte, befand sich auch der kunstliebende Herzog Eugen von Württemberg, welcher in Carlsruh, seiner in Oberschlesien gelegenen Herrschaft, ein Schloßtheater mit einer Musikkapelle unterhielt. Er hatte Karl Maria als hochbegabten Tonkünstler schätzen gelernt und berief ihn als Musikintendanten nach seiner kleinen Residenz. Nur wenige Monate hielt sich Weber in jener Waldeinsamkeit an dem kleinen Hofe des liebenswürdigen Fürsten auf; aber sie gehörten zu den hellsten Lichtpartieen seines wechselvollen Lebens, und oft noch dachte er später an jene Zeit wie an einen goldenen Traum zurück. In zwei Sinfonieen, die er in Carlsruh komponierte, ließ er seine glückliche Stimmung ausklingen. Seine schöpferische Kraft hatte auch in den vorhergegangenen Jahren nicht geruht. So waren während seines Aufenthalts in Augsburg einige Klavierstücke in Druck erschienen, die bereits eine solche Vollendung zeigten, daß sie selbst von seinen späteren Werken kaum übertroffen wurden. In Breslau hatte er die Komposition einer Oper begonnen, zu welcher Professor Rhode nach dem bekannten schlesischen Sagenstoffe „Rübezahl" den Text gedichtet hatte. Doch wurde die Oper nie vollendet; bei Webers angespannter Tätigkeit als Dirigent in Breslau kam er nur dazu, die Ouvertüre zu schreiben, die er später umarbeitete und unter dem Titel „Ouvertüre zum Beherrscher der Geister" herausgab. Sie bildet mit seinen berühmten Ouvertüren zu „Freischütz", „Euryanthe", „Preciosa", „Oberon" und der „Jubelouvertüre" noch heute eines der glänzendsten Orchesterwerke.

Im Jahre 1806 kam Preußen in die Lage, gegen Napoleon, den unüberwindlichen Franzosenkaiser, die Waffen zu erheben; Herzog Eugen, der in preußischen Diensten stand, erhielt den Oberbefehl über die Reservearmee und wurde bei Halle von Bernadotte geschlagen. Die ebenso unglücklichen Schlachten von Jena-Austerlitz und Preußisch-Eylau folgten, und der siegreiche Feind besetzte ganz Schlesien. Infolgedessen löste Herzog Eugen Theater und Kapelle auf. Die Mitglieder erhielten Anstellung im Civildienst. Weber sah mit seinem alten Vater einer trostlosen Zukunft entgegen. Er war bereit, auf die Ausübung seiner Kunst zu verzichten, und erklärte dem Herzoge, daß er ebenfalls gern ein bescheidenes Amt annehmen würde. Der Herzog verwendete sich zu Gunsten seines bisherigen Musikintendanten bei seinen Brüdern, dem König Friedrich von Württemberg und dem Herzog Ludwig. Der Privatsekretär des letzteren war gerade als Proviantmeister zur Feldarmee abgegangen, und Weber erhielt die erledigte Stelle. Er betrachtete dies als einen großen Glücksfall, doch die Zukunft sollte lehren, daß ihn nur ein böser Stern geneckt hatte. Den Vater in Carlsruh zurücklassend, wo dieser bei einer befreundeten Familie gut aufgehoben war, reiste er nach Stuttgart, seinem neuen Bestimmungsorte, ab.

König Friedrich von Württemberg hatte durch seinen Anschluß an Napoleon und durch seinen Beitritt zum Rheinbunde sein Land vergrößert und den Königstitel angenommen. Er war ein despotischer Fürst und drückte seine Untertanen durch hohe Steuern. Hof, Militär und Jagd galten ihm als die Hauptdinge, denen ein Landesvater seine Fürsorge zu widmen habe.

Zu seinem überaus glänzenden Hofstaate zählten nicht weniger als sieben Oberhofchargen, fünfzehn Reise-, Stall- und Hofmeister und dreihundert Kammerherren, wobei die Pagen und Jagdjunker nicht mitgerechnet sind.

In die oberste Führung der nur zehntausend Mann starken Armee teilten sich nicht weniger als drei Feldmarschälle und vierzehn Generale. Die Jagd wurde in großartigstem Maßstabe betrieben, das massenhaft gehegte Wild durfte ungestört die Saaten und Pflanzungen der Grundbesitzer abweiden. Bei großen Jagden mußten Tausende von Treibern oft wochenlang Dienste verrichten, ohne dafür einen Pfennig Vergütung zu erhalten.

Die persönliche Erscheinung des Königs war eine höchst ungewöhnliche: er erfreute sich eines so kolossalen Leibesumfanges, daß in seine Speisetafel ein halbkreisförmiger Ausschnitt gemacht werden mußte, um Platz für seinen Schmerbauch zu schaffen, sonst hätte er nicht zu den Speisen gelangen können.

Sein Bruder, Herzog Ludwig, damals einundfünfzig Jahre alt, war württembergischer Feldmarschall; er hielt seinen eigenen Hofstaat und trieb einen verschwenderischen Aufwand. Die Summen, welche seine Reisen, Jagden, Hunde, Pferde und andere kostspielige Liebhabereien verschlangen, gingen weit über seine Einkünfte hinaus.

Bei diesem königlichen Prinzen, dessen Finanzen total zerrüttet waren, bekleidete nun Karl Maria von Weber das Amt eines Geheimsekretärs und Geschäftsführers. Er hatte die Privatschatulle des Herzogs zu verwalten, in der oft genug eine gähnende Leere herrschte, und die Buchhaltung über Einnahme und Ausgabe, sowie die Korrespondenz zu führen. In einen unpassenderen Wirkungskreis hätte der junge einundzwanzigjährige Künstler, der nur in Tönen lebte, nicht geraten können. Auch seine Leichtlebigkeit und seine jugendliche Unerfahrenheit paßten schlecht zu einem solchen Amte; denn er sah sich von Schmeichlern umdrängt, die vom Herzoge irgend eine Gunst erlangen wollten und in der

Wahl ihrer Mittel, um ihre Zwecke zu erreichen, nicht eben gewissenhaft waren. Schloß diese Seite seiner Stellung moralische Gefahren in sich, so hatte sie auch ihre großen Unannehmlichkeiten. Im Auftrage des Herzogs mußte er häufig mit Geldverleihern und drängenden Gläubigern unterhandeln, wenn wieder einmal Ebbe in der Kasse eingetreten war. In besonders schweren Bedrängnissen sah sich der Herzog genötigt, den Säckel seines königlichen Bruders in Anspruch zu nehmen. Dann war es abermals Weber, welcher sich in Person zu Seiner Majestät begeben und des Herzogs Anliegen vortragen mußte. Der König geriet dann in maßlosen Zorn und schüttete die ganze Flut von Vorwürfen, die eigentlich dem Herzog gehörten, auf den unschuldigen Geheimsekretär aus, den er als den jedesmaligen Überbringer unangenehmer Botschaften bald hassen lernte, und dies um so mehr, als Weber dem gekrönten Haupte mit einer geradezu respektwidrigen Unbefangenheit gegenübertrat. Oft mußte er stundenlang im Vorzimmer warten, um zuletzt mit Schmähreden empfangen und unverrichteter Sache wieder fortgeschickt zu werden.

Als er bei einer solchen Gelegenheit einst aus dem Kabinett des Königs trat, begegnete ihm auf dem Korridor eine alte Frau und fragte ihn, ob er ihr nicht sagen könne, wo die Hof=Waschfrau wohne.

Noch tief erregt durch den gewaltigen Zornausbruch, den der hohe Herr soeben über ihn ergossen hatte, antwortete Weber: „Die königliche Waschfrau wohnt da drinnen," und deutete auf die Tür zu den königlichen Gemächern.

Die Alte ging im guten Glauben auch wirklich hinein, und den Empfang, den ihr der König, dem alte Weiber ohnehin verhaßt waren, bereitete, kann man sich denken. Da sie sich auf einen jungen Herrn berief, der soeben aus der Tür getreten sei und ihr gesagt habe, die königliche Waschfrau wohne hier, so erriet der König sofort den Zusammenhang und ließ den frechen

Geheimsekretär auf ein paar Tage einsperren. Weber nahm sich dies jedoch wenig zu Herzen, sondern verwendete die unfreiwillige Mußezeit im Arrest dazu, das schöne Lied: „Ein steter Kampf ist unser Leben" zu komponieren. Immerhin muß dem Könige nachgerühmt werden, daß er seine unumschränkte Macht nicht benutzte, um Weber seine Rachsucht in noch empfindlicherer Weise fühlen zu lassen, trotzdem ihm dieser in jugendlichem Übermut noch mancherlei andere Ärgernisse bereitete. Wenn der Herzog es für geraten hielt, sich schriftlich an den königlichen Bruder zu wenden, so hatte Weber die Briefe aufzusetzen, und da diese vom Herzog selten wieder durchgelesen wurden, so erlaubte sich Weber, aus eigener Machtvollkommenheit manche Wendung einzuflechten, die den König in Harnisch bringen mußte, und Seine Majestät war ein zu kluger Kopf, um nicht herauszufinden, von wem diese Nadelstiche stammten.

Wie überall, so wußte sich Weber durch seinen Geist und Humor auch in der schwäbischen Residenz beliebt zu machen. Er war in den feinsten Familienzirkeln eingeführt und verkehrte mit hervorragenden Persönlichkeiten, darunter auch der gefeierte Bildhauer Dannecker, dessen so berühmt gewordene „Ariadne, als Bacchusbraut auf einem Panther reitend," er in Atelier des Künstlers entstehen sah. Aber auch mit flotten Offizieren und Kavalieren führte ihn seine Stellung zusammen, und in den lauschigen Trinkstübchen, die es im Schlosse gab, lebte er mit dieser ebenso heiteren als lockeren Gesellschaft bei Wein und Gesang lustig in den Tag hinein.

Als der ständige Geschäftsführer des Herzogs wieder aus dem Feldzuge zurückkehrte, wurde Weber von vielen Obliegenheiten entlastet, behielt aber die Stellung als Privatsekretär bei, weil er sich in allerlei peinlichen Geschäften als geschickter Unterhändler bewährt hatte, den der Herzog nicht entbehren mochte: wußte doch Weber mit Gläubigern und Geldleuten so gewandt

umzugehen, daß er oft durch seine liebenswürdige Überredungs=
kunst und seinen Humor erreichte, was ein trockener Geschäfts=
mann nicht durchgesetzt haben würde. Nachdem er mehr Muße
gewonnen hatte, kam auch sein musikalisches Talent mehr zur
Geltung. Er gab den Kindern des Herzogs Musikunterricht und
leitete die kleinen Konzerte in dessen Salon. Dadurch erhielt er
Anregung zu verschiedenen, zum Teil sehr wertvollen Kompo=
sitionen für Kammermusik. Auch die Welt der Bretter übte
wieder ihren Zauberbann auf ihn aus. Das Theater gehörte
zu den Kunstneigungen des Königs, der sich dessen Pflege an=
gelegen sein ließ und besonders auf eine reiche äußere Aus=
stattung bedacht war, so daß selbst Napoleon durch eine Vor=
stellung des „Don Juan" geblendet wurde. Musiker, Sänger
und Schauspieler waren sehr tüchtig.

Zu Webers näheren Stuttgarter Bekannten zählte der Schrift=
steller Hiemer, der schon verschiedene Operntexte geschrieben hatte.
Als Weber ihm den Text zum „stummen Waldmädchen" mit=
teilte, fand sich Hiemer von dem Sujet so angezogen, daß er
sich sogleich daran machte, eine neue Oper daraus zu schmieden,
welche den Titel „Sylvana" führen sollte. Es ging langsam
damit; denn Hiemer war sehr faul und ließ sich den Text von
Weber abzwingen. Erst Anfang des Jahres 1810 ward die
Oper vollendet. Webers wohlgesinnter Freund Danzi, der Kapell=
meister des Hoftheaters, wußte den Intendanten für die Auf=
führung der Oper zu gewinnen. Die Ereignisse, welche es un=
möglich machten, das Werk des jungen Komponisten auf die
königliche Bühne zu bringen, werden wir bald kennen lernen.

Schon von Breslau hatte Weber Schulden mitgebracht, die
in Stuttgart noch beträchtlich angewachsen waren. Sein Freiherrn=
titel und seine große Empfänglichkeit für heitern Lebensgenuß ver=
leiteten ihn, den Kavalier zu spielen. Er war der Veranstalter
von Lustbarkeiten, welche die Teilnehmer auf gemeinschaftliche

Kosten unternahmen, und legte die letzteren aus, ohne daß sie ihm je zurückerstattet wurden. Herzog Ludwig residierte, je nachdem es ihm beliebte, bald in Stuttgart, bald in Ludwigsburg; die häufigen Umzüge, die Weber natürlich mitmachen mußte, kosteten ihn Geld, aber ersetzt wurde es ihm nicht. Auch für seine persönlichen Reisekosten, als er den Herzog und seine Familie wiederholt nach Ems, Frankfurt und dem Rheine begleiten mußte, erhielt er keine Entschädigung. Alle diese Geldopfer und dazu sein flottes Leben hatten ihn in ein unzerreißbares Netz von Verpflichtungen verstrickt, aus welchem er Befreiung durch den Herzog um so weniger hoffen durfte, als sich dessen Finanzlage fortwährend verschlimmert und der König seine Hand ganz von ihm zurückgezogen hatte.

Zu allem Unglück für Weber langte eines Tages auch noch aus Carlsruh sein Vater an. Außer seiner werten Person brachte er nichts mit als seine Baßgeige, die sich auf dem Verdeck des Reisewagens breit machte, und mehrere Pudel, welche, weich in Körbe gebettet, mit dem unerwünschten Ankömmling das Innere des Wagens teilten. Die Tierchen waren Franz Antons neueste Liebhaberei. Durch eine nervöse Krankheit hatten nicht nur die körperlichen, sondern auch die geistigen Kräfte des Fünfundsiebzigjährigen sehr gelitten; seine äußere Haltung war zwar so ziemlich die alte geblieben, wogegen sein Gedächtnis und seine Urteilskraft bedenklich abgenommen hatten, wie Karl Maria zu seinem Schaden bald erfahren sollte. Der alte Herr richtete sich in der kleinen Schloßwohnung seines Sohnes häuslich ein, teilte mit ihm das Schlafzimmer und hing darin die Körbe auf, worin sich seine Pudel befanden. Für Karl Maria war diese Schlafgenossenschaft der vierbeinigen Lieblinge seines Vaters eine wahre Höllenpein. Die Tiere waren sehr schlecht erzogen und beleidigten seinen empfindlichen Geruchssinn nicht minder wie durch ihr Gebell und Gewinsel sein musikalisches Ohr. Die Anwesenheit des alten

Herrn wirkte störend auf sein ganzes Leben; die musikalischen Abendunterhaltungen, zu denen man sich in seiner Wohnung zusammenfand, hörten sehr bald auf, da die Unliebenswürdigkeit des Vaters alle Besucher verscheuchte. Es sollte jedoch noch viel schlimmer kommen.

Im Auftrage des Herzogs hatte Karl Maria eine gewisse Summe an die herzoglichen Familiengüter in Schlesien abschicken sollen. Noch war ihm nicht bewußt, wie weit die Krankheit seines Vaters dessen geistige Zurechnungsfähigkeit gestört hatte, und arglos vertraute er ihm jene Besorgung an. Bald stellte sich heraus, daß der alte Herr einen Teil der Gelder zurückbehalten und zur Bezahlung verschiedener Ehrenschulden nach Carlsruh gesendet hatte. Karl Maria war der Verzweiflung nahe, er gestand dem Herzog die Unterschlagung und versprach Ersatz dafür zu leisten. In dem Dorfe Schwieberdingen war er oft in lustiger Gesellschaft bei dem Gastwirt Höner eingekehrt. Diesen sehr wohlhabenden Mann, mit dem er gut bekannt war, bat er um ein Darlehn von tausend Gulden. Als Höner die Bitte abschlug, vertraute sich Weber seinem früheren Diener Huber an. Dieser machte sich anheischig, den Gastwirt doch noch zur Hergabe des Geldes zu bewegen, bedang sich aber dafür ein Trinkgeld von einigen Louisdors aus. Weber ging gern auf diese Bedingung ein und erhielt in der Tat die tausend Gulden. Huber aber war ein Schuft und hatte es nur auf das gute Trinkgeld abgesehen. Gerade in jenen Tagen wurde die Rekrutenaushebung mit der rücksichtslosesten Strenge betrieben. In den Schlachten bei Wagram, Linz und Eckmühl hatten die württembergischen Truppen ungeheure Verluste erlitten, und die Lücken mußten wieder ausgefüllt werden. Unbedingt frei vom Militärdienste waren nur die Prinzen und die Diener des königlichen Hauses. Das letztere ward jetzt ein Rettungsanker für die militärpflichtigen Söhne reicher oder adliger Familien. Jeder suchte irgend eine Anstellung im Hofdienste zu erlangen, wenn sie auch noch so untergeordneter Art und das dafür gebrachte Geldopfer noch so groß war. An Leuten, die sich dadurch eine reiche Einnahmequelle zu schaffen wußten, fehlte es nicht.

Der Sohn des Gastwirts Höner war gerade militärpflichtig, und da hatte denn Huber dem besorgten Vater vorgespiegelt, der vielvermögende herzogliche Geheimsekretär Weber werde dem Sohne eine kleine Anstellung bei Hofe verschaffen und ihn dadurch vom Soldatendienste befreien. Daraufhin hatte der Gastwirt die tausend Gulden hergegeben, ohne daß Weber auch nur die geringste Ahnung von dem Zusammenhange hatte, da die ganze Angelegenheit durch Hubers Hand gegangen war. Als der Gastwirtssohn dennoch zum Militär eingezogen wurde, brachte der Alte die Sache zur Anzeige. Der König erfuhr davon und ließ Weber sofort verhaften, während dessen Vater in seiner Wohnung in Arrest gehalten wurde. Die Untersuchung wurde aufs strengste und unter den Augen des Königs selbst geführt. Daß Weber um den Mißbrauch wußte, welcher mit der Befreiung vom Militärdienst getrieben wurde, daß ihm in seiner Stellung bekant sein mußte, woher die Gelder kamen und wohin sie wanderten, konnte keinem Zweifel unterliegen; daß er aber selbst aus dieser Quelle geschöpft habe, dem widersprach seine gedrückte Lage, aus welcher er sich sonst mit einem Schlage hätte befreien können. Der König war zu scharfblickend, um das nicht einzusehen; er durchschaute auch die Falle, in welche Weber durch seinen ehemaligen Diener Huber gelockt worden war, und begnügte sich damit, ihn und seinen Vater auf Lebenszeit des Landes zu verweisen. Webers Gläubiger, die ihn in Schuldhaft nehmen lassen wollten, hatten nun allerdings das Nachsehen. Doch sei es hier schon gesagt, daß Weber alle seine Schulden, die Breslauer wie die Stuttgarter, im Laufe der Zeit redlich bezahlt hat, als seine späteren Stellungen als Kapellmeister und seine Konzerteinnahmen ihm dies ermöglichten.

In Begleitung eines Polizeikommissars wurden Vater und Sohn am 26. Februar 1810 über die Grenze gebracht; ihre ganze Barschaft bestand in vierzig Gulden; der wackere Kommissar, von Webers Unschuld überzeugt, lieh ihm noch fünfundzwanzig dazu und händigte ihm auch mehrere Empfehlungsbriefe nach Mannheim ein, die ihm von Freunden Webers übergeben worden waren.

Während der sechzehn Tage, die Weber im Gefängnis gesessen, war er zum Manne gereift. Er hatte mit allen Jugendtorheiten gebrochen und den unreifen Jüngling, der nahe daran war, sein Künstlertum einem leichtfertigen Kavalierleben zu opfern, für immer abgestreift.

III.
Auf Kunstreisen.

Karl Maria wollte nun wieder ganz seiner Kunst leben, für die ihm jetzt kein Opfer, keine Entbehrung zu groß war. Mannheim erschien ihm als der Ort, wo er für sein Streben den geeigneten Boden finden konnte. Noch immer schwebte über der ehemaligen Residenz des Kurfürsten Karl Theodor ein Abglanz jener Zeit, wo sich unter diesem kunstsinnigen Fürsten das dortige Musikleben zu höchster Blüte entfaltet hatte und das Nationaltheater ins Leben gerufen worden war, an das sich unzertrennlich die Namen Schiller, Iffland und Dalberg knüpften.

Als Weber nach Mannheim kam, war die Gesellschaft „Museum" der Mittelpunkt der dortigen Musikwelt. Die Mitglieder bestanden aus geübten Dilettanten, doch hatten sich ihnen auch bedeutende Fachmusiker beigesellt. An der Spitze stand als Dirigent ein Namensvetter Karl Marias, der Finanzprokurator

Gottfried Weber. Von seinem großen Talente wie nicht minder von seinem liebenswürdigen Wesen fühlte Karl Maria sich so lebhaft angezogen, daß sich zwischen beiden ein inniges Freundschaftsverhältnis knüpfte, welches, selbst in der Ferne fortdauernd, sich durch das ganze Leben spann. Auch zu Gottfried Webers Schwager, Alexander von Dusch, einem vorzüglichen Klavierspieler, trat Karl Maria bald in die innigsten Beziehungen, und das gesellige Leben der drei Kunstgenossen gestaltete sich zu einem so genußreichen, wie es zwischen gleichstrebenden Geistern von tiefer und zugleich heiterer Veranlagung nur denkbar ist. In schönen Mondscheinnächten wanderten alle drei oft durch das Neckartal nach dem nahen Heidelberg, mit dessen Musensöhnen sie gute Kameradschaft unterhielten, und ließen zu ihrem Gesange die Gitarren erklingen.

Die Freunde sorgten dafür, daß Karl Maria in Heidelberg und Mannheim einige gut besuchte Konzerte geben konnte, die ihm nicht nur die leere Tasche füllten, sondern auch seinen Ruf als Klaviervirtuos und Komponist in der Umgegend verbreiteten. Damals schuf der junge Tonkünstler eine Reihe schöner Lieder, denen meist die Gitarre als Begleitung diente. Dieses Instrument, das später durch ungeschickte Dilettanten in Mißkredit kam, ist für die Begleitung einfacher, besonders deklamatorischer Lieder besser noch geeignet als das Klavier, durch welches es gänzlich verdrängt worden ist, nur verlangt es einen vorzüglichen Spieler.

Webers Gestalt war unscheinbar geblieben; aber in seinen Gesichtszügen, denen ein schalkhafter Ausdruck nicht fehlte, und in seiner fließenden Rede prägte sich geistige Bedeutsamkeit aus. Er hatte tiefe, blaugraue Augen; seine Hände, für das Klavierspiel wie geschaffen, waren lang, aber edel geformt. Zu beiden Seiten der Schläfe lockte sich das Haar. Er trug meist einen Leibrock von schwarzem Stoff, Jabot und weißes Halstuch, eng

anliegende Beinkleider und fast bis ans Knie reichende Pistolen=
stiefel.

So sehr er auch ein dauerndes Beisammensein mit den
Freunden gewünscht hätte, so sah er doch ein, daß er in Mann=
heim sich einen weitreichenden Künstlerruf, der zugleich seine
materielle Lebensstellung befestigen konnte, nicht zu begründen
vermochte. Er mußte Kunstreisen unternehmen wie andere
Virtuosen. Seine Wahl fiel auf Darmstadt; von da aus waren
Städte wie Frankfurt, Kassel, Mainz u. s. w. schnell erreichbar,
und wenn er seine Mannheimer Freunde sehen wollte, so genügte
eine Nachtfahrt im Postwagen.

Franz Anton blieb in Mannheim zurück. Er wohnte bei
Gottfried Webers Vater und genoß dort eine liebevolle Pflege
bis an sein Lebensende.

In Darmstadt fand Karl Maria seinen alten Lehrer, den
Abt Vogler wieder. Der Großherzog Ludwig hatte den von ihm
hochverehrten Meister unter Verleihung des Geheimratstitels in
seine Residenz gezogen und ihm nicht nur eine reichliche Pension
gewährt, sondern auch ein Wohnhaus zum Geschenk gemacht.
Vogler war eine der populärsten Persönlichkeiten Darmstadts und
zugleich eine auffallende Erscheinung. Er war klein, wohlbeleibt
und hatte sehr markierte, nicht eben freundliche Gesichtszüge.
Seine langen Arme und die großen Hände, mit denen er zwei
Oktaven spannen konnte, kamen ihm beim Orgelspiel sehr zu
statten, gaben ihm aber etwas Affenartiges. Von jeher eitel,
trug er stets einen hocheleganten breitschößigen schwarzen Frack,
Beinkleider von schwarzem Atlas, rote Strümpfe und Schnallen=
schuhe. Auf der Brust prangte das Großkreuz des Ludwigs=
ordens, über die rechte Schulter hing das schwarzseidene Abbé=
mäntelchen, welches dem kleinen Männchen bis an die Knie=
kehlen reichte.

Mit offenen Armen empfing Vogler seinen geliebten ehe=

maligen Schüler, der nun fast täglich im Hause des alten Meisters verkehrte. Hier lernte Weber einen anderen hochbegabten Schüler des Abbés kennen. Es war Jakob Meyerbeer, der später so berühmt gewordene Schöpfer der Opern „Robert der Teufel", „Hugenotten", „Prophet" und „Afrikanerin". Kaum sechzehn Jahre alt, genoß er bereits den Ruf eines bedeutenden Pianisten, den er jedoch, als Sohn eines reichen Berliner Bankiers, nicht ausnützte. Ein anderer sehr talentvoller Schüler Voglers war damals der Tiroler Gänsbacher, welcher in späteren Jahren Hervorragendes in der Kirchenmusik leistete. Wie in Mannheim mit Gottfried Weber und Dusch, bildete Karl Maria in Darmstadt mit Meyerbeer und Gänsbacher ein unzertrennliches Kleeblatt, und auch diese neu geschlossene Freundschaft vermochte keine Trennung zu lockern.

Oft begleiteten die jungen Kunstgenossen den greisen Abbé, der sich in ihrer Umgebung wieder zu verjüngen schien, in eine der Kirchen, und niemals hat der Meister, der größte Orgelspieler damaliger Zeit, in seinen Phantasieen und Präludien so unmittelbar aus dem Urquell des Schönen und Erhabenen geschöpft, als wenn er seine drei lieben Jünger, wie er sie nannte, zu alleinigen Zuhörern hatte. Welch bedeutender Zukunft diese entgegengingen, welches hohen Aufschwungs ihre Talente fähig waren, erkannte der erfahrene, weitblickende alte Meister schon jetzt. Von Weber und Meyerbeer sagte er später: „O, wenn ich hätte aus der Welt gehen sollen, ehe ich diese beiden ausgebildet hatte, welches Weh würde ich empfunden haben! Es ruht etwas in mir, was ich nicht herausrufen konnte, diese beiden werden es tun! Was wären Perugino und Bartolommeo ohne ihren Schüler Raffael?"

Weber und die Mannheimer Freunde vergaßen einander nicht. Man kutschierte zwischen Darmstadt, Mannheim und Heidelberg fleißig umher, und der junge Meyerbeer schloß sich an. Da war es denn, wenn der Freundeskreis sich zusammengefunden hatte, ein Hochgenuß seltener Art, das geniale Künstlerpaar auf zwei Klavieren zugleich phantasieren zu hören. Jemand gab ein beliebiges Thema an; auf Kommando mußte der eine Spieler abbrechen, während der andere weiterspielte; plötzlich wurde die Einflechtung eines andern Themas befohlen, welches mit dem Hauptthema schwer zu verbinden war, und dabei waren die üblichen Übergänge streng verboten. Fast immer lösten die beiden ihre schwierige Aufgabe so vortrefflich, daß man mit Entzücken dem Wettkampfe zuhörte.

In Darmstadt waren die drei Lieblingsjünger des würdevollen Abbés bald als lustige Vögel bekannt. Zur Kirschenzeit sah man sie oft an der belebtesten Stelle der Promenade auf einer Bank sitzen; jeder hielt eine große Tüte mit Kirschen in der Hand und aß daraus mit erstaunlicher Geschwindigkeit; denn wer zuerst fertig war, der erhielt als Prämie für seine Leistung eine schon bereit liegende, noch größere Tüte, die er in Ruhe und Behaglichkeit ausessen durfte.

Die Kunstreisen, die Weber von Darmstadt aus unternahm, führten ihn nach Aschaffenburg, Mainz, Karlsruhe und Baden-Baden. Er war stets mit guten Empfehlungsbriefen versehen, auch von fürstlichen Personen, deren Gunst er sich durch seine Konzerte gewann. In Frankfurt am Main gelang es ihm, seine Oper „Sylvana" zur Aufführung zu bringen. Weber hatte die Proben selbst geleitet, die mitwirkenden Kräfte versprachen das Beste, aber ach! gerade am Tage der Aufführung — es war am 17. September 1810, einem Sonntage — zog ein mächtiger Magnet die Frankfurter von Thalias Musentempel ab. Sie sollten nämlich das seltene Schauspiel genießen, Frau Blanchard, die Witwe des berühmten Luftschiffers, in ihrem Ballon aufsteigen zu sehen. Der Name der dicken berühmten Frau, die schon viele Luftreisen gemacht hatte, war in aller Munde, und was in Frankfurt nur Beine hatte, wallfahrtete nach dem Orte, wo der Ballon sich in die Lüfte heben sollte. Der Anfang der Oper mußte auf eine spätere Stunde verlegt werden, und nur ein kleines Häuflein Publikum fand sich im Theater ein. Trotzdem wegen des späten Anfangs die ersten Szenen wegbleiben mußten, die gerade mit zu den Glanznummern gehörten, fand „Sylvana" doch großen Beifall, und die Frankfurter wurden lüstern, den Komponisten nun auch als Klavierspieler kennen zu lernen. Das Konzert, welches auf den 20. Oktober festgesetzt wurde, versprach eine reiche Einnahme, und diese konnte Weber eben brauchen. Als er am gedachten Tage in Frankfurt einfuhr, fand er die ganze Stadt in der größten Aufregung. Diesmal hieß sein Verhängnis nicht Blanchard, sondern Napoleon. Dieser Allgewaltige hatte über England, das er mit den Waffen nicht besiegen konnte, seit mehreren Jahren die Kontinentalsperre verhängt, durch welche allen Ländern, die unter seinem Machtgebot standen, die Einfuhr englischer Handelsartikel untersagt war. Das Gesetz wurde durch Schmuggel vielfach umgangen, daher war es neuerdings verschärft worden, und in Frankfurt, das sich am widerspenstigsten gezeigt, waren nun französische Exekutionstruppen eingerückt, um die englischen Lagervorräte der dortigen Kaufleute zu konfiszieren oder zu vernichten. Läden wurden erbrochen, Türen eingeschlagen, Kisten und Fässer zertrümmert; in den Straßen wurden Feuer angezündet und Seiden- und Baumwollstoffe, Gewürze, Thee, Kaffee u. s. w. hineingeworfen, und mit dem Wutgeschrei der beraubten Besitzer mischte sich das rohe Gelächter der französischen Soldaten, welche wie besessen um die Feuer herumtanzten. Aus Webers Konzert wurde natürlich nichts.

Im Februar trat er eine neue Kunstreise an; unter den Empfehlungsbriefen, die er mitnahm, befanden sich auch mehrere des hessischen Großherzogspaares. In Gießen, wohin Weber sich zunächst wandte, wurde er, namentlich von der Studentenschaft, wie eine Berühmtheit gefeiert; die Träger, welche das Pianoforte in den Konzertsaal geschafft hatten, nahmen keinen Lohn von ihm an, „weil sie ihn spielen gehört hatten". Weniger zuvorkommend erwies sich die Gießener Polizei. Als Weber beim Polizeidirektor um die Erlaubnis zu seinem Konzert eingekommen war, hatte dieser ihn gefragt, ob er denn auch etwas könne, ob er einen Paß habe, und ihn wie einen Handwerksburschen examiniert. Weber war nicht der Mann, der so etwas ruhig einsteckte; er fertigte den gestrengen Herrn tüchtig ab und erwirkte sich die obrigkeitliche Erlaubnis beim General Wittgenstein, welcher damals das Rheinbundheer kommandierte.

Bald mehr, bald weniger glänzende Einnahmen brachte ihm die Reise. Damals genügten eine einfache Anzeige und ein wenig Zeitungsreklame nicht, um ein Konzert zu stande zu bringen. Es gab keine Klaviermagazine, welche, wie heutzutage, gegen Entgelt mit Vergnügen das Instrument herliehen, sondern man war auf die Gefälligkeit von Privatpersonen angewiesen. Vor allem aber mußte der Konzertgeber eine Rundvisite machen, um einflußreiche Leute für sein Unternehmen zu interessieren. So schrieb Weber aus Würzburg an seinen Freund Gänsbacher: „Ich muß wirklich manchmal alle Vernunft zusammennehmen, um nicht verdrießlich zu werden; denn gibt es etwas Elenderes, als bei fremden Menschen herumzulaufen, jedem etwas vorzubudeln, damit er sieht, daß man etwas kann, und unter dreißig kaum auf einen zu stoßen, der Anteil nimmt und tätig ist?"

Besondere Hoffnungen setzte Weber auf München, und sie wurden auch nicht enttäuscht. Das Konzert und ein zweites in Nymphenburg vor dem Königspaare und dem Kronprinzen Ludwig brachten ihm Ehren und Geld in Fülle. Er gewann eine Menge Freunde und Anhänger in der Kunststadt, und hier gelangte im Hoftheater auch seine kleine Oper „Abu Hassan" zur

Aufführung, die er schon in Mannheim begonnen hatte. Der Text stammte von seinem Stuttgarter Freunde Hiemer, dem Verfasser der „Sylvana". Die Verlegenheiten und Schwulitäten vornehmer Herren, die in Schulden stecken, werden darin in sehr ergötzlicher Weise geschildert, alles getreu dem Leben abgelauscht, wie es Weber und Hiemer in Stuttgart an sich selbst erfahren hatten. Jener boshafte Kobold, welcher dem Komponisten schon so manchen schlimmen Streich gespielt, hatte ihm zwar auch hier einen Strich durch die Rechnung machen wollen; denn es entstand blinder Feuerlärm im Theater, glücklicherweise beruhigte sich das Publikum bald und nahm die kleine Oper, die sehr gut gesungen und gespielt wurde, mit vielem Beifall auf. Damals schrieb Weber an Gänsbacher: „Ich warte nun mit Schmerzen auf einen guten neuen Operntext; denn wenn ich keine Oper unter den Fäusten habe, ist mir nicht wohl." Aber erst zehn Jahre später sollte diese Sehnsucht befriedigt werden, und seine erste dramatische Schöpfung nach dem schlichten „Abu Hassan" sollte sein Meisterwerk, „Der Freischütz", sein.

Mit wohlgefüllter Tasche trat Weber von München aus eine Schweizerreise an. Um direkt nach dem Ufer des Bodensees zu gelangen, mußte er das württembergische Grenzstädtchen Ravensburg berühren. Hier wollte es sein Unstern, daß der Oberverweser des Grenzamtes früher in Stuttgart angestellt war und in ihm sofort den ehemaligen herzoglichen Geheimsekretär wiedererkannte, dem der strenge Befehl des Königs das Betreten württembergischen Bodens verboten hatte. Er erklärte den bestürzten Reisenden für verhaftet und ließ ihm in dem einzigen Gasthofe des Ortes ein Zimmer anweisen, das er bis auf weiteres nicht verlassen durfte. In Weber tauchte die furchtbare Erinnerung an jenen gewalttätigen Fürsten wieder auf, im Geiste sah er sich schon gefangen nach Stuttgart geschleppt und lebendig zwischen den Kerkermauern des Hohenasperg begraben. Die Erschütterung machte ihn krank, und während eine Staffette nach Stuttgart geschickt wurde, um die Befehle des Königs einzuholen, lag er fiebernd im Gasthofe. Der Postmeister, der auch den Arzt rufen ließ, nahm sich seiner freundlich an, und zwei in Ravensburg garnisonierende Offiziere, welche in Stuttgart in Webers lustiger Gesellschaft manche Flasche geleert hatten und von seinem Mißgeschick zufällig erfuhren, besuchten ihn und vertrieben ihm die bangen Stunden. Nach fünf Tagen traf aus der Residenz der Befehl ein, daß Weber ungesäumt über die nächste Grenze geschafft werden solle. Mit erleichtertem Herzen, aber noch immer krank, bestieg er in Begleitung eines Gendarmen den Wagen und wurde nach Meersburg am Bodensee gebracht. Dort wurde er sofort auf ein Schiff befördert, das ihn in Konstanz absetzte. Im weiteren Verlaufe seiner Reise lockte ihn Schaffhausen an, wo gerade die „helvetische Musikgesellschaft" versammelt war. In der Münsterkirche fanden bei diesem Anlaß großartige Konzerte statt, zu denen Musiker, Sänger und Zuhörer aus allen Gegenden der Schweiz herbeigeströmt waren. Als Weber aus dem Gedränge einer solchen Konzertaufführung heraustrat, tauchte plötzlich sein Freund Meyerbeer vor ihm auf. Das war für beide eine freudige Überraschung. Meyerbeer befand sich mit seinen Eltern auf einer Reise nach Italien. Weber eroberte sich die Gunst des liebenswürdigen Paares im Sturme, was später bei seinem wiederholten Aufenthalte in Berlin von großem Nutzen für ihn werden sollte; denn in ihrem gastfreien Hause fand er einen festen Stützpunkt.

Die Schweizerreise brachte ihm mehrere gute Konzert-Einnahmen, besonders in Zürich und Basel. In München, wohin er jetzt zurückkehrte, hatte er schon vorher den berühmten Klarinettenvirtuosen Bärmann kennen gelernt und ihm mehrere Kompositionen für sein Instrument geschrieben. Mit diesem verabredete er jetzt eine gemeinschaftliche Kunstreise nach Norddeutschland. Mit freudigem

Eifer wurden die Vorbereitungen getroffen; ein glänzendes Konzert vor dem Königspaare und der Elite der Gesellschaft war Weber noch vergönnt, dann wurde ein behaglicher Reisewagen gekauft, und froh und wohlgemut begaben sich die beiden Kunstgenossen auf die Wanderschaft. Kurz vor Weihnachten konzertierten sie in Prag, wo Weber sich vor einem zahlreich erschienenen Publikum, aus der Aristokratie und dem höhern Bürgerstand bestehend, vorwiegend als Komponist vorführte. Auf jeden der beiden Konzertgeber entfiel ein Reingewinn von 1240 Gulden. Sehr angemutet fand sich Weber von dem dortigen Theaterdirektor Liebich, welcher seines patriarchalischen Wesens wegen von seinem Künstlerpersonal wahrhaft geliebt wurde. Er empfing Weber aufs herzlichste.

„Sie sind der prächtige Kerl, der Weber?" sagte er. „Ein Blitzkerl auf dem Klavier! Sie wollen mir Ihre Opern verkaufen? Der Gänsbacher hat mir gesagt, sie sind gut. Die «Sylvana» füllt den Abend, der «Abu-Hassan» nicht. Ich geb' Ihnen fünfzehnhundert Gulden für beide; schlagen's ein!"

Und Weber schlug ein. Im nächsten Frühjahre sollte er seine beiden Opern in Prag selbst einstudieren.

Über Dresden, wo der Augenblick zum Konzertgeben ungünstig war, ging's nach Leipzig. Hier verliefen drei volle Wochen, ehe es zu einem Konzerte kam. Mancherlei Hindernisse gab es erst zu überwinden; eines derselben bezeichnet folgende kräftige Stelle in einem Briefe an Gänsbacher: „Nun ist unser Konzert auf den 14. bestimmt, da der Teufel noch so einen Klavierhund, einen jungen Buben aus Braunschweig, herbeigeführt hat, der den 7. sein Konzert herunterreißt."

Im ganzen sagte ihm das Leben in der Handelsstadt, in der es außer den Meßzeiten sehr still herging, wenig zu. Dennoch trug er sich mit der Absicht, dort auf längere Zeit seinen Wohnsitz zu nehmen. Weber besaß eine nicht unbedeutende schriftstellerische Begabung, mit welcher er schon öfter in die Öffentlichkeit getreten war; daher suchten ihn Buchhändler und Herausgeber schöngeistiger und musikalischer Zeitschriften in Leipzig festzuhalten, und er sah sich ein großes Feld litterarischer Tätigkeit eröffnet. Zum Glück für die Tonkunst wurde er von diesem Vorhaben durch eine Einladung des Herzogs von Gotha abgelenkt.

Herzog August zu Sachsen-Gotha und Altenburg war 1804 seinem trefflichen Vater Ernst II. in der Regierung gefolgt, und wie dieser regierte er sein Land mit großer Umsicht. Zugleich war er einer der kunstsinnigsten und geistreichsten Fürsten. In seinem Briefwechsel, den er mit bedeutenden Männern, besonders mit Jean Paul, unterhielt, offenbarte sich eine Hingebung für alles Große und Schöne. Er war selbst Dichter, und ein glühender Schaffensdrang beseelte ihn; seine zahlreichen Gedichte und Idyllen waren voll poetischer Gedanken und Empfindungen, aber sie krankten an Überschwenglichkeit. Mit so großem Ernst er seinen Regierungsgeschäften oblag, so war er doch eine gar wunderliche Persönlichkeit und verblüffte seine Hofgesellschaft oft durch die seltsamsten Einfälle. Zuweilen trug er über dem Galaanzuge einen Frauenrock oder zierte seinen Hut mit einem Frauenschleier; oft erschien er auch in römischem Kostüm, roten Korduan-Schnürstiefeln und einem Kranz im Haar. Das letztere färbte er jeden Tag anders, so daß ihn zuweilen seine eigenen Diener nicht erkannten. Mitunter entsprangen seine Absonderlichkeiten einer satirischen Laune. So sagte er einst bei einem großen Hoffeste zu jedem der Anwesenden leise ein paar freundliche Worte, welche bei dem Angeredeten ein sehr verdutztes Gesicht hinterließen. Als nach der Feierlichkeit einer den andern neugierig fragte, was der Herzog zu ihm gesagt habe, antwortete der eine kopfschüttelnd: „Er sagte zu mir in höchst liebenswürdigem Tone: «Eins! zwei! drei!»" — „Und mir," sagte ein anderer, „flüsterte er höchst huldvoll ins Ohr: «Vier! fünf! sechs!»" So

ging es weiter, und es ergab sich, daß der Herzog statt des
üblichen, ebenso nichtssagenden Courgesprächs sich zur Abwechslung
der Zahlen bedient hatte.

Der Herzog hatte von dem bayrischen Kronprinzen Ludwig
viel Rühmliches über Weber gehört, und sein Einladungsschreiben
war so geistvoll gehalten, daß Weber nicht widerstehen konnte
und mit Bärmann nach Gotha abreiste. Hier traf er mit Lud=
wig Spohr zusammen, der als Hofkonzertmeister angestellt war
und schon damals, im achtundzwanzigsten Jahre stehend, als
großer Geiger und als Komponist für sein Instrument eines
außerordentlichen Rufs genoß. In späteren Jahren schuf er die
bekannten Opern „Zemire und Azor" und „Jessonda". Jetzt
arbeitete er an seinem ebenfalls berühmt gewordenen Oratorium
„Das jüngste Gericht".

Weber mußte in steter Gesellschaft des Herzogs weilen, der
ihm in jeder Weise seine Verehrung bezeigte, sich seine Gedichte
von ihm in Musik setzen ließ und in Entzücken schwelgte, wenn
Weber im Zusammenspiel mit Spohr und Bärmann vor ihm
musizierte.

Es war Webers Absicht, über Weimar und Dresden nach
Berlin zu gehen; in der großen preußischen Hauptstadt wollte
er versuchen, seine „Sylvana" zur Aufführung zu bringen. Der
Herzog, dem er versprechen mußte, nächsten Sommer auf ein paar
Monate wieder nach Gotha zu kommen, gab ihm Empfehlungs=
briefe nach Weimar. Hier von der geistvollen Großfürstin Maria
Paulowna, der Gemahlin des Erbprinzen, sehr huldvoll aufge=
nommen, spielten Weber und Bärmann in deren Familienkreise
an mehreren Abenden. Bei einer solchen Gelegenheit erschien
auch Goethe. Ohne von den beiden Künstlern besondere Notiz
zu nehmen, sprach er während der Musik laut und rücksichtslos
mit einer Hofdame; nach Beendigung des Spiels wurde ihm
Weber vorgestellt, den er kurz begrüßte, worauf er sich wieder

entfernte. Um so liebenswürdiger benahm sich Wieland. Über seinen Besuch bei dem greisen Dichter äußerte sich Weber: „Die tiefste Verehrung und Rührung muß jeden erfüllen, der sich ihm naht. Das Herzliche seines Umgangs, die biderbe Deutschheit reißt unwiderstehlich hin. Ich mußte ihm etwas vorspielen und tat es mit gerührter Seele. Er schien auch davon ergriffen zu sein und sagte mir so viel Herzliches, daß ich sehr davon erfreut war."

In Dresden machten Weber und Bärmann nicht weniger als einundvierzig Visiten. Aber die dortigen maßgebenden Kreise interessierten sich nur für italienische Musik, und das Konzert war fast leer; das spärlich erschienene Publikum erwies sich aber um so dankbarer und verständnisvoller. Auch vor dem König und seinem engeren Familienkreise spielten die beiden Künstler; sie fanden eine sehr liebenswürdige Aufnahme und wurden mit kostbaren Tabatièren beschenkt. Solche Dosen aus Gold, mit fein emaillierten Gemälden geschmückt und meist mit Perlen und Edelsteinen besetzt, waren damals beliebte fürstliche Ehrengeschenke. Im Laufe der Zeit wurde Weber mit derartigen Kostbarkeiten, worunter sich außer zwanzig bis fünfundzwanzig Tabatièren auch wertvolle Ringe und Busennadeln befanden, besonders reichlich bedacht, und sein Sohn Max Maria erzählt, daß es in seiner Kindheit keine größere Freude für ihn gab, als wenn der Vater ihn mit diesen funkelnden Dingen spielen ließ, die dem Kleinen wie die märchenhaften Schätze aus 1001 Nacht erschienen.

Zum erstenmal in seinem Leben betrat Weber im Frühjahr 1812 den Boden Berlins. Meyerbeers Eltern ließen sich's nicht nehmen, dem Freunde ihres Sohnes Gastfreundschaft zu erweisen, und in ihrem fast fürstlich ausgestatteten Hause fand er ein ebenso vornehmes als behagliches Heim.

Trotzdem er Empfehlungsbriefe an König Friedrich Wilhelm III. und den Prinzen Heinrich hatte und von beiden sehr huldvoll empfangen wurde, stieß er doch auf zahllose Schwierigkeiten und Hindernisse, ehe es zur Aufführung der „Sylvana" kam. Mitten in diesen Kämpfen traf ihn die Nachricht vom Tode seines Vaters. Der alte achtundsiebzigjährige Herr hatte in seinem Stübchen zu Mannheim am 16. April sein Haupt zur ewigen Ruhe niedergelegt. Karl Maria vergaß alle Schwächen des Vaters, die ihm oft zu Steinen des Anstoßes geworden waren; er dachte nur an das, was er der Liebe des Vaters verdankte, und an die Sorgfalt und Ausdauer, womit dieser sein Talent gepflegt hatte. „Er soll ruhig entschlafen sein," schrieb er in sein Tagebuch. „Gott schenke ihm jenseits den Frieden, den er hier nicht hatte. Es ist unendlich schmerzlich für mich, daß ich ihm keine glücklichen Tage mehr bereiten konnte. Gott segne ihm all die große Liebe, die er zu mir hatte und die ich nicht verdiente, und die Erziehung, die er mir geben ließ . . ."

Von der „Sylvana" fand endlich die erste Probe statt, dann aber begannen die Intriguen aufs neue, und die Oper ruhte sechs volle Wochen. Mancherlei Urteile über sein Werk bekam Weber zu hören, und die ungünstigen nahm er sich am meisten zu Herzen. Ob sie zutreffend waren oder nicht, darüber war er sich selbst nicht klar. Wie weit er jedoch davon entfernt war, sich selbst zu überschätzen, beweist folgende Stelle in seinem Tagebuch: „Sollte ich" (wie behauptet worden war) „keine Mannigfaltigkeit der Ideen besitzen, so fehlt mir offenbar Genie, und sollte ich mein ganzes Leben hindurch all mein Streben, all meinen Fleiß, all meine glühende Liebe einer Kunst geopfert haben, zu welcher Gott mir nicht den echten Beruf in die Seele gelegt hätte? — Diese Ungewißheit macht mich höchst unglücklich! — Um keinen Preis möchte ich in der Mittelklasse von tausend und tausend Kompositeurlein stehen; — kann ich nicht eine höhere eigene Stufe erklimmen, möchte ich lieber gar nicht leben, oder als Klavier=Professionist mein Brot mit Lektionen zusammenbetteln. Doch ich will meinem Wahlspruch keine Schande machen: Beharrlichkeit führt zum Ziel! — Ich werde streng über mich wachen, und die Zeit wird mich und die Welt belehren, ob ich echte, treue Meinungen von Freunden redlich benutzt habe." Er ließ es sich nicht verdrießen, einige Arien auszumerzen und durch neue zu ersetzen, wodurch die Oper viel gewann; doch daß die Proben zu derselben endlich wieder aufgenommen wurden, verdankte er den energischen Bemühungen des Fürsten Radziwill, der selbst ein hervorragender Komponist war, und zwei mit Bärmann gegebenen Konzerten, welche besonders durch die Ouvertüre zum „Beherrscher der Geister" eine sehr günstige Meinung für Weber erweckten.

Am 10. Juli ging „Sylvana" im Königlichen Opernhause in Szene und hatte einen vollständigen Erfolg, welcher auch von der Kritik bestätigt wurde und den Wiederholungen der Oper treu blieb, so daß Weber in sein Tagebuch schreiben konnte: „Selbst meine Feinde gestehen mir Genie zu, und so will ich denn bei aller Erkenntnis meiner Fehler doch mein Selbstvertrauen nicht verlieren und mutig und vorsichtig und über mir wachend vorschreiten auf der Bahn der Kunst!"

Weber war in zahlreichen feinen Familienkreisen eingeführt und hatte sich viele Freunde und Anhänger erworben. Einer seiner aufrichtigsten Verehrer war der nachmals vielgenannte Professor der Zoologie Heinrich Lichtenstein, zugleich ein feinfühliger Musiker. Beide verlebten manche unvergeßliche Stunde in Familienzirkeln, wo Weber sich oft ans Klavier setzte und einige seiner Kompositionen vortrug oder sich in freien Phantasieen erging. Über Webers Spiel berichtet Lichtenstein: „Unter seinen Klavierstücken war die damals noch nicht gedruckte große Sonate in C-Dur das beliebteste. Er wußte nach eigener Laune und nach der Stimmung der Gesellschaft in dieses so oft wiederholte Stück so viel Abwechslung und Mannigfaltigkeit zu legen, daß es immer eine gewisse Neuheit behielt und daß sich dem Hörer, je öfter er es vernahm, nur desto mehr die in der Tiefe der künstlerischen Absicht liegenden Schönheiten offenbarten. Hatte ihn nachher irgend ein Gesangstück in Begeisterung versetzt, so pflegte er unaufgefordert, wie wenn er nur in einem längern Nachspiele die Schönheit eines musikalischen Gedankens festhalten und verfolgen wollte, sich in freier Phantasie über ihn zu ergehen und leistete dann, völlig Herr des Instruments, durch keine Schwierigkeit der Ausführung in dem kühnsten Fluge gestört und stets von dem klarsten Bewußtsein der Regel geleitet, das Außerordentlichste, was die Kunst der Klavierspieler bis dahin vorzubringen vermochte. Den höchsten Triumph dieser Art errang er eines Abends, nachdem er ein bekanntes dreistimmiges Lied von Haydn hatte singen hören. Er wiederholte das Thema in leichter Modulation auf dem Klavier, und bald entwickelte er daraus eine Fuge, welche, von den Kennern mit Ausrufen der Bewunderung begleitet, in ruhiger Klarheit dahinfloß und den Charakter des zu Grunde liegenden Gedichts («Der Jüngling hofft des Greises Ziel») trotz der verwegensten Wendungen, Umkehrungen und rhythmischen Verschiebungen immer festhielt. Kaum hatte je die mutwillige Keckheit in den glänzendsten Passagen und das Feuer im Fortschreiten vollgriffiger Akkorde, womit Weber sich den Beifall sonst zu steigern verstand, eine solche Wirkung hervorgebracht als dieses fast eintönig dahinfließende Fugenlied. Man sank vor Weber auf die Kniee, andere umarmten seine Schultern, alles drängte sich um ihn; statt des Blumenkranzes war sein Haupt von einem Kreise freundlicher, glücklicher Gesichter wie gekrönt, und die feierliche, wehmütige Stimmung, in die ihn dieser Beifall versetzte, klang bis spät in die Nacht in den tiefsten und ernstesten Weisen nach, die ich je von ihm habe hervorbringen hören." . . .

Ende August verließ Weber Berlin, nachdem sein Kunst=

und Reisegenosse Bärmann sich schon vorher von ihm getrennt hatte. Schwer wurde ihm der Abschied von all den lieben Freunden, die er hier gefunden, am schwersten von dem Meyerbeerschen Elternpaar, deren gastliches Haus ihm ein halbes Jahr lang ein trautes Heim gewesen war. Sein Weg führte ihn wieder nach Gotha, um das dem Herzog gegebene Versprechen einzulösen. Teils hier, teils in dem schön gelegenen Lustschlosse Reinhardsbrunn verbrachte er mehr als drei Monate. Während dieses langen Aufenthalts wirkte der Umgang mit Spohr künstlerisch sehr anregend auf ihn. Auch Methfessel, der Schöpfer so vieler volkstümlicher Melodieen, die heute noch jeder kennt und jeder singt, war anwesend. Die überspannten Launen des Herzogs stellten den drei Künstlern mancherlei Aufgaben, die wenig nach ihrem Geschmacke waren. Oft versenkte sich der Herzog in die Lektüre eines Buchs und ließ sich dazu auf dem Klavier leise etwas vorphantasieren, oder er trug eines seiner Gedichte, zuweilen auch eine kleine Erzählung aus dem Stegreif vor, während einer der Musiker seinen Worten die musikalische Begleitung anpassen mußte. Oft auch wünschte der Herzog zu hören, wie sich die Melodie irgend eines sentimentalen Liedes als Marsch ausnehmen möge; wenn dann einer der Künstler das Experiment auf dem Klavier vollbracht hatte, ließ der Herzog es durch seine Militärmusiker wiederholen, sprach den wehmütigen Text dazu und weidete sich an dem komischen Gegensatze, der dabei herauskam.

Während Spohr diese Seltsamkeiten, an die er längst gewohnt war, leicht nahm, wurden sie für Weber oft zur Qual. Dennoch schied er nur ungern von dem Fürsten, dessen Wunderlichkeiten von seiner Liebenswürdigkeit weit überwogen wurden. Es war Mitte Dezember geworden. Weber hatte dem Theaterdirektor Liebich versprochen, zu Anfang des Jahres 1813 wieder nach Prag zu kommen. Dort traf er, nach einem kurzen Aufenthalte in Leipzig, am 12. Januar ein. Er war nun nahezu siebenundzwanzig Jahre alt. Während seiner Reisen hatte seine schöpferische Kraft nicht geruht, zahlreiche Kompositionen waren entstanden, welche den verschiedensten Gattungen der Musik angehörten. Eine wichtige Epoche künstlerischen Wirkens erwartete ihn in der böhmischen Hauptstadt.

IV.
Der Prager Operndirektor. — Leier und Schwert. Karoline Brandt.

Weber war nach Prag gekommen, um dort die Einstudierung und Aufführung seiner beiden Opern zu leiten; dann wollte er eine große Kunstreise nach Paris und Italien unternehmen, um sich auch dem Auslande als Komponist und Klaviervirtuos vorzustellen. Alle diese Absichten und Pläne traten in den Hintergrund, als der Theaterdirektor Liebich in ihn drang, in Prag zu bleiben. Liebich wollte seine Oper auflösen, und Weber sollte im Sommer deren vollständige Neugestaltung und als Kapellmeister die oberste Leitung übernehmen. Er sollte mit den ausgedehntesten Vollmachten versehen werden, ein Gehalt von zweitausend Gulden beziehen und einen Urlaub von zwei bis drei Monaten erhalten. Außerdem wurde ihm ein Benefiz bewilligt und dessen Ertrag mit tausend Gulden garantiert. Da das österreichische Papiergeld damals sehr entwertet war, so bezifferte sich Webers Jahreseinnahme auf etwa zweitausendvierhundert Mark. Auch wenn er Bedenken getragen hätte, sich an eine feste Stellung zu binden, so würde er doch der liebenswürdigen Überredungsgabe des ehrenhaften Theaterdirektors nicht widerstanden haben. Weber blieb also in Prag. Das bekannte Wort „böhmische Musikanten" ist ein wohlverdienter Ehrenname. Die musikalische

Veranlagung ist dem Böhmen schon in die Wiege gelegt. Selbst in der kleinsten böhmischen Dorfschule wurden im 17. und 18. Jahrhundert Musik und Gesang betrieben und jedem andern Unterrichtsgegenstande vorangestellt. Aus allen Schulen gingen daher Kräfte für den Kirchengesang hervor, aber auch für den musikliebenden böhmischen Adel, der sehr darauf sah, daß seine Dienerschaft musikalisch war. Da strich der Koch die Geige, der Jäger blies Horn, die Tafeldecker verstanden sich auf Flöte, Klarinette u. s. w., und mitten unter ihnen saß der Freiherr, Graf oder Fürst und spielte Cello oder ein anderes Instrument. Die böhmischen Edelleute begnügten sich nicht mit ihrer Hausmusik, die übrigens vom gediegensten Geschmack war, sondern sie waren es auch, die in Prag das einst so berühmte Konservatorium und das Theater gründeten und lange Zeit auf einer bedeutenden Höhe erhielten. Als Weber nach Prag kam, waren die dortigen Kunstzustände und mit ihnen auch die Oper in Verfall geraten. Der lange Krieg, den Österreich mit nur kurzen Unterbrechungen nun schon seit zehn Jahren gegen Frankreich führte, hatte den Sinn von der Musik abgelenkt; die Fragen der Politik überwogen alle andern Interessen und hatten die nationalen Gegensätze zwischen Tschechen und Deutschen verschärft; der gesellschaftliche Zusammenhalt war gelockert. Die wenigen Komponisten, die sich in Prag aufhielten, lebten in großer Abhängigkeit. Jeder dankte seine Existenz irgend einem adligen Hause, wo er für Kost, Wohnung und ein paar hundert Gulden Gehalt den Söhnen und Töchtern Unterricht gab und sich sonst noch auf mancherlei Art nützlich machen mußte. Dafür führte er den Titel „Kompositeur beim Herrn Grafen N. N." und wurde von seiner Herrschaft und deren ganzen Anhang gegen die andern protegiert. Jeder fremde Künstler, der in Prag öffentlich auftreten wollte, mußte an ein großes Haus empfohlen sein, welches die Unterschriften für sein Konzert sammelte.

Weber brachte einen guten Ruf mit, eine gründliche Bühnenkenntnis kam ihm zu statten, und er besaß das unbedingte Vertrauen seines Direktors. Der Sommer verfloß ihm unter angestrengter Tätigkeit. Neben der Neuordnung des gänzlich vernachlässigten Theaterarchivs lag ihm die Korrespondenz mit auswärtigen Sängern, Sängerinnen und Musikern ob, welche nach seiner eigenen Wahl für das Theater gewonnen werden sollten. Als das Personal beisammen war, hatte er ein halbes Dutzend neue Opern einzustudieren, von jeder sieben bis acht Proben abzuhalten und Dekorationen, Kostüme u. s. w. bis in alle Einzelheiten anzugeben. Auch der Theaterchor mußte ganz neu zusammengesetzt werden. Natürlich sah Weber sich genötigt, viele unbrauchbare Kräfte zu entlassen, was einen Sturm des Unwillens gegen ihn erregte. Ein großer Teil der Chormitglieder war Tschechen, die in ihrer Muttersprache während der Proben sehr laute und lebhafte Gespräche führten. Er witterte Intriguen hinter diesen Verhandlungen, von denen er nichts verstand, und lernte daher Böhmisch mit solchem Eifer, daß schon nach wenigen Monaten in seiner Anwesenheit kein Wort mehr gesprochen werden konnte, welches er nicht hören durfte.

Die neugeschaffene Oper gereichte ihm zur Ehre, Direktor Liebich überhäufte ihn mit Lob und Dank, und auch das schwer zu befriedigende Prager Publikum gab seinen Beifall kund.

Die politischen Ereignisse gingen inzwischen ihren Gang. Nach den von den Preußen und Russen gegen Napoleon verlorenen Schlachten bei Großgörschen und Bautzen tagte auf Österreichs Veranlassung vom 12. Juli bis zum 12. August 1813 in Prag ein Friedenskongreß, der ein gewaltiges Leben in die böhmische Hauptstadt brachte. Tausende von Fremden strömten dort zusammen, die an dem Kongreß mittelbar oder unmittelbar beteiligt waren oder den Verlauf desselben in nächster Nähe abwarten wollten, darunter auch viele, die sich aus dem Kriegs=

getümmel in Norddeutschland geflüchtet hatten. Diplomaten, Künstler, Journalisten drängten sich in den Straßen; überall sah man glänzende Uniformen und Ordenssterne; über das Pflaster dröhnten vornehme Equipagen; kein Tag verging ohne Bälle, Diners und andere Festlichkeiten. Der Friedenskongreß scheiterte an den hochmütigen Forderungen Napoleons, und das war ein Glück; denn sonst wäre es nicht zur Schlacht bei Leipzig gekommen, die seine Macht gänzlich zerbrach.

Der Widerhall nach dem Leipziger Siege war in Prag nur ein schwacher; die nationale Begeisterung, die in Deutschland herrschte, fand hier keinen Boden. Die Siegesfeier beschränkte sich fast nur auf ein „Freitheater", wobei die Hymne „Gott erhalte Franz den Kaiser" angestimmt wurde. Weber drehte sich an seinem Dirigentenpulte um und sang mit. Der Komponist der Körnerschen Freiheits- und Kampfeslieder hatte bisher an den politischen Ereignissen keinen tiefern Anteil genommen, sondern nur seiner Kunst gelebt. Der Patriot sollte aber bald in ihm erwachen. Weber bedurfte nach einer Zeit rastloser Anstrengungen einer längeren Erholung. Im Juli 1814 begab er sich zunächst nach dem kleinen Kurorte Liebwerda im nördlichen Böhmen und von da Anfang August nach Berlin. Würden seine dortigen Freunde ihn wohl in gutem Andenken behalten haben? Seit anderthalb Jahren hatte er seine ganze Kraft einem Wirkungskreise gewidmet, aus welchem keine Kunde in die Ferne drang. Da konnten die Berliner ihn leicht vergessen haben. Gleich am ersten Abend nach seiner Ankunft eilte er nach der Singakademie, wo eine patriotische Feier stattfand. Er wußte, daß er dort den größten Teil seiner alten Freunde treffen werde. Eine glänzende Versammlung hatte sich in den festlich geschmückten Räumen eingefunden, hochgefeierte Kriegshelden befanden sich darunter, vor allem Vater Blücher, der greise Sieger von der Katzbach, der sich auf seinem Zuge durch Frankreich bei La Rothière, Laon und Paris neue Lorbeeren geholt hatte. Heinrich Lichtenstein war der erste, der Weber erblickte und ihn stürmisch in seine Arme schloß. Die Nachricht von Webers Anwesenheit flog durch den Saal, einer nach dem andern kam, um ihn freudig zu begrüßen, Fremde ließen sich ihm vorstellen, und bald sah er sich von allen Seiten umdrängt, fast wie der alte Blücher.

Eine ebenso herzliche Aufnahme fand er am andern Tage bei Meyerbeers Eltern.

Er hätte zu keinem günstigeren Zeitpunkte nach Berlin kommen können. Hier loderte die vaterländische Begeisterung in hellen Flammen. Die Nation hatte durch eigene Kraft den großen Unterdrücker zu Boden geworfen, sie war sich ihrer Stärke bewußt, und „Sieg und Freiheit!" jubelte es in aller Herzen und aus aller Munde. Sieggekrönte Truppen kamen und gingen, von den Berlinern durch Festlichkeiten gefeiert. Überall klang und sang es vom Ruhm der Waffen, auf der Bühne wie im Leben. Schlachtenbilder wurden gemalt und Kriegs- und Siegeslieder in Musik gesetzt. Ganz besonders waren es die patriotischen Gedichte Theodor Körners, des Sängers von „Leier und Schwert", die begeisternd auf den kriegerischen Sinn des deutschen Volkes gewirkt und durch den Heldentod des jungen Dichters bei Gadebusch eine verklärende Weihe gefunden hatten. In den mannigfaltigsten Melodieen ertönten sie jetzt; aber die schönsten Melodieen sollten erst kommen; unhörbar noch für die Welt, erklangen sie bereits in der Seele Karl Maria von Webers, der sich zum erstenmal als Deutscher fühlte.

Im September schied er wieder von Berlin und besuchte seinen fürstlichen Gönner, den Herzog von Gotha, auf dem Schlosse Gräfentonna. Mitten im Walde an der rauschenden Tonna erhebt sich dieses alte Schloß mit seinen Giebeln und spitzen Dächern, und hier komponierte Weber am 13. September

„Lützows wilde Jagd" und das Schwertlied, deren Melodieen aus dem waldumdunkelten Arbeitszimmerchen wie der tönende Atemzug der Begeisterung in die Welt hinausbrausen sollten. Zwei Tage später schrieb er auf der Heimreise während eines kurzen Aufenthalts in Altenburg „Männer und Buben" nieder, und in Prag folgten im Oktober die Lieder „Schlacht, du brichst an", „Die Wunde brennt", das Reiterlied, das Gebet in der Schlacht und andere. Es waren die Früchte, welche die große nationale Begeisterung Berlins in Weber gezeitigt hatte. Damit hatte er eine neue Bahn betreten, die ihm die Pforte des Ruhms und der echtesten Volkstümlichkeit öffnen sollte. Er war sich der zündenden Kraft dieser Kompositionen wohl bewußt, welche die jüngsten Großtaten feierten und sechsundfünfzig Jahre später als Schlachtgesänge wieder auflebten. Der äußere Lohn für diese unsterblichen Tonschöpfungen freilich war ein kärglicher. Webers Verleger honorierte ihm die ganze Liederfolge von „Leier und Schwert" mit kaum zweihundert Mark.

Anfang Juni 1815 trat Weber einen längeren Urlaub an und ging nach München. Abermals hatte sich ein schwerer Bann auf Deutschland gelegt. Napoleon war von der Insel Elba entflohen, er hatte noch einmal seine alten Heerscharen gesammelt, und das gewohnte Kriegsglück schien sich ihm wieder zuzuwenden. Da traf in München die Nachricht von seiner Niederlage bei Waterloo ein. Alles atmete auf; die bayrische Hauptstadt befand sich in einem Rausche der Begeisterung. Weber fühlte den unwiderstehlichen Drang, das Ereignis in Tönen zu feiern. Der Münchener Schauspieler und Dichter Wohlbrück lieferte ihm den Text zu der patriotischen Kantate „Kampf und Sieg". In Prag vollendete Weber das Werk und brachte es in seinem Benefizkonzert zur Aufführung. Beim Einstudieren wetteiferte man um die Gunst, mitwirken zu dürfen. Von den ersten Opernkräften wollte jede wenigstens eine kleine Partie haben, mehrere Grafen spielten im Orchester mit. In die musikalische Schilderung der Schlacht, die sich von lärmenden Effekten frei hielt, waren die Nationallieder und Märsche der Kämpfenden, das französische „Ça ira", die preußischen Jägersignale, das englische „God save the king" eingeflochten; ungemein wirkungsvoll tauchten die Klänge von Lützows wilder Jagd, das Schwertlied und das Schlachtgebet auf, und in dramatischer Steigerung schloß das Ganze mit dem gewaltigen Chor: „Herr Gott, Dich loben wir!"

Der Totaleindruck war ein großartiger. Noch enthusiastischer wurde das Werk in Berlin aufgenommen, wohin Weber Anfang Juni 1816 reiste, um es im Opernhause zur Aufführung zu bringen. Das Haus war bis auf den letzten Platz gefüllt, der ganze Hof erschien in Gala. Auf Wunsch des Königs mußte bald darauf eine Wiederholung stattfinden, die von gleichem Erfolg begleitet war. —

In Prag hatte Weber das erste zarte Band geknüpft, welches ihn mit der spätern Lebensgefährtin verbinden sollte, wenn auch mancherlei Mißverständnisse es wiederholt zu zerreißen drohten. Unter den neuen Mitgliedern, die er bei Übernahme der Operndirektion engagiert hatte, befand sich auch die Sängerin und Schauspielerin Karoline Brandt. Sie war für Weber keine Fremde. In Frankfurt am Main bereits hatte er sie kennen und schätzen gelernt als Darstellerin seiner Sylvana. Sie war eine zierliche Erscheinung, graziös in ihren Bewegungen. Mit einer sympathischen, vortrefflich geschulten hohen Sopranstimme vereinigte sie große Bühnensicherheit. Muntere Rollen gelangen ihr vorzüglich; sie spielte und sang sie mit der ganzen Natürlichkeit ihres liebenswürdig kecken, drolligen und treuherzigen Wesens. Ihr Vater war Tenorist an der kurfürstlichen Kapelle in Bonn gewesen. Schon mit acht Jahren hatte sie in Kinderrollen die Bretter betreten; ihr vielfacher Umgang mit Altersgenossinnen aus höheren Kreisen ersetzte ihr den Mangel einer sorgsamen Erziehung. Karolines dramatisches Talent hatte sich an den Bühnen zu München und Frankfurt rasch entwickelt. Mit neunzehn Jahren kam sie nach Prag. Schon mit ihrer ersten Rolle, die sie dort spielte, feierte sie einen Triumph, und mit jedem neuen Auftreten befestigte sie sich in der Gunst des Publikums. Sie hatte ihre Mutter bei sich, mit welcher sie einfach, häuslich und zurückgezogen lebte.

Weber fand sich von Karoline angezogen und faßte eine tiefe Neigung für sie; in trauter Häuslichkeit an ihrer Seite zu leben, war sein liebster Gedanke, sein sehnsüchtigster Wunsch. Während seines Aufenthalts in Bad Liebwerda hatte er in regem Briefwechsel mit ihr gestanden. Als er nach Prag zurückgekehrt war, warb er um ihre Hand. Er wußte aus den Erfahrungen, die er beim Theaterleben gemacht hatte, daß es selten eine glückliche Ehe gibt, wenn die Frau der Bühne angehört. Daher verlangte er von Karoline, daß sie der Welt der Bretter entsagen solle. Karoline erwiderte seine Herzensneigung; dennoch zauderte sie, ihr Jawort zu geben. Sie war damals das Schoßkind der Prager; ihr stand noch eine glänzende künstlerische Laufbahn offen, die ihr gestattete, in behaglicheren und sorgenfreieren äußeren Verhältnissen zu leben, als Weber sie ihr zu bieten vermochte. Die Gage, welche sie bezog, war jetzt schon eine höhere als das Einkommen des jungen Operndirektors, der übrigens, wie sie wußte, noch an alten Schulden abzuzahlen hatte. Er war allerdings eine angehende Berühmtheit; wie weit jedoch die Tragweite seines Talents gehen werde, konnte sie nicht bemessen. Er war rechtschaffen und edelherzig; aber man sagte ihm auch nach, daß er hitzig, unruhig und rastlos sei. Dazu kam noch, daß beide ganz entgegengesetzte politische Ansichten hatten. Karoline war nämlich eine glühende Verehrerin Napoleons und nahm es Weber sehr übel, daß er „Leier und Schwert" komponiert hatte, dessen Spitze doch gegen ihren Liebling gerichtet war. Gewiß erscheint es höchst merkwürdig, daß die Melodieen, die jedes deutsche Herz höher schlagen machen und den ersten Grund zu Webers volkstümlichem Rufe legten, für die künftige Gattin des Komponisten ein Stein des Anstoßes waren. Es kam darüber zwischen beiden zu fortwährenden, oft komischen Entzweiungen und Versöhnungen, denen Webers Reise nach München ein Ende machte. Während seiner Abwesenheit faßte Karoline den Entschluß, sich gänzlich von ihm loszusagen, worin sie von ihrer Mutter bestärkt wurde, und setzte ihm brieflich die Verhältnisse auseinander, welche sie hierzu bestimmten. Mit den schmerzlichsten Empfindungen kehrte Weber nach Prag zurück. Am Abend seiner Ankunft trat sie in einer ihrer beliebtesten Rollen auf. Er eilte sogleich ins Theater; aber er fühlte, daß er sich bei diesem Wiedersehen der Tränen nicht werde enthalten können, und entfernte sich rasch wieder, um nicht in unmännlicher Fassungslosigkeit vor sie zu treten. In diesen schweren Seelenkämpfen war es für ihn eine Wohltat, daß ihm sein alter Freund Gänsbacher zur Seite stand, welcher damals in Prag weilte, um für ein Tiroler Jägerbataillon Musiker anzuwerben. Seine Tröstungen und sein Zuspruch machten es Weber möglich, mit Karoline Brandt in äußerlich gemessenen Formen zu verkehren, wenn seine Berufsstellung ihn mit ihr zusammenführte. Karoline prüfte ihr Herz von neuem, und dieses sagte ihr, daß sie den genialen Mann mit ganzer Hingebung liebe. So näherten sich beide wieder, und Weber begann aufs neue zu hoffen.

Seine Prager Stellung konnte ihn nicht mehr befriedigen, hier waren seinen künstlerischen Bestrebungen und Zukunftsplänen enge Grenzen gesetzt. Er dachte an eine große Kunstreise, auf welcher er den erworbenen Ruf ausnützen konnte; noch wünschenswerter wäre ihm ein Kapellmeisterposten an einer bedeutenden Bühne gewesen, die ihm einen größeren Wirkungskreis darbot.

Als er dem wackern Direktor Liebich seine Absicht mitteilte, war dieser sehr bewegt, den ausgezeichneten Künstler verlieren zu sollen. Er wollte ihn nicht fortlassen, bat und jammerte, und Weber schwankte bereits. Da geschah etwas, das seinen Entschluß unwiderruflich machte. Das Theater befand sich in ständischer Verwaltung. Es war ein neuer Theaterpräsident gewählt worden; und bei dieser Gelegenheit war an Direktor Liebich ein Erlaß ergangen, worin gesagt wurde, daß man mit den Leistungen der Oper seit dem Jahre 1812 unzufrieden sei. Weber erfuhr hiervon. Es war der bitterste Augenblick in seinem bisherigen Künstlerleben. Er war rastlos tätig gewesen, hatte sein schöpferisches Talent hintangesetzt, um den Pflichten seiner Stellung zu genügen; er hatte die besten Künstler berufen, die er auf seinen Reisen kennen gelernt, und ein schönes Ensemble geschaffen; er hatte den Pragern alles Neue und Gute vorgeführt, was sich auf dem Gebiete der Oper darbot, und das Repertoire auf die höchste Stufe erhoben, so daß es sich mit den vorzüglichsten auswärtigen Theatern vergleichen konnte, das Wiener nicht ausgenommen. Und nun wurde er für sein aufopferndes Wirken mit einer so ungerechten Kritik belohnt! Er antwortete hierauf mit der Kündigung seiner Stellung, die ihn noch ein halbes Jahr an Prag fesselte, und am 1. September 1816 legte er dieselbe nieder. Mit tiefem Schmerze schied Weber vom Direktor Liebich. Er mußte ihn leider auf dem Sterbelager zurücklassen, ein schon lange vorhandenes unheilbares Leiden hatte seinen Höhepunkt erreicht, der Tod war unausbleiblich.

Als Weber in den Reisewagen stieg, war sein ganzes Künstlerpersonal um ihn versammelt, um ihm Lebewohl zu sagen. Alle hatten Tränen in den Augen.

Vorläufig war Berlin sein Ziel. Seine Reisegesellschaft war die angenehmste, die er sich nur wünschen konnte: Karoline und ihre Mutter begleiteten ihn. Die junge Künstlerin trat in Berlin in mehreren Gastrollen auf, zu denen man sie auf Webers

Empfehlung hin eingeladen hatte. Über die Ehrenbezeigungen, mit denen man ihm dort überall begegnete, war sie nicht wenig erstaunt. So konnte nur eine wirkliche Berühmtheit gefeiert werden; in Prag hatte man bei weitem nicht das aus ihm gemacht; ja! dort hatte sie sich größerer Triumphe rühmen können als er und hatte sich daher ihm mindestens gleichgestellt. Jetzt erst gingen ihr die Augen auf, sie fühlte sich unbedeutend neben ihm, und auch die Mutter war von ihrer Unterschätzung Webers bekehrt. Freudig gab Karoline ihr Jawort, als Weber nun zum zweitenmal um ihre Hand anhielt. Zur Feier ihres zweiundzwanzigsten Geburtstages veranstaltete die Familie Lichtenstein ein kleines Festmahl. Während man bei Tafel saß, trat eine totale Sonnenfinsternis ein. Als die Sonne wieder in vollem Glanze strahlte, erhob sich Weber und verkündete unter großem Jubel der Anwesenden seine Verlobung mit Karoline Brandt.

Nach seinem vorigen Berliner Aufenthalte hatte Weber bei der Rückreise nach Prag den Weg über Karlsbad genommen, wohin ihn die Anwesenheit seines Freundes Meyerbeer zog. Dort war er mit dem Intendanten des Dresdener Hoftheaters, dem Grafen Heinrich von Vitzthum, bekannt geworden. In Dresden gab man nur italienische Opern, die auch in italienischer Sprache gesungen wurden. Nun sollte dort auch eine deutsche Oper errichtet werden. Für diese Neuschöpfung glaubte Graf Vitzthum in Weber den rechten Mann gefunden zu haben. Bei Hofe war man noch nicht fest entschlossen, und fünf Monate lang hing die Sache in der Schwebe, während Weber mit dem Dresdener Intendanten in Briefwechsel stand. Da endlich — am Weihnachtstage 1816 — brachte ihm die Post als Christgeschenk ein Schreiben Vitzthums, der ihm meldete, daß der König von Sachsen Webers Anstellung als Kapellmeister mit einem Gehalte von fünfzehnhundert Talern beschlossen habe. Zugleich wurde sein baldiges Eintreffen in Dresden gewünscht.

So fand sich Weber einen Monat nach seiner Verlobung im Besitz einer ehrenvollen Stellung, welche sein und seiner Teuern Zukunft sicherte. Er hatte Karolinen, die inzwischen wieder nach Prag zurückgekehrt war, kein Sterbenswörtchen von seinen Verhandlungen mit Dresden gesagt. Auch in dem Briefe, den er ihr jetzt schrieb, erwähnte er nichts davon. Erst am Schlusse desselben fügte er, zu ihrer um so größeren Überraschung, die Bemerkung hinzu: "Von jetzt an lautet meine Adresse: «An den Königl. Sächs. Kapellmeister Herrn Karl Maria von Weber. Dresden, poste restante.»"

V.
Deutsche und welsche Kunst in Dresden.

Herder war es, welcher das an Kunstschätzen außerordentlich reiche Dresden "Elbflorenz" nannte. Im heiteren Stromtale gelegen, von Berglehnen umsäumt, die mit Rebenpflanzungen, Wald, freundlichen Villen und wohlhabenden Dörfern bedeckt sind, verdankt die sächsische Residenz noch größere Reize der Natur. Vor den Toren begannen sich damals freundliche Vorstädte auszubreiten, die noch von großen Gärten durchzogen waren. Geschmückte Lustfahrzeuge belebten die Elbe, über welche bis zum Jahre 1852 nur die Augustusbrücke führte, die Alt- und die Neustadt miteinander verbindend. Eine der Hauptstraßen nach den vielbesuchten böhmischen Bädern führte über Dresden. Dadurch erhielt die Stadt selbst den Charakter eines großen Badeortes; denn die durchreisenden reichen Fremden hielten hier längere Rast und brachten Abwechslung in das Leben, so daß Dresden seinen eigentlichen Glanz zur Sommerszeit entfaltete, wo andere Hauptstädte veröden.

König Friedrich August, mit dem Beinamen „der Gerechte", hatte als Rheinbundfürst zu Napoleon gestanden. Er war diesem 1813 nach Leipzig gefolgt, und nach der Schlacht ließ ihn der Kaiser von Rußland als seinen Gefangenen erklären. Die Hälfte seines Landes fiel, dem Beschlusse des Wiener Kongresses gemäß, an Preußen. Nach seiner Einwilligung in diesen Verlust war er am 1. Juni 1815 in seine Hauptstadt zurückgekehrt.

Friedrich August lebte mit seiner Familie einfach, fast bürgerlich. Um so strenger war die Hofetikette. Das Leben in Dresden bewegte sich fast ausschließlich um den Hof. Das ging bis in die unteren Schichten der Bevölkerung. Wer einen königlichen Tafeldecker zum Verwandten oder zum Gevatter hatte, der fühlte sich mit dem Hofe verwachsen und richtete sich in allen Dingen danach.

Unter August dem Starken war 1697 das königliche Haus zur katholischen Kirche übergetreten. Daraus hatten sich nahe Beziehungen zu Rom entwickelt, wozu sich verwandtschaftliche Verbindungen mit italienischen Fürstenhäusern gesellten. In Dresden siedelte sich eine ganze italienische Kolonie an, welche bald den dortigen Kunstgeschmack vollständig beherrschte. So wurde denn auch eine italienische Hofoper errichtet, und zu den kostspieligen Verschönerungen, welche Dresden August dem Starken verdankt, gehörte das von den Italienern Bibiena und Galli am Zwinger erbaute prachtvolle Opernhaus, das während der Mairevolution von 1849 niederbrannte. Auf Herz und Gemüt des Volkes blieb dieses welsche Kunstinstitut ohne jeden bildenden Einfluß.

Es gab ein deutsches Schauspiel; aber dieses fristete in einem kleinen, nahe der Elbe gelegenen Theater unter Privatunternehmern ein kümmerliches Dasein. Es wurden auch italienische und französische Vorstellungen darin gegeben; in den Nebenzimmern des Hauses trieb man Hasardspiel, welches gegen eine hohe Steuer geduldet war. Dieses Theater hatte das russische Gouvernement 1814 zur Staatsanstalt erhoben; der König ließ es nach seiner Rückkehr als solche bestehen und ernannte den Grafen Heinrich von Vitzthum zum Generaldirektor darüber. Diesem war die Errichtung einer deutschen Oper hauptsächlich zu verdanken.

Als Kapellmeister der italienischen Oper war seit 1810 Francesco Morlacchi aus Perugia angestellt, dessen Kompositionen längst verschollen sind. Seine größte Kunst bestand in der Anzettelung von Intriguen, und welch ein Meister er hierin war, das sollte Weber am bittersten empfinden. Welche Kämpfe hatte schon der große Mozart gegen italienische Kunstgenossen führen müssen, welche Hindernisse hatte ihm namentlich der Wiener Hofkapellmeister Salieri auf seinen Weg geworfen! Einen ähnlichen Feind, der ihm das Leben schwer machte, sollte Weber in Dresden an Morlacchi finden. Morlacchi stand hoch in der Gunst des Königs und des Kabinettsministers Graf Einsiedel, der einen unumschränkten Einfluß auf den König ausübte, im Lande aber verhaßt war, weil er jede freiere Volksregung zu unterdrücken suchte.

Kaum in Dresden angelangt, sollte Weber bereits einen Vorgeschmack von der Wühlarbeit seines Gegners bekommen. In seinen Verhandlungen mit seinem Chef und Gönner, dem Grafen von Vitzthum, war seine Stellung als die eines Kapellmeisters bezeichnet worden; das königliche Anstellungsreskript dagegen ernannte ihn nur zum Musikdirektor. Das bedeutete nicht nur eine Herabsetzung des Ranges, sondern auch seine Unterordnung unter Morlacchi. Kurz entschlossen wollte Weber sofort wieder abreisen. Nur auf die Vorstellungen Vitzthums hin versprach er, so lange zu bleiben, bis sich ein anderer „Musikdirektor" gefunden habe. Dieses entschiedene Auftreten hatte zur Folge, daß ihm das Prädikat als Kapellmeister zugestanden wurde. Dadurch war er seinem italienischen Rivalen völlig gleichgestellt, was diesen freilich nicht hinderte, sich „Maestro primo" zu nennen.

Die italienische Oper besaß Sänger und Sängerinnen ersten Ranges. Ebenso vortrefflich war die Kapelle; über diese letztere durfte Weber verfügen, da nur zwei italienische Opernvorstellungen in der Woche gegeben wurden. Von den Gesangskräften durfte er sich diejenigen auswählen, die sich für die deutsche Oper eigneten, doch waren dies nur Mittelmäßigkeiten. So blieb ihm als Stamm nur das Personal des deutschen Schau- und Singspiels. Obgleich sich unter diesem sehr tüchtige Mitglieder befanden, so konnten sie doch mit den italienischen Künstlern nicht wetteifern und waren überdies für die große Oper nicht geschult. Vorläufig mußte sich Weber mit den vorhandenen Mitteln behelfen, so gut es ging, da ihm größte Sparsamkeit zur Pflicht gemacht war. Am meisten beschäftigte ihn die Herstellung eines guten Chors. Während Tenor und Baß mit einigen untergeordneten Sängern besetzt waren, denen Statisten, die ein paar Töne in der Kehle hatten, als Aushilfe dienen mußten, wurden Alt und Sopran von Knaben gesungen, auf deren Äußeres man sehr wenig Sorgfalt verwendete. Mit tintebefleckten Fingern und in plumpen Stiefeln erschienen sie zum Beispiel als edle Römerinnen auf der Bühne, ein übergeworfenes Gewand und ein Diadem auf dem Kopfe mußten der Illusion zu Hilfe kommen. Es war daher Webers nächste Sorge, eine Anzahl tüchtiger Choristen und Choristinnen anzustellen.

Die erste Oper, die er den Dresdenern vorführte, war Méhuls „Jakob und seine Söhne", zwar die Schöpfung eines Franzosen, aber ein ganz in deutschem Geiste komponiertes Meisterwerk, für welches die vorhandenen Kräfte ausreichten. Die erste Probe hierzu war Webers erste Dienstleistung als königlicher Kapellmeister. Er trat einige Minuten vor Beginn ein, setzte sich auf seinen Stuhl am Dirigentenpulte und warf durch seine Brille den Musikern und Sängern, die nach altem Schlendrian zu spät kamen, so scharfe Blicke zu, daß sich jeder, wenn auch mit

Murren, fortan der größten Pünktlichkeit befleißigte. Eines so schneidigen Kapellmeisters wußten sich selbst die ältesten Orchestermitglieder nicht zu erinnern. Er hatte die Augen und Ohren überall. Kein falscher Ton entging ihm, mochte der Spieler auch noch so entfernt von ihm sitzen; jeder Takt, an dem er etwas auszusetzen hatte, mußte wiederholt werden; dabei stieg er oft vom Orchester auf die Bühne, wies Sängern und Statisten die richtigen Stellungen an und nahm dem Regisseur die Arbeit ab, um ihm zu zeigen, wie er sich jede einzelne Szene dachte. Sehr abgespannt verließ nach der Probe das Personal das Theater, nicht wenig schimpfend über diese neue Art der Einstudierung. Bald aber überzeugte man sich mehr und mehr, daß man es mit einem Meister zu tun habe, der einem Kunstwerke seinen Geist einzuhauchen wisse.

Als am 30. Januar 1817 die Oper in Szene ging, hatte sich das Haus mit dem ganzen kunstsinnigen Publikum Dresdens gefüllt, soweit dasselbe Platz fand. Auch der König war erschienen. Die Erwartungen waren hoch gespannt; aber sie wurden weit übertroffen. Der König selbst äußerte sich in diesem Sinne, und während der ganzen Vorstellung hatte man ihn nicht ein einziges Mal sich räuspern hören, was er sonst stets tat, wenn sein fein musikalisches Ohr sich verletzt fühlte. Weber hatte sich mit dieser Leistung in gewaltigen Respekt versetzt.

Seine schon in Prag bewährte Arbeitskraft zeigte sich auch hier. In unglaublich kurzer Zeit brachte er eine Menge Opern heraus. Dennoch konnte das Dresdener Publikum den deutschen Opernwerken keinen Geschmack abgewinnen; es berauschte sich nach wie vor an dem schillernden Glanze, an den leicht verständlichen, einschmeichelnden Melodieen der italienischen Musik und an den herrlichen Stimmen der ausübenden Künstler, und ehe man in den deutschen Opernvorstellungen die Hände zum Applaus zu regen wagte, schielte man zunächst nach dem ersten Range, wo die vornehme, den Ton angebende Gesellschaft saß. Der Adel und der Hof standen der neuen Kunstanstalt gleichgültig gegenüber; die Kritiker, die für auswärtige Blätter schrieben, behandelten sie sehr stiefmütterlich. Weber war auf die eigene Kraft, auf seinen geringen Anhang im Publikum und auf das Wohlwollen seines Chefs, des Grafen von Vitzthum, angewiesen, der ihm in allen schwierigen Lagen eine starke Stütze war und mutig für ihn eintrat.

In einem in nächster Nähe der Residenz an der Elbe gelegenen Vergnügungsgarten, das „Linkesche Bad" genannt, befand sich ein kleines Theater, in welchem die deutsche Schauspielgesellschaft regelmäßig im Sommer Vorstellungen gegeben hatte. Auf allerhöchsten Befehl sollte nun auch die deutsche Oper dort spielen. Den Italienern war es niemals zugemutet worden, ihre Kunst auf dieser bescheidenen Bühne zu produzieren. Was die Italiener unter ihrer Würde fanden, wollte nun aber Weber auch der deutschen Kunst nicht zugemutet wissen. Er erblickte darin eine Herabsetzung derselben. Ganz Dresden teilte diese Ansicht, und so wenig Freunde die deutsche Oper dort zählte, so erregte die neue Anordnung doch allgemeines Aufsehen. Weber tat daher alle möglichen Schritte, daß wenigstens die Italiener ebenfalls am Linkeschen Bade auftreten sollten. Die Italiener wehrten sich dagegen mit aller Kraft. Morlacchi und Weber bestürmten den Grafen von Vitzthum um die Wette; wenn der eine kam, so ging der andere eben weg. Der Minister von Einsiedel stand, wie immer, auf der Seite Morlacchis, dessen Kunstpersonal in diesen Rangstreitigkeiten ebenfalls nicht untätig blieb. Währenddem wurde Einsiedel durch ein Unwohlsein mehrere Tage ans Zimmer gefesselt, und dies benutzte Vitzthum, dem Könige die Sache vorzutragen, worauf dieser entschied, daß die Italiener ebenfalls am Linkeschen Bade spielen sollten. Doch hatten sie den Vortritt und durften dort die erste Vorstellung geben, die von einem vollen Hause mit großem Beifall aufgenommen wurde, während die deutsche Oper leer blieb, da ihr die ausgezeichneten Gesangskräfte der italienischen nicht zu Gebote standen. So schwankte das Kriegsglück zwischen den beiden Kunstanstalten beständig hin und her wie zwischen zwei Armeen, von denen die eine treffliche Streitkräfte unter einem mittelmäßigen General, die andere schwache Kämpfer mit einem genialen Feldherrn an der Spitze ins Feld stellte.

Nach dem Linkeschen Bade wurden die Bühnenmitglieder auf der Elbe in Gondeln geführt. Von Pillnitz, dem Sommeraufenthalte des Königs, wo in einem kleinen Schloßtheater ebenfalls Vorstellungen gegeben wurden, trieb man in schönen Sommernächten in Nachen herein. Oft gesellten sich zu diesen Ruderfahrten Freunde Webers, und während Berge und Strom allmählich in Nacht versanken, stimmte Weber ernste oder heitere Lieder zur Gitarre an, oder ein Waldhornquartett, von Mitgliedern der Hofkapelle geblasen, tönte über die leise rauschenden Wellen.

Noch im ersten Sommer seiner Dresdener Amtstätigkeit erhielt Weber durch den Intendanten des Hoftheaters zu Berlin, Graf Brühl, einen Antrag als Kapellmeister an das dortige Opernhaus, da die Stelle durch den Tod ihres bisherigen Inhabers frei geworden war. Das Anerbieten kam Weber sehr gelegen. Er stand im Begriff, einen eigenen Haushalt zu gründen, und daher war ihm eine gesicherte Zukunft erwünscht. Eine solche bot ihm seine jetzige Stellung nicht; das deutsche Opernunternehmen durfte vorläufig nur als ein Versuch gelten, der früher oder später an den Ränken seiner italienischen Gegner oder an der Gleichgültigkeit des Publikums scheitern konnte. Er war um lebenslängliche Anstellung eingekommen, die ihm jedoch abgeschlagen worden war. Die Berliner Oper dagegen war eine auf fester Grundlage stehende Kunstanstalt; und auch sonst bot ihm Berlin, wo man ihn allgemein schätzte, größere Vorteile. Weber trat daher mit dem Grafen Brühl in Unterhandlungen, und diese waren bereits dem Abschluß nahe, als am 31. Juli das Berliner Schauspielhaus niederbrannte. Die Schauspiele mußten deshalb im Opernhause gegeben werden, wodurch die Opernaufführungen beträchtlich vermindert wurden, und der König beschloß daher, die erledigte Stelle eines zweiten Kapellmeisters bis auf weiteres unbesetzt zu lassen.

Webers Absicht, einem Rufe nach Berlin zu folgen, war in Dresden allgemein bekannt geworden. Man wollte den berühmten Komponisten und energischen Opernleiter doch nicht gern verlieren, und so gelang es dem Grafen von Vitzthum, ihm beim Könige die lebenslängliche Anstellung zu erwirken.

Damit hatte Webers Zukunft festen Ankergrund gefunden, wenn auch noch manche herbe Erfahrung auf ihn wartete, die ihm seinen Dresdener Wirkungskreis zu verleiden drohte.

VI.
Häusliches Glück und amtliche Zurücksetzungen.

Um für Dresden eine bedeutende Gesangskraft zu gewinnen, machte Weber eine Reise nach Prag. Er wollte der Prager Oper, die sehr im Niedergang begriffen war, die gefeierte Primadonna Frau Grünbaum entführen. Gleich nach seiner Ankunft eilte er ins Theater, wo eben die „Zauberflöte" gegeben wurde und Karoline die Papagena sang. Überglücklich schloß er die hocherstaunte buntbefiederte Braut, die ihn nicht erwartet hatte, in seine Arme. In Prag hatte man Webers Wert erst nach seinem Abgange erkannt und schätzen gelernt. Überall, wo er sich nur blicken ließ, wurde ihm die Hand geschüttelt, selbst von Personen, die er gar nicht kannte. Um ihn zu ehren, gab man seine

Oper „Sylvana", die er selbst dirigierte. Kaum steckte er am Abend den Kopf ins Orchester, als auch schon ein gewaltiger Applaus durch das überfüllte Haus dröhnte. Weber und seine Braut, welche die Sylvana gab, wurden von dem wonnetrunkenen Publikum gefeiert, als sei man zu einem Familienfeste zusammengekommen.

Frau Grünbaum gastierte in Dresden mit großem Erfolge; ihr Engagement zerschlug sich an ihrer Gagenforderung; man wollte der deutschen Oper keine großen Opfer bringen und gönnte die Sängerin, die sich auf ihren Kunstreisen später den Namen der „deutschen Catalani" erwarb, dem Berliner Opernhause. Auch das Gastspiel eines von Weber empfohlenen vortrefflichen Bassisten Namens Gmed führte zu keinem Engagement. Hiermit hatte es jedoch eine andere Bewandtnis als mit Frau Grünbaum. Als der König den Bassisten sah, glaubte er eine unangenehme Ähnlichkeit desselben mit dem russischen Diplomaten von Anstett herauszufinden, der ihm nach der Schlacht von Leipzig im Namen Kaiser Alexanders seine Gefangennahme verkündet hatte. Der König selbst würde hieran vielleicht keinen Anstoß genommen haben; aber der Minister von Einsiedel widersetzte sich dem Engagement des Sängers, dessen Physiognomie so fatale Erinnerungen wachrief. Es währte noch geraume Zeit, ehe Webers Bemühungen, gute Gesangskräfte zu gewinnen, Erfolg hatten.

Im Herbste begab er sich abermals nach Prag, diesmal jedoch, um Karoline Brandt als seine Gattin heimzuholen. Die Trauung fand am 4. November statt; ein vierstimmiger Chor, von seinem gesamten ehemaligen Opernpersonal gesungen, verherrlichte die heilige Handlung. Die Hochzeitsreise ging in Begleitung von Karolinens Mutter nach Mannheim. Hier sah Karoline nach langjähriger Trennung ihren Vater wieder. Die Mutter blieb bei ihm zurück, und als er starb, setzte ihr Weber eine Pension aus. Seinen alten Freund Gottfried Weber mußte er in Mainz aufsuchen, wohin dieser als Staatsprokurator versetzt war. Auch nach Darmstadt führte natürlich die Hochzeitsreise. Hier wachten alte Erinnerungen an die dort verlebten Tage auf; aber von allen, die sie geteilt hatten, war niemand mehr da. Gänsbacher wohnte in Wien, Meyerbeer hielt sich in Venedig auf, die schmerzliche Nachricht vom Tode Voglers, des hochverehrten Meisters, hatte Weber schon vor drei Jahren in Prag erhalten.

Karoline, die junge Gattin, brachte ihren heiteren, stets fröhlichen Sinn auch nach Dresden mit. Das Andenken an ihr Theaterleben verblaßte rasch in ihr, und aus der Künstlerin wurde in kurzer Zeit eine emsige, einsichtsvolle und sparsame Hausfrau, die Webers Traum von einer glücklichen Häuslichkeit verwirklichte. Wie sie jeden, noch so kleinen Wunsch des Gatten erriet, so wußte sie auch den Besuchern des Hauses dasselbe behaglich zu machen. Ihre unverwüstlich gute Laune teilte sich jedem Gesellschaftskreise mit, und dabei war ihre Aufmerksamkeit zugleich auf ihre gastlichen Pflichten gerichtet, als hätte sie für diese noch ein besonderes Auge. An der Kochkunst fand sie anfangs wenig Gefallen. Weber wußte sie jedoch zu zwingen, diese Abneigung zu überwinden, indem er plötzlich die Köchin abschaffte. Die ersten Versuche Karolinens fielen kläglich genug aus. Ein so großer Feinschmecker Weber auch war, so verzehrte er doch jetzt mit bewundernswertem Heroismus lächelnd verdorbenes Geflügel und verunglückte Mehlspeisen, während die junge Köchin Tränen vergoß. Aber sie begriff und faßte alles schnell, und binnen wenigen Wochen hatte sie so viel gelernt, daß sie dem Gatten die trefflichsten Gerichte vorsetzen konnte. Beide waren Frühaufsteher und nahmen mit voller Behaglichkeit das Frühstück zu sich, wobei ein großer schöner Jagdhund und eine prächtige Cyperkatze lüstern den Tisch umstreiften; denn Weber war ein leidenschaftlicher Tierfreund, wenn ihm auch die schlecht gezogenen

Pudel seines Vaters in Stuttgart wenig Vergnügen gemacht hatten. Den Vormittag verbrachte er meist in der Probe. Zu Tische sah er gern gute Freunde bei sich. Da erlaubte er sich oft den Spaß, seiner Frau kleine Verlegenheiten zu bereiten, indem er drei oder vier Gäste mitbrachte, ohne ihr vorher davon etwas gesagt zu haben. Durch derartige Überraschungen gewann Karoline eine so große Fertigkeit, eine reichliche und gute Mahlzeit gleichsam aus dem Stegreife zu bereiten, als stünde ihr das Zauberwort „Tischlein deck' dich!" zu Gebote.

Den ruhigen Genuß des Nachmittagskaffees verdarb sich Weber häufig dadurch, daß er dabei die Zeitungen zu lesen pflegte. Fand er darin eine absprechende Kritik, die ihn oder einen von ihm geschätzten Komponisten betraf, so konnte er sehr ärgerlich werden und schrieb dann sogleich geharnischte Entgegnungen, die glücklicherweise meist ungedruckt blieben.

Die freien Abende verwandte er meistens zu schöpferischer Tätigkeit. Hatte er aber dirigiert, was ihn körperlich sehr abspannte, so begab er sich in die Delikatessenhandlung und Weinstube von Chiappone in der Schloßgasse, wovon ihn selbst Regen oder Schneegestöber nicht abhielt. Das Hinterzimmer, welches an den Laden stieß, war ein Versammlungsort, der zu Dresdens damaligem Kunst- und Litteraturleben in enger Beziehung stand. Hier traf Weber mit Männern zusammen, deren Umgang er besonders schätzte. Da delektierte sich an einem Kaviarbrötchen Karl Förster, der Übersetzer Petrarcas und Verfasser reizender Gedichte, von denen Weber mehrere komponierte; jener lebhaft gestikulierende Herr mit dem starken Haarbusche auf dem Kopfe war Theodor Hell, damals ein viel gelesener Romanschriftsteller und zugleich Herausgeber der in Dresden erscheinenden „Abendzeitung"; sein Nachbar, der so sparsam und behaglich an seinem Glase Rheinwein schlürfte, war der Advokat Friedrich Kind, bekannt als Dramatiker, Erzähler und Lyriker, dessen Name durch

Webers Musik zu seiner Operndichtung „Der Freischütz" auf die späteste Nachwelt übergehen sollte. Noch ein anderer Gast, ein Mann von großem Rufe, gehörte zu dieser geistigen Elite: Ludwig Tieck. Seine Dichtungen und kritischen Abhandlungen, von denen er einen Teil in seinem berühmten „Phantasus" vereinigte, haben ihm einen Ehrenplatz in der deutschen Litteratur gesichert; seinen Zeitgenossen rang er auch Bewunderung als dramatischer Vorleser ab. In seiner stattlichen Wohnung versammelte sich ein geladenes auserwähltes Publikum, welches seinen Vorträgen dramatischer Meisterwerke lauschte. Seine kräftige, wohllautende Stimme war jedes Ausdrucks fähig und unterstützte ihn in der charakteristischen Behandlung der Personen. Er konnte ununterbrochen vier Stunden lang lesen, ohne zu ermüden. Währenddem mußten die Zuhörer mäuschenstill sein, jedes Räuspern störte ihn, die Damen durften sich mit keiner Handarbeit beschäftigen. Selten pflegte Weber bei diesen Vorlesungen zu fehlen.

Die geselligen Gaben Webers machten sich auch in den Dresdener Kreisen geltend; am hellsten glänzten sie, wo er sein musikalisches Talent mit in die Wagschale legen konnte. Karoline war ihm dabei eine mächtige Verbündete; wenn er mit ihr zusammen seine komischen Lieder sang, da konnte auch der Ernsteste der Lachlust nicht widerstehen, und die Gesellschaft wurde für den ganzen Abend in heitere Stimmung versetzt. Wenn er Abendgäste im eigenen Hause um sich versammelte, lud er oft auch einige seiner talentvollsten jüngern Kapellmitglieder ein. Dann setzte er sich zuweilen ans Klavier und spielte selbst zum Tanze auf. Stets waren es elektrisierende Weisen, die er da unter seinen Fingern hervorzauberte, und niemand hatte sie je vorher gehört; denn er erfand sie selbst. Wagten die jungen Musiker aus Bescheidenheit nicht zu tanzen, so rief er ihnen zu: „Wenn der Meister aufspielt, müssen die Gesellen tanzen!" Je toller es zuging, desto mehr fühlte er sich in seinem Elemente; aus dem

Lachen durfte man nicht herauskommen. Mitunter produzierte er sich als Athlet, was sich bei seiner gebrechlichen Gestalt äußerst komisch ausnahm. Infolge der großen Muskelkraft, die sein Unterarm durch das Klavierspielen erlangt hatte, brachte er dennoch manches gymnastische Bravourstückchen zuwege, welches ihm so leicht niemand nachmachte.

Es war sein und Karolinens Lieblingswunsch, die Sommerszeit auf dem Lande verbringen zu können. Beide streiften fleißig in der Umgebung Dresdens umher, um eine geeignete Wohnung zu suchen. Sie durfte nicht weit von dem königlichen Lustschlosse Pillnitz entfernt sein, wohin Weber im Sommer oft durch seinen Dienst gerufen wurde. Endlich fand sich an der von dort nach Dresden führenden Landstraße in dem Dorfe Hosterwitz eine bescheidene ländliche Wohnung, die das junge Ehepaar Mitte Juni 1818 bezog. Sie bildete den ersten Stock eines Hauses, welches einem Winzer gehörte, und die Fenster gingen auf ein Gärtchen hinab. Von einer Hügelkette sich herabwindend, mündete fast dicht am Häuschen ein tiefschattiger Grund; am Eingange desselben befand sich eine Wirtschaft mit Kegelbahn; höher hinauf lag malerisch auf einem Felsvorsprunge eine Mühle, wo man für Geld und gute Worte treffliche Milch, kräftiges Bauernbrot, goldige Butter und ausgezeichneten Ziegenkäse haben konnte. Dorthin sowie nach einer Bergspitze, der „Zuckerhut" genannt, vor dem sich das liebliche Elbtal ausbreitete, wanderte Weber oft. Sehr häufig besuchte er die Wirtschaft mit der Kegelbahn. Dort traf er stets eine kleine Kegelgesellschaft; sie war sehr gemischt: ein paar Bauern aus dem Dorfe, der oder jener Hofherr aus dem nahen Pillnitz, ein Leutnant, der sich von der Wache fortgestohlen hatte; aber es ging äußerst gemütlich zu, besonders wenn der „Herr Kapellmeister" kam, welcher streng auf die Kegelordnung hielt und jedem ungeschickten Schieber auf so ergötzliche Art eins anzuhängen wußte. Zuweilen dehnte Weber seine Spaziergänge bis zur „Bastei" aus, einem der interessantesten Punkte der Sächsischen Schweiz, wo ihn immer wieder von neuem die bizarren Felsengebilde mit ihren gähnenden Spalten und chaotischen Steinmassen entzückten. Er gewann Dresden und seine wundervolle Umgebung so lieb, daß er sich nur ungern auf längere Zeit davon trennte. Hierüber äußerte er sich in einem Briefe an einen Leipziger Freund: „Ich weiß ja, daß es hier für meine Kunst kein Heil gibt, daß ich keine spornenden Aufträge bekomme, daß es mir an Anregung mangelt, daß hier eine lähmende, jeden hohen Schwung hindernde Luft von oben und von allen Seiten weht, daß ich mehr leisten könnte und würde, wenn ich fortginge, aber ich kann aus dem verdammt hübschen Neste nicht heraus!"

Die Dresdener Freunde besuchten ihn oft in seiner Sommerwohnung; sein Ruf lockte auch viele Fremde an, die durch Dresden reisten und sich bei dieser Gelegenheit die persönliche Bekanntschaft des Komponisten von „Leier und Schwert" nicht entgehen lassen wollten. Jeder Besuch wurde angenommen; selbst wenn er sehr störend war. Fand Weber jedoch, daß er es mit oberflächlichen Leuten zu tun hatte, die nur aus Neugier kamen, so wußte er sie bald wieder loszuwerden. Dem seichten Geschwätz solch unwillkommener Gäste, die ihm seine kostbare Zeit stahlen, hörte er mit kalter, regungsloser Miene schweigend zu, so daß er in den unverdienten Ruf kam, schroff und hochmütig zu sein.

Doch auch mancher hochgeschätzte Besucher fand sich bei ihm ein, darunter Louis Spohr, der sich auf der Reise nach England befand, der junge, hochbegabte Heinrich Marschner, in dessen späteren Opern „Der Vampyr", „Templer und Jüdin", „Hans Heiling" der Hauch Weberscher Romantik weht, der reiche Bankier und glühende Musikfreund Mendelssohn-Bartholdy aus Berlin; er hatte einen schwarzäugigen Knaben bei sich, welcher unten im Garten mit dem Jagdhunde spielte: es war sein Söhnchen Felix, dem die Zukunft den Ruhm eines der größten Tondichter vorbehalten hatte. Auch ein sehr widerwärtiger Gast, der in Weber die Erinnerung an seine schwersten Lebensstunden weckte, klopfte an seine Tür, nämlich sein ehemaliger Stuttgarter Diener Huber. Von seiner letzten Herrschaft fortgejagt, befand er sich auf der Heimreise und kam in gänzlich hilflosem Zustande zu Weber, der ihn mit Geld und Kleidern versah.

Webers Liebhaberei für die Tiere wurde durch das Landleben noch mehr begünstigt. Zu dem Jagdhunde und der Cyperkatze gesellte sich ein Sprosser, den Karoline aus den Händen böser Buben befreite; als Weber einst auf seinem Spaziergange einem wandernden Vogelhändler begegnete, rief ihm aus dessen Tragkäfig ein indianischer Rabe einen so freundlichen „Guten Abend" zu, daß er den gelehrigen Vogel sofort kaufte; vervollständigt wurde die Menagerie durch ein Kapuzineräffchen, das er von einer Reise nach Hamburg mitbrachte; das Tierchen war kaum spannenhoch, schnitt äußerst komische Gesichter und kraute sich mit possierlichem Ernst hinter den Ohren. Natürlich mochte Weber die Tiere im Winter nicht missen, wo ihre Unterkunft in der Stadtwohnung Schwierigkeiten machte. Da waren namentlich die vierbeinigen Mitbewohner eine Plage für die Hausfrau, doch wußte sie dieselben einst am Geburtstage des Gatten mit vielem Humor und Geschick zu verwenden. Im Gänsemarsch erschienen sie vor ihrem überraschten Herrn, um ihm die Geschenke der Gattin darzubringen. Den feierlichen Zug eröffnete der Jagdhund, als Elefant kostümiert und auf dem Rücken statt der Decke ein Dutzend seidene Taschentücher tragend; hinter ihm kam die Cyperkatze in der Gestalt eines Esels geschlichen, ein Paar schön gestickte Hausschuhe, die ihr zu beiden Seiten herabhingen, stellten die Säcke dar; zuletzt kam das Kapuzineräffchen gehüpft, mit Reifrock und Federhut angetan und die Hände in einen großen Wachsstock gesteckt, der ihm als Muff diente.

Während der ersten Jahre seines Dresdener Aufenthalts hatte Webers schöpferischer Geist durchaus nicht geruht. Aus dieser Zeit stammen auch mehrere kleine Lieder, in denen sich das echte Volksempfinden ausdrückt. Wer kennt sie nicht, jene lieblichen Weisen: „Wenn ich ein Vöglein wär'", „Weine, weine nur nicht, ich will dich lieben, doch heute nur nicht" und „Schlaf', Herzenssöhnchen, mein Liebling bist du". Die Dichterin dieses fast an jeder deutschen Wiege gesungenen Schlummerliedes war die Tochter des Ministers von Nostitz und Jänkendorf, der unter dem Namen Arthur von Nordstern selbst als Dichter bekannt war und in Sachsen viele gemeinnützige Anstalten ins Leben rief; auch die Irrenanstalt auf dem Sonnenstein bei Pirna zählte hierzu.

In einer Reihe von Gelegenheitskompositionen gab Weber seiner Verehrung für das Königshaus Ausdruck. Die goldene Hochzeit des hohen Paares, den Namenstag der Königin, den Geburtstag des ihm sehr wohlgesinnten Prinzen Max verherrlichte er durch Festkantaten und Messen. Seine ganze schöpferische Kraft vereinigte er in der Jubelkantate zur Feier des fünfzigjährigen Regierungsjubiläums des Königs. Die Ouvertüre hierzu hat sich unter dem Namen „Jubel-Ouvertüre" einen Platz im Herzen des deutschen Volkes erobert, und unzählig sind die erhebenden Festlichkeiten, zu denen sie als Einleitung die begeisterte Stimmung geweckt hat. Die Kantate wurde von dem Programm der musikalischen Aufführung, welche im festlich geschmückten Opernhause zur Jubiläumsfeier stattfand, gestrichen; nur die Ouvertüre wurde gespielt. Wer hierbei die Hand im Spiele gehabt hatte, ist unschwer zu erraten, wenn man erfährt, daß unter den sechs Nummern des Konzerts sich nicht weniger als vier von italienischen Komponisten befanden. Das sollte die Kundgebung eines deutschen Volksstammes gegen seinen deutschen König an einer so seltenen Festfeier sein!

Erst nach zweijähriger Tätigkeit beschloß Weber, das Dres=

dener Publikum mit seiner Oper „Sylvana" bekannt zu machen. Um dies zu verhindern führte Morlacchi alle seine Intriguenkünste ins Treffen. Die Sängerinnen beeinflußte er, daß sie sich krank meldeten; wollte Weber eine Probe abhalten, so probierte um dieselbe Zeit die italienische Oper; denn Morlacchi besaß das Vorrecht, seine Proben zuerst anzusetzen, und da er stets genau vorher wußte, zu welcher Zeit sein deutscher Kollege Probe halten wollte, so wählte er für die seinige dieselbe Stunde. Nachdem Weber mehr als zehnmal seine Probe hatte absagen müssen, verlor er endlich die Geduld. „Nun soll aber auch jede Note von meiner Oper, die ich hier spielen lasse, verdammt sein!" rief er und zog die „Sylvana" zurück. Erst zehn Jahre nach seinem Tode wurde sie in Dresden aufgeführt.

Die Ärgernisse, die ihm in seiner amtlichen Stellung bereitet wurden, sollten nicht die einzigen sein. Gerade am Schluß des Jahres, in welchem er sein künstlerisches Schaffen vorzugsweise auf Huldigungen des Fürstenhauses gerichtet hatte, erfuhr er eine herbe Kränkung. Karoline hatte ihm ein Töchterchen geschenkt, das nur wenige Monate am Leben blieb. Er glaubte es wagen zu dürfen, das Königspaar zu Taufzeugen zu bitten. Es war damals nichts Seltenes, daß bedeutenden Künstlern von hohen Fürstlichkeiten eine solche Ehre gewährt wurde, die sich dann durch Angehörige ihres Hofstaats vertreten ließen. Je höher diese Personen im Range standen, desto größer war die Wertschätzung für die Eltern des Täuflings. Weber selbst hatte in Eutin bei seiner Taufe die Witwe eines Herzogs und einen Prinzen zu Paten gehabt; erstere war durch eine Hofdame, letzterer durch den Bürgermeister vertreten worden. Zu seinem sprachlosen Erstaunen erschienen bei der Taufe seines Töchterchens als Repräsentanten des Königspaares — ein Kammerdiener und eine Kammerfrau, eine Zurücksetzung, die wohl nur das Hofmarschallamt verschuldet hatte.

Man war überhaupt sehr sparsam in der Ehrung des deutschen Opernleiters. Graf Vitzthum hatte die Verleihung eines Ordens für ihn beantragt. Es war dies eine Auszeichnung, die damals mehr als heute dem wirklichen Verdienst zu teil wurde und deshalb auch höhern Wert besaß. Der Antrag wurde abgewiesen, was der Minister von Einsiedel mit dem Bedenken begründete, daß auf eine solche Gnadenbezeigung doch der Komponist von Liedern, welche gegen des Königs Verbündete gerichtet waren, nicht Anspruch machen könne. Wenn der König von Sachsen seine Pietät für den Gefangenen auf St. Helena nicht verleugnen wollte, so war dies nur eine natürliche Folgerung. Ganz anderer Art waren die Gründe, weshalb man schon in Berlin, als Weber dort seine Kantate „Kampf und Sieg" aufführte, eine ähnliche Ehrung des Komponisten abgewiesen hatte: die Körnerschen „Freiheitslieder" waren bei Hofe durchaus unbeliebt und dem Könige Friedrich Wilhelm III. selbst nicht sympathisch.

Webers Verehrung für das sächsische Königshaus konnte durch persönliche Zurücksetzungen nicht erschüttert werden. Daher fühlte er sich sehr beglückt, als er den Auftrag erhielt, zur Vermählungsfeier des Prinzen Friedrich August mit der Erzherzogin Karoline von Österreich eine Festoper zu komponieren, und er nahm sich vor, dem Werke seine beste Kraft zu widmen. Den Text dazu lieferte Friedrich Kind. Die Dichtung war einem Märchen aus „1001 Nacht" entnommen und hieß „Alcindor". Der ganze Zauber orientalischer Romantik breitete sich darin aus und gestattete die Entfaltung eines Bühnenpompes, wie er für eine solche festliche Gelegenheit nur erwünscht sein konnte.

An einem Junitage kam Graf von Vitzthum nach Hosterwitz. Er war sehr niedergeschlagen und teilte Weber mit, er habe den Befehl erhalten, ihm zu sagen, daß man Weber des Auftrags, eine Festoper zu schreiben, enthebe. Doch das war noch nicht alles. Mit bewegter Stimme fügte der Graf hinzu:

„Weber, wir haben es wahrlich beide gut mit der Sache gemeint und haben nach Kräften zusammen guten Strang gezogen, aber — ich habe meinen Abschied als Theaterintendant verlangt und habe ihn erhalten. Wir müssen scheiden!"

Weber war wie vernichtet. Vergebens bat er den Grafen, um der Sache, um der Kunst willen sein Entlassungsgesuch zurückzuziehen.

„Der Schritt ist einmal geschehen," entgegnete der Graf, „und was kann ich ohne Vertrauen von oben der Kunst noch nützen?"

Weber mußte ihm recht geben.

Auf der Landungsbrücke der fliegenden Fähre zu Pillnitz schüttelten sich die beiden Begründer der deutschen Oper in Dresden die Hand, und als sich die Hände lösten, war das Band getrennt, welches sie verbunden hatte. Nur zweiundeinhalb Jahre waren ihnen zu gemeinsamem Wirken vergönnt gewesen. An Stelle der Oper „Alcindor" wurde zur Vermählung ein italienisches seichtes Singspiel aufgeführt. Natürlich hieß der Komponist desselben Morlacchi.

Vitzthums Nachfolger, Hans Heinrich von Könneritz, gehörte zwar zu den Anhängern der italienischen Musik; aber er war ein zu hellblickender und kluger Mann, um Webers Bestrebungen hindernd in den Weg zu treten; er besaß auch ein zu starkes Gerechtigkeitsgefühl, um Webers Rivalen Morlacchi, nur weil dieser in höheren Gnaden stand, zu begünstigen. Es war ein guter Anfang, daß die deutsche Oper unter dem neuen Chef zwei vorzügliche Sängerinnen und einen trefflichen Tenoristen gewann und mit diesen tüchtigen Kräften die erfreulichsten Erfolge erzielte.

Daß die Oper „Alcindor" ungeschrieben blieb, war kein Verlust für die Musikwelt. Das Werk würde doch mehr oder weniger die Schwächen einer Gelegenheitskomposition an sich getragen haben. Weber verwendete die besten musikalischen Gedanken, die er dafür in sich aufgespeichert hatte, zu einer Reihe von Klavierkompositionen, worin er nach dieser Richtung hin sein

Höchstes leistete. Eines dieser Klavierstücke wurde eine seiner populärsten Schöpfungen; es war der Walzer, den er „Aufforderung zum Tanz" nannte. Diese Komposition gelangte sogar zu kulturhistorischer Bedeutung; denn sie rief einen Umschwung in der damaligen Tanzmusik hervor. Der Walzer war bis dahin ein etwas beschleunigtes Menuett, ein ruhig dahingleitender, volksmäßiger Ländler gewesen. In seinem Tonstück hatte Weber diesem Tanze sein rasches, feuriges Temperament eingehaucht. Man lebte schneller, warum sollte man nicht auch schneller tanzen?

Weber trug auch noch verschiedene Stimmungen in seinen Walzer. Energisches Aufbrausen, leidenschaftliches Aufwallen vereinigt sich darin mit süßem Träumen und Wiegen, glänzendem Kokettieren und sentimentalem Tändeln zu einem einheitlichen Ganzen, welches Tänzer und Tänzerin unvermerkt in die natürlichste Stimmung eines Ballsaales versetzt. Der Walzer zündete in den Herzen der Jugend; sehr bald fand er Eingang in die Tanzsäle, und die neue, glänzende Tanzweise kam zur Alleinherrschaft.

Weber war es, der mit seiner „Aufforderung zum Tanz" diese Richtung zuerst einschlug und damit zeigte, wie tief er seine Zeit erkannt und erfaßt hatte.

VII.
Der „Freischütz."

Schon zu Anfang des Jahres 1817 hatte Weber in Chiappones lauschiger Weinstube zu Friedrich Kind die Absicht geäußert, endlich wieder eine Oper zu komponieren, und den Dichter um einen passenden Text gebeten. Kind erklärte gern seine Bereitwilligkeit. Weber kam zu ihm, und beide gingen verschiedene Werke romantischen Inhalts aus der deutschen Märchen- und

Sagenwelt durch. Darunter befand sich auch ein Buch, welches den Titel „Das Gespensterbuch" führte und 1810 von dem Leipziger Dichter Apel herausgegeben worden war. Schon in Mannheim hatte Weber das Buch in der Hand gehabt. Eine der Erzählungen darin, „Der Freischütz", erschien ihm gleich damals als ein prächtiger Stoff zu einer Operndichtung. Jetzt begeisterte er sich aufs neue dafür, und auch Kind fühlte sich sehr davon angezogen. Zwar war der „Freischütz" schon als Schauspiel bearbeitet und in Wien ohne Beifall gegeben worden; aber von einem Dichter wie Kind war sicher zu erwarten, daß er dem Stoffe dramatisches Leben einhauchen werde, und das übrige mußte die Musik tun.

Ungesäumt begab sich Friedrich Kind an die Arbeit, von der er so ganz erfüllt war, daß er, alles andere liegen lassend, sich Tag und Nacht damit beschäftigte. In zehn Tagen war der Text fertig, und am 23. Februar 1817 befand er sich in Webers Besitz. Erst hatten Dichter und Komponist sich entschieden, die Oper „Der Probeschuß" zu nennen, dann sollte sie „Die Jägerbraut" heißen, zuletzt einigten sie sich, den Originaltitel „Der Freischütz" beizubehalten. Was Kind geschaffen, wich sehr von der Apelschen Erzählung ab, vieles ist sein eigenes Werk, namentlich hat er die Hauptcharaktere selbständig gestaltet. Über Änderungen, die Weber für nötig fand, besprach er sich mit Kind, manche rühren auch von ihm selbst her.

Der Stoff war für Webers dramatische Begabung wie geschaffen. Hier war ein würdiger Gegenstand gefunden, bei dem er sich ganz dem fortreißenden Feuer, welches in ihm glühte, hingeben konnte. Hier ward er sich seiner Kraft bewußt, die Stimmungen, die das Tonwerk verlangte, gleichsam aus dem Hörer herauszuzaubern. Und wie mächtig fühlte er sich angeregt, der Geisterwelt der Volksphantasie im nächtlichen Schrecken des Waldes Töne zu verleihen! Humoristisch schrieb er an Karoline, die damals noch in Prag wirkte: „Es ist etwas Extraes. Teuferl kommt auch vor, als schwarzer Jäger, und Kugeln werden gegossen in der Bergschlucht um Mitternacht, wo alle die Gestalten vorüberrauschen. Hu! graust Dich schon?"

Nur in langen Pausen konnte Weber am „Freischütz" arbeiten, aber er stand beständig im Banne der Dichtung, ihre Gestalten wurden ihm zu guten Bekannten, mit denen er täglich umging; jeder Eindruck lieferte ihm Töne und Melodieen dazu, die er sich nicht am Pulte oder am Klavier abquälen mußte, sondern die wie von selbst aus seinem deutschen Herzen hervorwuchsen. Daher fühlt auch der deutsche Hörer des „Freischütz" jeden Ton, als habe er ihn selbst erdacht und als könne es gar nicht anders sein, nicht anders klingen, als wie Weber es hinzauberte. Kind selbst ließ sich dadurch zu der naiven Äußerung verleiten: „Wie kann man nur die Melodie des «Jungfernkranz» so unmäßig loben! Die verstand sich bei den Worten «Wir winden dir u. s. w.» ja ganz von selbst und jeder hätte sie gefunden."

Weber komponierte eigentlich immer. Für ihn bestanden Welt und Leben aus Tönen, alles wurde ihm zu Klängen, selbst prosaisches Geräusch und wüster Lärm. Wenn er sich auf der Reise befand, so lieferte ihm das Rollen der Wagenräder die reichste Harmonieenfülle, sogar ein unsanfter Ruck konnte ihm einen musikalischen Gedanken eingeben; alle an ihm vorüberziehenden Gegenstände, ein wallendes Ährenfeld, ein düstrer Busch, nahmen Melodieen an, oft waren sie verwandt mit dem äußeren Anlaß, oft das Gegenteil desselben, so daß sich ebensowohl an ein recht prosaisches Begegnis ein bedeutsamer Gedanke knüpfen konnte, wie aus einem großartigen Natureindruck vielleicht ein neckisches Tonstück hervorging.

Die Musik zur Wolfsschlucht komponierte Weber, als während einer Morgenfahrt nach Pillnitz dichte Nebelmassen den Wagen umwogten, bald sich ballend, bald auseinanderfließend. Bei einem Nachmittagsgottesdienste in der Pillnitzer Kapelle wurde sein Ohr durch das Falschsingen mehrerer alter Weiber beleidigt; daraus entstand der Lach= und Spottchor der Bauern im ersten Akte des „Freischütz". Als er einst mit einem seiner Orchestermitglieder bei Regenwetter in den Garten des Linkeschen Bades trat und die mit den Füßen nach oben auf die Tische gestellten Stühle erblickte, sagte er zu seinem Begleiter: „Sieht das nicht aus wie ein großer Siegesmarsch? Donnerwetter! Was sind das für Trompetenstöße! Das kann ich brauchen!" Er notierte sich die Hauptgedanken, und daraus wurde später ein Marsch im „Oberon".

Wenn er komponierte, ja wenn er nur Notenpapier vor sich hinlegte, war alles vergessen, was sein Gemüt bedrückte, daher entquollen ihm oft die schönsten Melodieen, während er unter schmerzlichen Enttäuschungen und Ärgernissen litt, oder sich von Krankheit gepeinigt fühlte.

Als der Berliner Theaterintendant Graf Brühl sich im Sommer 1817 auf seinem Gute Seifersdorf bei Dresden aufhielt, suchte ihn Weber dort auf und teilte ihm mit, daß er an einer neuen Oper arbeite. Da nahm der Graf respektvoll seinen Hut ab und ließ sich von Weber das Versprechen geben, die Aufführung der Oper in Berlin selbst zu leiten. Mit Ende dieses Jahres wurde jedoch der „Freischütz" beiseite gelegt und ruhte ein ganzes Jahr lang, da den Komponisten seine amtliche Tätigkeit zu sehr in Anspruch nahm.

Im August 1819 ließ sich Brühl den Text zum „Freischütz" schicken. Im nächsten Frühjahr sollte das neue Berliner Schauspielhaus eingeweiht werden. Zur Eröffnungsvorstellung bestimmte er Webers neue Oper. Er band dem Komponisten auf die Seele, sein Werk spätestens bis Februar 1820 zu vollenden. Dies lenkte Webers ganze Energie wieder auf den „Freischütz" zurück; der neu angesammelte Melodieenstoff lebte in ihm auf und floß aufs Papier. Er ermattete auch nicht, als Brühl ihm schrieb, daß die Eröffnung des neuen Hauses verschoben sei und daß ein Werk Goethes den Vortritt haben sollte. Am 13. Mai war die Ouvertüre zum „Freischütz" und damit das ganze Werk vollendet.

Seine Urlaubszeit benutzte Weber zu einer Kunstreise nach Norden, die ihn bis nach Kopenhagen führte und an Gold und Ehren eine reiche Ernte ergab. Eine wahrhaft begeisterte Aufnahme fand der Komponist von „Leier und Schwert" bei den Studenten in Halle und Göttingen. Sie drängten sich an ihn heran, um ihm die Hand zu schütteln, bildeten auf den Straßen Spalier, wenn er ausging, sangen ihm seine Vaterlandslieder und brachten ihm Vivat über Vivat. Auf dieser Reise sah er in Hamburg und in Lübeck zwei seiner Stiefbrüder nach langer, langer Trennung wieder, und in ihrer Begleitung besuchte der Gefeierte seine Vaterstadt Eutin und das bescheidene, aus Fachwerk erbaute Häuschen, wo seine Wiege gestanden hatte.

Die Vollendung des Berliner Schauspielhauses verzögerte sich mehr und mehr. Ehe noch der „Freischütz" zur Aufführung kam, sollten die Berliner Webers Bekanntschaft auf einem andern Gebiete der dramatischen Musik machen. Schon 1812 hatte er in Weimar den vortrefflichen Schauspieler Pius Alexander Wolff kennen gelernt, den er zugleich als Schriftsteller schätzte. Wolff hatte nach einer Novelle des Cervantes ein Schauspiel „Preziosa" geschrieben, und die darin vorkommenden Lieder und Chöre waren von dem Weimarer Orchesterdirigenten Eberwein, von dem auch die Musik zu Holteis „Lenore" stammt, komponiert worden, aber nicht zur Zufriedenheit des Dichters. Wolff war inzwischen an das Berliner Hoftheater berufen worden, und auf seine Anregung hin wandte sich Brühl an Weber, um diesen für die Komposition zu gewinnen. Weber hatte anfangs keine Lust, zu einem Schauspiele die Musik zu liefern; der romantische Inhalt des Stückes mutete ihn jedoch an. Seine Phantasie fand sich befruchtet durch die Gegensätze zwischen „Freischütz" und „Preziosa". Dort Liebe und Leben im böhmischen Walde, hier am Fuße der Sierra Nevada; dort die wackern deutschen Jäger, hier die stolzen Spanier und die braunen Zigeuner. Weber begann die Arbeit fast unmittelbar, nachdem er die letzte Note am „Freischütz" niedergeschrieben hatte.

Am 15. März 1821 gelangte „Preziosa" im Berliner Opernhause zur Aufführung und errang sich einen nachhaltigen Erfolg. Es war ein vielversprechender Vorläufer des „Freischütz", auf welchen das Berliner Publikum nun mit um so größerer Spannung harrte. „Preziosa" ist heute veraltet und würde, wie so manche andere dramatische Dichtung der damaligen Zeit, ohne die liebliche, charakteristische Musik Webers längst vergessen im Staube der Theaterbibliotheken schlummern.

Endlich näherte sich der Prachtbau des Berliner Schauspielhauses seiner Vollendung. Es war das Werk Schinkels, eines der bahnbrechenden und vielseitigsten Meister auf dem Gebiete der neueren Architektur, der Berlin mit den herrlichsten Bauwerken geschmückt hat, darunter auch das Neue Museum. Die Eröffnung war auf Ende Mai angesetzt. Weber erbat sich einen längeren Urlaub, der ihm leicht bewilligt wurde, da das Dresdener Hoftheater wegen eines Umbaues auf mehrere Monate geschlossen werden sollte. Bereits am 4. Mai traf Weber in Berlin ein. Karoline begleitete ihn. Beide wohnten bei Meyerbeers, die sie dringend eingeladen hatten.

Wie Webers Tätigkeit in Dresden ein unausgesetzter Kampf gegen seinen italienischen Rivalen war, so sollte auch seine Berliner Mission zu einem Waffengang auf Tod und Leben mit der welschen Kunst werden. Sein mächtiger Gegner war hier Gasparo Spontini, der ehemalige Direktor der italienischen Oper in Paris. Dort hatte er mit seinen heroischen Opern „Die

Vestalin" und „Ferdinand Cortez" großartige Triumphe gefeiert und sich einen Weltruf begründet. Mit dem hohen musikalischen Werte dieser großartigen Schöpfungen verband sich der äußere Vorzug bestechender Prachtentfaltung, welche Auge und Sinne gefangennahm. König Friedrich Wilhelm III. hatte schon während seines Pariser Aufenthalts 1817 den Meister für Berlin zu gewinnen gesucht, erst im Mai 1820 verwirklichte sich dieser Wunsch. Mit einem Gehalte, wie ihn bisher noch kein deutscher Kapellmeister bezogen, hatte ihn der König als Generalintendant der Musik am Opernhause angestellt, so daß er der Oberleitung des königlichen Theaters im Range nahezu gleich war. Die Berliner sahen die Berufung des Italieners nicht gern, sie fühlten dieselbe wie einen Schlag gegen das deutsche Nationalgefühl. Dennoch ließen sie sich blenden, als ihnen Spontini seinen „Ferdinand Cortez" vorführte. Bald fühlte der stolze italienische Meister, der die Herrschaft über die gesamte Berliner Musikwelt gewann, sich ermutigt, seine und die Werke seiner Landsleute in den Vordergrund zu stellen und Opern- und Musikerpersonal im Dienste der welschen Muse abhetzen zu dürfen. Um seine Gegner zum Schweigen zu bringen, verlangte er Überwachung der Zeitungspresse, damit diese ihm keine Opposition machen könnte; endlich wollte er es sogar durchsetzen, alle italienischen Opern auch in italienischer Sprache zu geben. Dagegen lehnte sich aber der patriotische Teil des Publikums auf; alle Gebildeten, Professoren und Studenten der Universität, alle Singakademieen, Musikgesellschaften u. s. w. traten dem übermütigen Italiener entgegen. An Zahl war daher Spontinis Partei klein, um so mächtiger aber an Rang und Einfluß; denn zu ihr gehörten der Hof, der größte Teil des Adels und leider auch eine Anzahl geistig bedeutender Männer, welche sich teils durch wirkliche Vorliebe für die italienische Musik, teils durch Rücksichten und Beweggründe verschiedener Art leiten ließen.

Noch vor Eröffnung des Schauspielhauses traf Spontini die Vorbereitungen, den Berlinern seine jüngste Oper „Olympia" vorzuführen, die bereits in Paris gegeben worden war und nun mit großem Pomp in Szene gesetzt wurde. Die deutsche Musik hatte auf dem Gebiete der Oper, mit Ausnahme von Beethovens „Fidelio", schon seit einem Vierteljahrhundert nur Leistungen zweiten oder dritten Ranges aufzuweisen gehabt. Konnte der italienischen Oper keine ebenbürtige deutsche Neuschöpfung gegenübergestellt werden, so gehörte das Feld auf unabsehbare Zeit hinaus den Italienern, an ihrer Spitze Spontini und Rossini. Um so mehr richteten sich aller Hoffnungen auf den „Freischütz". Es handelte sich um mehr, als um die Aufführung eines neuen deutschen Werkes, es handelte sich um einen entscheidenden deutschen Sieg, oder um eine schimpfliche Niederlage.

Am 9. Mai fand die erste Probe zum „Freischütz" statt, dann wurde die Oper beiseite gelegt, weil das Kunstpersonal durch die Proben zur „Olympia" vollständig in Anspruch genommen war, deren nicht weniger als zweiundvierzig abgehalten wurden. Die Sänger und Sängerinnen, denen die Hauptpartieen im „Freischütz" zugeteilt waren, opferten dem Komponisten gern etwas von ihrer knappen freien Zeit, so daß er die Rollen mit ihnen durchgehen konnte. Die junge Künstlerin, welche das Ännchen zu singen hatte, Fräulein Eunicke, war mißvergnügt, daß ihre Partie neben der der Agathe zu sehr in den Hintergrund trat, sie wünschte sich etwas Munteres hinein. Auf ihre Veranlassung entstand die Romanze: „Einst träumte meiner sel'gen Base". Die Chöre zum „Freischütz" waren schon vor Webers Ankunft einstudiert worden und hatten sich in die Herzen der Choristen so eingeschmeichelt, daß ihre Melodieen bereits ins Publikum drangen.

Die Dekorationen malte der geniale Gropius, der Schüler Schinkels, als dieser sich noch mit der Landschaftsmalerei beschäftigte. Weber hatte an den Entwürfen auszusetzen, daß manches für den schlichten Schauplatz seiner Oper zu vornehm gehalten sei. Auch die Wolfsschlucht bildete einen streitigen Punkt. Gropius wollte die Schrecknisse derselben auf die leblosen Gegenstände übertragen, wollte den Felsen dräuende Gesichter, den Wolken schreckhafte Gestalten geben. „Das paßt zu «Hamlet», oder «Macbeth»," stellte ihm Weber vor, „aber nicht zu meiner Musik. Die Augen der Eule müssen wie feurige Kugeln glühen, Fledermäuse und andere Nachtvögel müssen umherflattern; lassen Sie sich's auch nicht auf ein paar Gespenster und Gerippe ankommen, nur daß sich der Spuk beim Kugelgießen gehörig steigert, — immer crescendo!"

Weber wollte einen richtigen Hexensabbat losgelassen wissen, wobei er freilich nicht an die Feuerwerkskünste dachte, welche später die meisten Theater zur Ergötzung der Kinder und der Galeriebesucher einführten. Schließlich verständigten sich Theatermaler und Komponist über alles, und Weber selbst bezeichnete die Berliner Dekorationen als vorbildlich für seinen „Freischütz".

Spontinis „Olympia", zu deren Hauptproben der König selbst erschienen war, ging am 14. Mai im großen Opernhause in Szene. Die Ausstattung der Oper hatte über 20000 Taler gekostet, ein darin vorkommender Triumphwagen allein 540 Taler. Chöre, Tänzer und Statisten waren bedeutend verstärkt, das Orchester verdoppelt worden. Im großen Marsche, in dem ein Elefant mitschritt, bliesen achtunddreißig kostümierte Trompeter auf der Bühne. Die Pracht der Dekorationen, der Glanz der Kostüme, die feeenhaften Tänze, die blitzenden Waffenspiele, die Wunder der Maschinerie, — alles das war ebenso überwältigend wie der Tönesturm der Musik.

Der Erfolg war natürlich großartig. Der Komponist wurde mit Kränzen und Gedichten überschüttet. Er dankte mit einigen

Worten, und daß der italienische Meister dies in deutscher Sprache tat, erregte einen wahren Jubel. Die Berliner Kritik posaunte mit vollen Backen die Herrlichkeit des Werkes in die Welt hinaus. Aber die Betäubung wich; schon in der dritten Vorstellung sah man leere Plätze, und die Temperatur der Begeisterung ließ eine bedeutende Abkühlung spüren.

Das neue Schauspielhaus wurde am 26. Mai mit Goethes „Iphigenie" eröffnet. Zur Vervollständigung der Bühnenmaschinerie wurde das Theater vorläufig wieder geschlossen, bis am 12. Juni alles zur Aufführung des „Freischütz" bereit war. Aber auf Befehl des Königs mußte erst „Olympia" noch zweimal gegeben werden, damit einige seiner fürstlichen Gäste sich die Prachtvorstellung ansehen konnten.

Am 18. Juni endlich, just an dem bedeutungsvollen Jahrestage der Schlacht von Waterloo, erblickte in den von Schinkel geschaffenen herrlichen Räumen der „Freischütz" das Licht der Lampen. Schon vier Stunden vorher drängte sich die Menge um die Eingänge. Das Theater füllte sich bis auf den letzten Platz. Die vornehme Welt fehlte nicht, die hervorragenden Vertreter der litterarischen, musikalischen und gelehrten Kreise waren erschienen, die bescheideneren Plätze hatte der Bürgerstand eingenommen, darunter viele ehrsame Gewerbetreibende, die den Franzmann über den Rhein hatten jagen helfen. Man sah wenig hohe Beamte, fast gar keine Uniformen. Im Orchester erscholl plötzlich Beifallklatschen. Es galt dem eben eingetretenen Komponisten und wurde sofort von dem ganzen Hause donnernd aufgenommen. Dreimal erhob Weber den Taktstock und mußte ihn wieder sinken lassen, um sich vor dem stürmisch applaudierenden Publikum zu verneigen. Endlich trat Totenstille ein. Man lauschte der Ouvertüre, die einen solchen Zauber übte, daß sie wiederholt werden mußte, ehe der Vorhang sich heben konnte. Der Erfolg des ersten Aktes war geteilt; manches gefiel sehr, manches verstand man nicht; der Beifall hielt sich in sehr bescheidenen Grenzen. Ein Durcheinander murmelnder Stimmen erhob sich im Publikum, heftige Gestikulationen begleiteten den Kampf der Meinungen. Die Anhänger Spontinis frohlockten. „Ist dies die Musik", fragten sie spöttisch, „welche «Cortez» und «Olympia» aus dem Felde schlagen soll?" Im zweiten Akte trat mit der Arie Agathes „Wie nahte mir der Schlummer" in der Stimmung des Publikums ein vollständiger Wechsel ein, alle Opposition verstummte, selbst Webers Gegner fühlten sich hingerissen. Von nun an war der Erfolg der Oper entschieden. Die Wolfsschlucht mit ihrer abenteuerlichen Szenerie und den noch nie dagewesenen Instrumentalwirkungen beschloß den Akt mit einem Triumph. Das Stimmengewirr war jetzt noch viel lebhafter als vorher, aber nur Ausrufe der Begeisterung ließen sich vernehmen. „Wundervoll, herrlich! — Wie zart! — Wie kräftig! — Wie neu und doch wie schön! — Wie kühn und doch wie treffend!" tönte es von allen Seiten.

Weber war zu Karoline geschlichen, die mit Lichtensteins in einer Loge saß und dort in einer Ecke stille Freudentränen vergoß. Beide drückten einander nur stumm die Hand. Im dritten Akte erwies das Brautlied „Wir winden dir den Jungfernkranz" sogleich seine volkstümliche Kraft; es mußte da capo gesungen werden.

Niemand entfernte sich, als der Vorhang zum letztenmal herabgerauscht war, bis der Meister unter stürmischem Jubel erschien. Begeisterte Zurufe ertönten, Kränze und Gedichte wurden ihm zugeworfen. Der Erfolg war beispiellos. Alles schien berauscht. Wer der Aufführung beigewohnt hatte, der verkündete das Gehörte, das Geschaute wie ein neues Wunder.

Nach der Vorstellung fand im Jagorschen Saale zu Ehren des Meisters eine Feier statt. Sämtliche Künstler und Künstlerinnen, die mitgewirkt hatten, nahmen daran teil; die Meyerbeers, die

Lichtensteins, das Pius Wolffsche Ehepaar, die Schriftsteller Gubitz, Rellstab, Callot=Hoffmann und andere waren anwesend.

Leider hatte der herrliche Abend auch eine Trübung erfahren. Unter den Gedichten, welche bei Webers Erscheinen nach Schluß der Oper auf die Bühne und unter das Publikum gestreut wurden, war auch das folgende in massenhaften Exemplaren herabgeflattert:

„Das Hurra jauchzet, die Büchse knallt,
Willkommen, du Freischütz, im duftenden Wald!
Wir winden zum Kranze das grünende Reis
 Und reichen dir freudig den rühmlichen Preis.
 Du sangest uns Lützows verwegene Jagd,
Da haben wir immer nach dir gefragt.
Willkommen, willkommen in unserem Hain,
 Du sollst uns der trefflichste Jäger sein!
 So laß dir's gefallen in unserm Revier;
Hierbleiben! so rufen, so bitten wir.
Und wenn es auch keinem Elefanten gilt,
 Du jagst wohl nach anderem, edlerem Wild!"

Sicher war der Verfasser von der wohlmeinendsten Absicht geleitet worden, aber mit dieser Anspielung auf Spontinis „Olympia" mit ihrem Elefanten hatte er Weber einen schlechten Dienst erwiesen. Dieser versuchte zwar in Berliner Blättern mit feinem Takte dem Wortspiele die Spitze abzubrechen, aber der eitle und mißtrauische Italiener, ohnehin schon von Neid erfüllt über Webers Triumph, hatte ihn im Verdacht, jenes Gedicht selbst veranlaßt zu haben. Es war einer der Lieblingswünsche Webers, früher oder später an der Berliner Oper angestellt zu werden; damit war es nun vorbei. Von Spontinis unversöhnlicher Feindschaft erhielt er später Beweise.

Daß der Erfolg des „Freischütz" kein gemachter war, zeigten schon die folgenden Vorstellungen; das Haus war stets gedrängt voll, das Verständnis für die Musik klärte sich immer mehr und mehr, der Beifall steigerte sich. In den nächsten sechs Monaten wurde die Oper in Berlin noch siebzehnmal gegeben, und Ende 1822 erlebte sie die fünfzigste Aufführung. Weber hatte für die deutsche Kunst eine Entscheidungschlacht von unberechenbarer Tragweite geschlagen, die ihn in die Reihe der größten Opernkomponisten aller Zeiten stellte. Die Kritik erkannte an, daß seit Beethovens „Fidelio" kein so bedeutendes musikalisches Werk geschaffen worden sei, und daß mit dieser Oper in Deutschland eine neue Ära der dramatischen Musik anbreche.

Doch wann ist jemals das Hervortreten eines Genius, der alte Fesseln zerbricht und neue Bahnen wandelt, mit ungeteilter Bewunderung begrüßt worden? Weber selbst hatte eine Zeit gehabt, wo er kleinlich über Schöpfungen Beethovens urteilte, bis ihm das volle Verständnis von dessen Größe aufging. So fehlte es denn auch seinem „Freischütz" nicht an Widersachern, welche behaupteten, das Originelle der Musik arte ins Seltsame und Wunderliche aus, die Charakteristik streife an die Karikatur, die Wolfsschlucht sei keine Musik mehr, und gerade diesem Teufelsspuk habe die Oper einen großen Teil ihres Erfolges zu danken.

Der fortschreitende Zeitgeschmack hat diese und andere absprechende Stimmen glänzend widerlegt.

Weber wohnte noch den zwei nächsten „Freischütz"-Aufführungen bei, und in einem Konzert, welches im Saale des Schauspielhauses stattfand, verabschiedete er sich vom Berliner Publikum. Einer der Mitwirkenden war der französische Violinvirtuos Boucher, ein überspannter Charakter, ebenso berühmt als großer Künstler wie durch seine täuschende Ähnlichkeit mit Napoleon, mit dessen Feldherrngenie er seine Meisterschaft auf der Geige in eine Reihe stellte. Wenn alles von seinem hinreißenden Spiele bezaubert war, ging er oft plötzlich in die geschmacklosesten Seiltänzereien auf seinem Instrumente über, indem er mit dem Rücken des Bogens oder unter dem Stege geigte, die Geige hinter dem Rücken hielt und andere Mätzchen ausführte. In dem Konzert spielte er mit Weber dessen Variationen über ein norwegisches Thema für Klavier und Violine; auf ein Zeichen des Franzosen hielt Weber inne, weil Boucher sich vorher die Erlaubnis zu einer Einlage erbeten hatte. Weber war nicht weniger erstaunt wie das Publikum, als der Napoleon der Geige nun auf einmal durch Tremolos, Pizzikatos und andere Kunstgriffe die dumpfen Paukenschläge beim Auftreten Samiels nachahmte und in äußerst verwegenen Übergängen, halsbrecherischen Läufern, Doppelgriffen, endlosen Trillern, gebrochenen Akkorden ein wahres Feuerwerk von „Freischütz"-Themata losließ, um über all den Hexenkünsten endlich den Faden so gründlich zu verlieren, daß er ihn nicht wiederfinden konnte. Schnell gefaßt legte er die Geige hin, sprang auf den verblüfften Weber zu und umarmte ihn mit dem lauten Ausrufe: „O, großer Meister! Wie ick Dir lieben! Wie ick Dir bewundern!" vor dem ganzen Publikum. Dieses gab sich nicht erst lange seiner Überraschung hin, sondern stimmte mit stürmischem Applaus und einem „Hoch!" auf Weber in die Huldigung ein.

Am 30. Juni reiste der Schöpfer des „Freischütz" von Berlin ab. Er war dort der Held des Tages gewesen, überall gefeiert, von seinen Freunden wie in den vornehmsten Kreisen. Die in Berlin verlebte Zeit war die schönste seines Künstlerlebens.

Friedrich Kind, der Dichter des „Freischütz", hatte der Aufführung nicht beigewohnt, war aber durch Weber sofort von dem großen Erfolge benachrichtigt worden. „Welchen Dank, mein teurer Kind, bin ich Ihnen für diese herrliche Dichtung schuldig," schrieb Weber, „zu welcher Mannigfaltigkeit gaben Sie mir Anlaß, und wie freudig konnte sich meine Seele über Ihre herrlichen, tief empfundenen Verse ergießen! Ich umarme Sie wahrhaft gerührt in Gedanken und bringe Ihnen einen der schönen Kränze mit, deren Empfang ich nur Ihrer Muse verdanke..."

Kind aber war gereizt, daß in den Zeitungen fast nur die Komposition gerühmt, seine Dichtung dagegen nur nebenher behandelt wurde, und beklagte sich, daß für die Würdigung seines Verdienstes vom Komponisten zu wenig geschehen sei. Als Honorar hatte Weber dem Dichter dreißig Dukaten (etwa hundert Taler) gezahlt. Der große Erfolg der Oper ließ sich damals noch nicht voraussehen. Nachdem dieselbe auch an vielen andern Bühnen gegeben worden war und dem Komponisten bis Ende 1821 über 1600 Taler eingetragen hatte, sandte dieser dem Dichter als Ehrengeschenk noch einmal dreißig Dukaten. Kind fühlte sich dadurch verletzt und wies das Geschenk unter bitteren Anspielungen auf die Undankbarkeit der Komponisten gegen ihre Textlieferanten zurück. Man hatte sich erzählt, daß ihm von der Berliner Theaterintendanz für die „Freischütz"-Dichtung achthundert Taler zugesandt worden wären, und er schien zu glauben, daß dieses falsche Gerücht durch Weber selbst in Umlauf gesetzt worden sei. Das machte den Riß noch größer, und die beiden Männer, die so Herrliches zusammen geschaffen hatten, blieben einander für immer entfremdet. Übrigens zeigte Weber eine ähnliche Empfindlichkeit dem Grafen Brühl gegenüber, als dieser ihm nach der fünfzigsten Aufführung des „Freischütz" eine nachträgliche Honorarzulage von einhundert Talern überwies. Er verweigerte die Annahme der Summe und ließ nicht undeutlich durchblicken, daß dieselbe in keinem Verhältnis zu dem materiellen Erfolge der Oper stehe, welche der Hoftheaterkasse 30 000 Taler eingetragen hatte...

In Dresden hatte man sich um Webers Berliner Triumphe wenig gekümmert; seine Verdienste um die Hebung der deutschen Oper fanden weder Ermutigung noch Würdigung; auch die Gunst des Königs vermochte er sich nicht zu erwerben. Daher war es ihm willkommen, als er einen Antrag an das Hoftheater in Kassel erhielt. Man bot ihm lebenslängliche Anstellung und

2500 Taler Jahresgehalt, also 1000 Taler mehr, als er in Dresden bezog. Um ihn nicht zu verlieren, bewilligte ihm die Intendanz eine Gehaltserhöhung von 300 Talern; sie rechnete auf seine Anhänglichkeit an das schöne Elbflorenz und täuschte sich auch darin nicht: Weber blieb. Damit er aber in diesem kleinen Opfer nicht etwa eine persönliche Auszeichnung erblicken möge, erhielt Morlacchi die gleiche Zulage. Auf Webers warme Empfehlung hin wurde Spohr nach Kassel berufen, wo er bis an sein Lebensende blieb.

Die Dresdener wollten endlich auch den „Freischütz" kennen lernen, und der König selbst wünschte dessen Aufführung. Am 26. Januar 1822, sieben Monate nach der Berliner Première, ging die berühmte Oper in Dresden vor einem dichtgedrängten Hause zum erstenmal über die Bretter. Die Ouvertüre hatten die Dresdener noch vor den Berlinern schon in einem Konzert gehört, ohne jedoch Verständnis dafür zu zeigen. Jetzt rief sie rauschenden Beifall hervor. Der erste Akt, der nicht, wie in Berlin, mit der Opposition der Spontini=Enthusiasten zu kämpfen hatte, wurde jubelnd aufgenommen. Als Weber vor Beginn des zweiten Aktes heraustrat, erblickte er zu seinem großen Erstaunen vor seinem Dirigentenpulte einen mächtigen, mit Atlasbändern und Gedichten behangenen Lorbeerbaum. Das Publikum jauchzte dem überraschten zu. Der Baum war während des Zwischen= aktes am Eingange des Parterre niedergesetzt worden, und un= willkürlich hatte alles Hand angelegt, um den schweren Kübel, worin er stand, an den Ort seiner Bestimmung zu befördern. Der Erfolg des Abends war ein großer, er ließ dem Komponisten, der am Schluß unter stürmischem „Vivat!" herausgerufen wurde, nichts zu wünschen übrig.

Karoline hatte der Vorstellung nicht beiwohnen können, da sie sich leidend fühlte, doch war ihr von Freunden die Nachricht von dem Triumphe des Gatten überbracht worden. Als Weber nach Hause kam, traf er die Glücksboten noch an. Einer derselben, ein hünenhafter Reiteroffizier, packte sofort den kleinen Meister, nahm ihn wie ein Kind auf den Arm und tanzte mit ihm im Zimmer herum.

An den „Freischütz" knüpften sich Webers glücklichste Tage. Das war heute wieder einer von ihnen gewesen.

VIII.
Euryanthe und Oberon.

Für den Begriff einer Oper hatte man früher in Deutschland das Wort „Singspiel". Als gegen Mitte des achtzehnten Jahrhunderts in England und Frankreich die komische Operette entstand, worin Gesang und Rede wechseln, ging der Name Singspiel auf diese über zur Unterscheidung von der „großen Oper", in welcher nichts gesprochen, sondern alles gesungen wird.

Der Triumphzug des „Freischütz" über alle größeren deutschen Bühnen war eine Tatsache, an welcher die Musikkritiker nichts ändern konnten; aber sie ließen dieses Werk nur als Singspiel gelten und sprachen Zweifel aus, ob Webers Talent auch der Aufgabe einer großen Oper gewachsen sein werde. Weber fühlte die Kraft in sich, diese Zweifel zu widerlegen. Daher kam es ihm sehr erwünscht, als der Operndirektor Barbaja in Wien ihn aufforderte, für das dortige Kärntnertor-Theater, welches er seit kurzem gepachtet hatte, eine große Oper zu schreiben. Weber sagte zu. Seinem innersten Wesen und seiner künstlerischen Richtung entsprechend, mußte der Stoff wieder ein romantischer, aber zugleich auch ein heroischer sein, der eine größere Ent=

faltung musikalischer Mittel zuließ als der „Freischütz". Auch für eine solche Textdichtung wäre Friedrich Kind wieder der geeignete Mann gewesen, an ihn konnte sich Weber jedoch nicht wenden, und doppelt schmerzlich empfand er jetzt das Zerwürfnis mit dem Grollenden. Da lernte er zufällig die Dichterin Helmine von Chezy kennen, die sich durch ihre Romane, Schauspiele und Gedichte bekannt gemacht hatte und seit einigen Jahren in Dresden wohnte. Sie war die Enkelin der vielgenannten Karschin, welche sich von einer ehemaligen Kuhhirtin durch ihr ungewöhnliches Talent zu einer Volksdichterin aufgeschwungen hatte. Von Berlin aus, wo sie durch ihre wunderbare Improvisationsgabe Aufsehen erregte, war ihr Ruf über ganz Deutschland verbreitet worden. Helmine von Chezy ergriff eifrig die Gelegenheit, von dem berühmten Namen des „Freischütz"-Komponisten getragen, zu glänzendem Ruhm emporzusteigen. Nach einem von ihr aus dem Französischen übersetzten Romane schrieb sie für Weber den Text zur „Euryanthe". Es waren zwei sehr ungleichartige Geister, die sich hier zu gemeinsamem Werke verbanden. Obgleich erst achtundzwanzig Jahre alt, war Frau von Chezy doch bereits von zwei Männern geschieden; ihre ehemals schöne Gestalt hatte sich zu unförmlicher Beleibtheit entwickelt, und dieses Mißgeschick hatte die sehr eitle Frau reizbar und zänkisch gemacht. Sie verkehrte in angesehenen Dresdener Kreisen, und obwohl sie in drückenden Verhältnissen lebte, so bestand ihre Wohnung, die sie mit ihren beiden jungen Söhnen teilte, doch aus nahezu herrschaftlichen Räumen. Um so dürftiger war die Möblierung derselben. Der Salon enthielt ein Sofa, ein halbes Dutzend Stühle und einen Teetisch, worauf Bücher, Wäsche und dergleichen umherlagen. Wenn große Gesellschaft gegeben wurde, was häufig geschah, so mußten Küchenbänke und Gartenstühle die mangelnden Sitzgelegenheiten ergänzen. Von den Tassen, sämtlich Geschenke, glich keine der andern, auch reichten sie zur Bewirtung der Gäste bei weitem nicht aus, daher trank man den Tee zum Teil aus Bier= und Weingläsern. Fenstergardinen gab es nicht; eine Serviette oder ein Schal vertrat deren Stelle, wenn die Sonne lästig wurde. Ein zahmes Rotkehlchen hüpfte umher; das Vogelgeflatter hob Helmines Geist, wie sie zu sagen pflegte; weniger erbaut waren ihre Besucher von den Spuren, die das Tierchen überall hinterließ. Gegen die Prosa der Küche hatte die Dichterin eine unüberwindliche Antipathie, daher wurden die Mahlzeiten aus einem nahen Wirtshause untergeordneten Ranges geholt. Jede Neubekleidung der Knaben machte mehrere Instanzen durch: Zu Weihnachten bekamen sie das Tuch beschert, zu Ostern erhielt es der Schneider und zu Pfingsten lieferte er die fertigen Anzüge ab.

Mit Webers Gattin stand Frau von Chezy bald auf sehr gespanntem Fuße. Die liederliche Wirtschaft ihres Hauswesens war Karoline ein Greuel, sie hatte kein Verständnis für jene Genialität, welche durch Rücksichtslosigkeiten aller Art die gute Sitte und die gesellschaftlichen Formen verletzt; zu den unpassendsten Stunden überfiel die Dichterin den Komponisten, um sich mit ihm zu beraten, und brachte ihn oft zur Verzweiflung. Karoline fühlte, daß aus seinem Zusammenwirken mit dieser Frau unmöglich ein Kunstwerk hervorgehen könne, welches Webers Schaffenskraft auf höchster Stufe zeigte, und da sie sich keine Mühe gab, dies vor der Dichterin zu verbergen, so begegnete diese ihr mit einer so offenen Mißachtung, daß Weber nicht selten von der Lust angewandelt wurde, seine Textlieferantin zur Tür hinauszuwerfen.

Die Handlung der „Euryanthe" entwickelt sich in unklarer, verschwommener Weise, und nur schwer vermag ihr das große Theaterpublikum zu folgen. Der Kernpunkt, um den sie sich bewegt, widerstrebt der dramatischen Gestaltung, die Personen sind in ihrer Charakterzeichnung und in ihrer Empfindungsart durch=

aus unwahr. Weber hat die großen Schwächen der Dichtung nie ganz eingesehen; soweit er sie erkannte, suchte er sie zu mildern, und Frau von Chezy mußte daher den Text acht- bis neunmal umarbeiten. Ehe Weber die Komposition begann, wollte er das Sängerpersonal kennen lernen, für welches er schreiben sollte. Zu diesem Zwecke reiste er im Februar 1822 nach Wien. Als man dort von seiner Anwesenheit hörte, strömten ihm von allen Seiten Kundgebungen der Verehrung zu, alles drängte sich um den genialen Komponisten des „Freischütz".

Die strenge Zensur, welche in Wien an allen Geisteswerken geübt wurde, die in politischer oder religiöser Beziehung Anstoß erregen konnten, hatte „Leier und Schwert" dort unmöglich gemacht und auch den „Freischütz" nicht verschont. Mit tiefem Schmerz wohnte Weber der Aufführung seines arg verstümmelten Werkes bei. Der fromme Klausner war in einen Waldbummler verwandelt, und Samiel, der wilde Jäger, ganz von der Bühne verbannt worden, er durfte sich nur als „Stimme eines bösen Geistes" hinter den Kulissen vernehmen lassen. Da der Kaiser sich das Schießen auf der Bühne verbeten hatte, so war die lustig knallende Büchse durch die Armbrust ersetzt; damit fiel natürlich die Szene des Kugelgießens mit ihrem poetischen Grauen von selbst weg, und an die Stelle der Kugeln traten bezauberte Bolzen, die man in einem hohlen Baume auffand. Die Wiener wollten den „Freischütz" unter der Leitung des Meisters selbst hören, wozu dieser jedoch nicht eher zu bewegen war, bis man seiner Oper wenigstens die Tatsache der Erfindung des Schießpulvers zugestand und die Donnerbüchse, das Kugelgießen sowie auch den Samiel freigab. Obwohl der „Freischütz" in Wien schon mehr als zwanzigmal gegeben worden war, so fand die Vorstellung unter der Direktion des Komponisten selbst doch unter ungeheurem Zudrang statt. Über den Erfolg schrieb er an Karoline: „Mehr Enthusiasmus kann es nicht geben, und ich zittere vor der Zukunft, da es nicht möglich ist, höher zu steigen."

Nachdem er die Gesangskräfte kennen gelernt hatte, welche ihm das Kärntnertor-Theater für die neue Oper zur Verfügung stellen konnte, kehrte er nach Dresden zurück. Dort ging nun endlich auch „Preziosa" in Szene, ohne jedoch einen so lebhaften Eindruck zu machen wie in Berlin, wo die äußere Ausstattung allerdings eine viel großartigere gewesen war. Zum Schluß wurde die Darstellerin der Preziosa gerufen, — Weber nicht. Als später der große Kunstfreund König Ludwig von Bayern Dresden besuchte und diesem echt deutschen Fürsten auf hohen Wunsch eine Rossinische Oper vorgeführt werden sollte, sagte er: „Das kann ich überall hören. Gebt mir etwas von Euerm jungen Hexenmeister, vom Weber!" So wurde „Preziosa" gegeben. König Ludwig belohnte jede Nummer der Musik mit freudigem „Bravo!", und zum Erstaunen der Dresdener beugte er sich sogar aus seiner Loge, um mit dem im Orchester stehenden Komponisten in liebenswürdigster Weise zu sprechen.

Im Juli 1822 kam die gefeierte Schauspielerin Sophie Schröder mit ihrer Tochter Wilhelmine zu einem Gastspiele nach Dresden. Weber zählte zu den begeistertsten Bewunderern der genialen Künstlerin, die während seiner Prager Operndirektion dort engagiert gewesen war, und als während einer Vorstellung, in welcher sie die Medea gab, plötzlich der Souffleur erkrankte, war er selbst in den Kasten gekrochen, damit das Stück weitergespielt werden konnte. Ihre Tochter Wilhelmine sang bei dem Dresdener Gastspiel die Agathe im „Freischütz". Ihre ganze Erscheinung war wie von einem Waldeshauch durchweht; denn mit ihrer unvergleichlichen Gesangskunst verband sie ein meisterhaftes Spiel, und nicht umsonst war ihre große Mutter ihre Lehrerin gewesen. Weber nahm regen Anteil an Wilhelmines Talent und machte die junge Künstlerin mit seiner Gattin bekannt. In Hosterwitz saß das schöne, damals erst siebzehnjährige Mädchen oft zu Karolines Füßen auf dem Rasen und sang mit ihr zur Gitarre oder sprang wie ein ausgelassenes Kind mit dem großen Jagdhund um die Wette oder ärgerte den Affen, den sie nicht leiden konnte. Ein Jahr später wurde sie in Dresden engagiert und vermählte sich mit dem Schauspieler Karl Devrient. Noch heute ist Wilhelmine Schröder-Devrient, die sich auf ihren Kunstreisen nach Paris, London und Rußland einen Weltruf begründete, unvergessen.

Neben mancherlei andern Kompositionen war die Musik zur „Euryanthe" in zehn Monaten vollendet worden, und Mitte September traf Weber wieder in Wien ein, um Proben und Aufführung selbst zu leiten. Der Zeitpunkt war ein sehr ungünstiger. Auch in Wien waren die Musikfreunde in ein deutsches und ein italienisches Heerlager gesondert; gerade damals standen beide Parteien einander schroffer gegenüber als je, und die italienische war obenauf. Seit dem Frühjahr gab im Kärntnertor-Theater eine italienische Operngesellschaft Vorstellungen; schon nach der ersten derselben war das Haus auf dreißig Abende ausverkauft. An der Spitze der italienischen Künstler stand kein Geringerer als Rossini, der seine Opern selbst vorführte. Fast alle Partieen, auch die kleinsten, waren mit Kräften ersten Ranges besetzt, darunter der unerreichte Bassist Lablache, dessen gewaltige Stimme das stärkste Fortissimo des Orchesters beherrschte. Vielleicht hat noch niemals eine Vereinigung solcher Sängergrößen auf einer Bühne zusammengewirkt. Weber selbst war von ihren Leistungen hingerissen. Dennoch gewann er in seinem gesellschaftlichen Verkehr die Überzeugung, daß er, namentlich in der Wiener Schriftstellerwelt, die ernsteren Geister, die sich von dem italienischen Tonfeuerwerk nicht blenden ließen, auf seiner Seite haben werde. Fast alles, was die österreichische Kaiserstadt damals an geistvollen und witzigen Vertretern der Literatur und Kunst besaß, gehörte einer Gesellschaft an, welche sich die „Ludlamshöhle" nannte. Die Heiterkeit führte hier das Szepter. In fünf geschriebenen Journalen, welche die köstlichsten Possen, Lustspiele, Lieder und Karikaturen enthielten, stapelte die Höhle ihren unverwüstlichen Humor auf. Während aber die Mitglieder, ihrem Programm gemäß, sich bei ihren Zusammenkünften gegenseitig unbarmherzig verspotteten, hielten sie nach außen hin fest zusammen und bildeten in Kunst, Wissenschaft und im öffentlichen Leben eine nicht zu unterschätzende Macht. Weber wurde durch Karl von Holtei eingeführt und jubelnd als Mitglied aufgenommen. In den schweren Tagen, die ihm in Wien bevorstanden, wurde ihm die Ludlamshöhle zu einer festen Stütze.

Einem längst gehegten Wunsche folgend, suchte Weber den großen Meister Ludwig van Beethoven auf. Er fand den Tonheroen in einem fast ärmlichen Zimmer, in welchem große Unordnung herrschte. Beethoven zählte damals dreiundfünfzig Jahre. Das dicke, in die Höhe stehende Haar war ergraut, die hohe Stirn breit gewölbt, die Nase viereckig wie die eines Löwen; aus dem dunkelgeröteten blatternarbigen Gesicht blickte unter buschigen, finster zusammengezogenen Brauen ein wunderbar leuchtendes Augenpaar, die cyklopisch eckige Gestalt war in einen schäbigen, an den Ärmeln zerrissenen Hausrock gekleidet.

Beethoven erkannte sogleich den Komponisten des „Freischütz", dessen Partitur er gelesen hatte, und schloß ihn in die Arme. „Da bist Du ja, Du Kerl, Du bist ein Teufelskerl!" rief er. „Grüß Dich Gott!" Und nun reichte er ihm sogleich seine berühmte Schreibtafel, welche allein dem fast gänzlich tauben Meister den Verkehr mit der Außenwelt ermöglichte. Beethoven klagte bitter über seine Lage, über das Wiener Publikum, den herrschenden Geschmack und die Italiener. Auf Webers Ratschläge, sich auf einer Kunstreise durch Deutschland oder nach London zu überzeugen, wie hoch die Welt ihn verehre, hatte er nur die eine Antwort: „Zu spät!"

Weber mußte mit ihm im Gasthofe speisen. „Wir brachten den Mittag miteinander zu, sehr fröhlich und vergnügt," schrieb er an Karoline. „Dieser rauhe, zurückstoßende Mensch machte mir ordentlich die Cour, bediente mich bei Tische mit einer Sorgfalt wie seine Dame. Dieser Tag wird mir immer denkwürdig bleiben. Es gewährte mir eine eigene Erhebung, mich von diesem großen Geiste mit so liebevoller Achtung überschüttet zu sehen."

Diese Zusammenkunft der beiden Musikgrößen hatte in dem nahe bei Wien gelegenen Kurorte Baden stattgefunden, wo Beethoven einige Monate zubrachte. Dort hielt sich gerade auch Frau von Chezy auf, die dem Komponisten ihrer „Euryanthe" sehr viel Ärger und Verdruß bereitete. Es ging ihr schlecht, und da sie den Text so oft hatte umarbeiten müssen, so stellte sie jetzt eine neue Honorarforderung und wollte Weber verklagen; ja, sie drohte, der Oper auf alle mögliche Weise zu schaden oder die Aufführung ganz zu hintertreiben. Um sie los zu werden, erfüllte Weber ihre Forderung.

Solange das Gastspiel der Italiener im Kärntnertor-Theater dauerte, mußte die Aufführung der „Euryanthe" aufgeschoben werden. Am 25. Oktober ging das neue Werk Webers in Szene. Das vollbesetzte Haus glänzte wie bei einer Galavorstellung. Der Geburts- und der Geldadel waren reich vertreten; alle gediegenen Musikkenner Wiens hatten sich eingefunden, von den Mitgliedern der Ludlamshöhle fehlte niemand. Wenige Minuten vor Beginn entstand im Parterre große Unruhe; man rief, lachte und schimpfte. Die Ursache hiervon war eine dicke Frau, die mit nachschleifendem Schal und eingedrücktem Hut unter dem schallenden Gelächter des ganzen Hauses von Bank zu Bank kletterte. „Machen Sie mir Platz!" schrie sie mit gellender Stimme den ihr im Wege Sitzenden zu, „ich bin ja die Dichterin, ich bin die Dichterin!" Es war in der Tat Helmine von Chezy; sie hatte sich verspätet und suchte nun auf diesem etwas ungewöhnlichen Wege zu ihrem Platze zu gelangen, wo sie endlich wie ein Keil in der Masse versank. Erst als Weber im Orchester erschien, wich die Heiterkeit, welche die Verfasserin des Textes hervorgerufen hatte, dem Enthusiasmus für den Komponisten.

Weber wurde mit den Mitwirkenden nach jedem Akte mehrere Mal hervorgerufen; viele Musikstücke verlangte das Publikum da capo, mehrere sogar dreimal. Die jugendliche Henriette Sontag, kürzlich erst vom Prager Konservatorium gekommen, sang die Euryanthe und feierte damit einen ungeheuern Triumph. Sie wurde zu einem Lebensnerv dieser Rolle, die auch auf ihren späteren Siegeszügen durch die musikalische Welt eine ihrer Glanzleistungen blieb.

Durch die stürmisch begehrten Wiederholungen wurden die an sich schon langen Akte noch bedeutend verlängert, und da sich auch die Zwischenakte sehr ausdehnten, so stellte sich beim Publikum zuweilen Abspannung ein, die aber immer wieder vor der Schönheit der Musik wich. Es war nahezu Mitternacht, als Weber die Ludlamshöhle betrat. Das räucherige Zimmer war ihm zu Ehren mit Girlanden geschmückt, um sein Bild flocht sich ein Lorbeerkranz. Hier, im Mittelpunkte des geistigen Lebens der Kaiserstadt, erwartete ihn der Haupttriumph des Abends. Jeder widmete ihm eine Huldigung; Zedlitz, Saphir, Castelli, Holtei, Grillparzer und andere feierten ihn in Gedichten.

Die Wiener Kritiker sprachen sich über „Euryanthe" größtenteils sehr günstig aus; mochte dabei auch mehr oder weniger der Einfluß der Ludlamshöhle erkennbar sein, und fand die Oper bei ihrer Aufführung in verschiedenen andern Städten nicht die gleiche Anerkennung, so hat sich ihr doch im Laufe der Zeit mehr und mehr das Verständnis erschlossen, und heute bildet sie mit „Freischütz" und „Oberon" das unverwelkliche Dreiblatt in Webers Ruhmeskranze.

Nachdem er noch zwei Vorstellungen dirigiert hatte, trat

er über Prag die Rückreise an. Dort hatte man ihm in alter Anhänglichkeit die Leitung der fünfzigsten Aufführung des „Freischütz" aufgehoben. Das Publikum brach in lauten Jubel aus, als es die bekannte kleine Gestalt des Meisters im Orchester erblickte; der ganze Abend verlief wie ein nicht enden wollendes Willkommen im trauten Freundeskreise.

Bei der Wiederaufnahme seiner Amtstätigkeit in Dresden bereitete ihm das Theaterpersonal einen festlichen Empfang, welcher ihn um so tiefer rührte, als er durch Huldigungen in der Stadt seines Wirkens durchaus nicht verwöhnt war. Das Jahr 1824 brachte dem Meister eine große Arbeitsüberbürdung. Morlacchi, der leidend war, weilte während des ganzen Sommers in Italien, und Weber mußte ihn vertreten, auch die Musikaufführungen in der Hofkirche waren ihm übertragen, da der bisherige Leiter derselben gestorben war und die Neubesetzung sich in die Länge zog. Am 31. März gelangte „Euryanthe" in Dresden zur Aufführung. Wilhelmine Schröder-Devrient sang die Titelrolle, die eine ihrer Meisterleistungen wurde. Man brachte der Oper volles Verständnis entgegen, und die Aufnahme war eine glänzende. Die Vorliebe gerade für dieses Werk Webers hat sich in Dresden, welches der echt deutschen Musik zur Heimstätte werden sollte, bis auf die Gegenwart erhalten. Mitten im wachsenden Ruhme des großen Tonmeisters hatte sich auch das Glück seiner Häuslichkeit noch freudenreicher gestaltet und einen seiner heißesten Wünsche erfüllt. Am 25. April 1823 war ihm von der Gattin ein Söhnchen geschenkt worden, welches die Namen Max Maria erhielt, und am 26. Januar 1824 gesellte sich ein Brüderchen hinzu, Victor Maria. „Gott sei Dank!" rief der hocherfreute Vater aus, „aber ach! eine Doublette!" Er hatte sich nämlich diesmal eine Tochter gewünscht.

Bei seiner angestrengten Amtstätigkeit war Hosterwitz seine einzige Erholung. Gern lag er mit seinem ältesten Buben im

Grase; im Schweiße seines Angesichts mühte er sich ab, aus Bindfaden und Gurten ein Geschirr für den Hund anzufertigen, der dann vor ein Wägelchen gespannt wurde und den kleinen Max nebst Katze und Affen spazierenfahren mußte. Wenn alles um ihn im Grase herumpurzelte, war Weber am glücklichsten. „Ich wollte, ich wäre Holzhacker hier draußen," sagte er, „hätte mäßig Verdienst und meinen richtigen Feierabend und Sonntag, und der Teufel hätte mich nicht mit Kunst und Ruhm geplagt!"

Karoline hatte von ihrem fröhlichen Sinn nichts eingebüßt. Ihre Schelmereien machten den Gatten oft lachen, zuweilen begegneten sie freilich auch seiner kalt abweisenden Miene. In einer Aufführung des „Freischütz" hing sie einst den im Jägerchor Mitwirkenden unbemerkt Fastenbrezeln an die Hirschfänger, so daß sie beim Auftreten die stürmische Heiterkeit des Publikums erregten. Nicht minder fand sich dieses belustigt, als sie einem Sänger, welcher im Eifer des Spiels seinen Arm so weit ausstreckte, daß Karoline ihn von ihrer Prosceniumsloge aus erreichen konnte, eine große Semmel in die Hand praktizierte, mit der er nun die ganze Szene spielen mußte. Bei einer Probe zu „Euryanthe" fand Weber, als er an sein Dirigentenpult trat, vor sich auf dem Souffleurkasten seinen Hund sitzend, eine Girlande um den Leib geschlungen, einen Kranz auf dem Kopfe, und im Maule ein von Karoline verfaßtes Lobgedicht.

Seit Webers Rückkehr von Wien hatten sich Krankheitserscheinungen bei ihm eingestellt; zunehmender Husten und Atemlosigkeit deuteten auf ein Brustübel. Nach der „Euryanthe" ruhte sein sonst so regsamer Schaffenstrieb fast gänzlich; eindreiviertel Jahr war vergangen, ohne daß er wieder an eine größere Tondichtung gedacht hätte. Während einer Kur in Marienbad versenkte er sich so in das süße Nichtstun, daß er einen Widerwillen gegen alle Arbeit fühlte. So schrieb er an Karoline: „Ich habe keine Sehnsucht nach Notenpapier und

Pianoforte und könnte mich, glaube ich, ganz leicht überreden, einst ein Schneider gewesen zu sein und kein Komponist... Es kommt mir vor, als hätte ich nie etwas komponiert. Am Ende sind die Opern gar nicht von mir!"

Und dennoch sollte sein Genius noch einmal in voller schöpferischer Kraft aufleuchten. Die Anregung dazu kam aus England. Der Pächter des Coventgarden=Theaters in London, Charles Kemble, beauftragte den berühmten Komponisten, eine neue Oper zu schreiben, die an seiner Bühne unter Webers persönlicher Leitung aufgeführt werden sollte. Den Text, dessen Wahl ihm freigestellt war, sollte der bekannte englische Dichter Planché liefern. Weber fühlte, daß ihm nur noch eine kurze Lebensfrist zugemessen war; die Sorge um die Zukunft seiner Familie weckte seine ganze Tatkraft. Er nahm den ehrenvollen Auftrag Kembles an und entschied sich für „Oberon". Da es sich um einen Operntext in englischer Sprache handelte, so warf sich Weber mit aller Macht auf das Studium des Englischen, während Planché an der Dichtung arbeitete und ihm die Akte einzeln zusandte.

Wieland hat den Stoff zu seinem berühmten Oberon, dessen Schauplatz der märchenhafte Orient mit seiner Feeenwelt bildet, der französischen Erzählung „Huon de Bordeaux" entnommen. Planché legte seinem Textbuche die Wielandsche Dichtung zu Grunde und verwebte damit noch einige phantastische Gestalten aus Shakespeares „Sturm" und „Sommernachtstraum". Die Handlung des Wielandschen Gedichts ist so reich und vielseitig, und der Schauplatz derselben wechselt so oft, daß sich für die Bühne nur schwer ein einheitliches Ganzes daraus machen läßt. Der englische Bearbeiter begnügte sich daher, eine Reihe von Szenen herauszugreifen und diese lose miteinander zu verbinden. Theodor Hell übersetzte den Operntext ins Deutsche. Es geschah dies noch unter Webers Augen, der die Aufführung des „Oberon" durch deutsche Künstler leider nicht mehr erleben sollte.

Der Genius, welcher so lange in dem Meister geschlummert hatte, regte sich wieder mächtig in ihm, und rasch nacheinander entstanden mehrere der bedeutendsten Musikstücke der Oper.

Auf ernstliches Drängen der Ärzte mußte er im Juli 1825 eine Badereise nach Ems unternehmen. Er legte die fünfundfünfzig Meilen in kleinen Tagestouren zurück und zwar im eigenen Wagen und mit eigenen Pferden, die er sich schon seit längerer Zeit hielt. Auf den Besitz eigener Equipage war er stolz; Karolines Bitten, von dieser kostspieligen Liebhaberei abzulassen, halfen nichts, so vielen Ärger ihm auch Riemer, Stellmacher, Schmiede und betrügerische Kutscher beständig bereiteten.

In Weimar ließ er sich zu einem Besuche bei Goethe überreden. Vor dreizehn Jahren hatte ihn der Dichterfürst sehr von oben herab behandelt; seitdem war der damalige Klaviervirtuos zu einer der gefeiertsten Musikgrößen emporgestiegen und durfte wohl auf eine seiner würdige Aufnahme rechnen. Goethe ließ ihn lange im Vorzimmer warten, ehe er ihn empfing. Mit einer kurzen, stolzen Handbewegung lud er ihn zum Sitzen ein. Er erkundigte sich nach einigen Dresdener Persönlichkeiten; über Musik sprach er kein Wort; nach einer Viertelstunde deutete er an, daß Weber entlassen sei, indem er sich erhob. Der Altmeister deutscher Dichtung, der zuweilen recht hochmütige Anwandlungen hatte, benahm sich gegen den Schöpfer des „Freischütz", als hätte er einen der vielen lästigen Besucher vor sich, die sich täglich zu ihm drängten, nur um sich rühmen zu können, mit Goethe gesprochen zu haben.

In Wiesbaden nahm Weber einen kurzen Aufenthalt. Bei Tisch unterhielt er sich mit seinem Nachbar, einem hochgebildeten Manne und großen Musikfreunde. Das Gespräch kam auch auf den „Freischütz". Der Komponist verriet sich nicht, setzte aber den Fremden durch seine genaue fachmännische Kenntnis dieser Oper in Erstaunen. Der Herr stellte sich ihm hierauf als Doktor

Horn vor und fragte nach seinem Namen. „Weber," war die schlichte Antwort. Doktor Horn bezeichnete nun verschiedene Männer von Ruf, die den gleichen Namen führten, neugierig, zu erfahren, ob er es mit einem von diesen zu tun habe. Als seine Fragen verneint wurden, sagte er plötzlich: „Sind Sie etwa —"

„Karl Maria von Weber," ergänzte der Gefragte in bescheidenem Tone.

Wie vom Donner gerührt saß der andere eine Weile starr und schweigend da. Seine Augen wurden feucht, und endlich sagte er wie in Andacht: „Was hat mich Gott für ein Glück erleben lassen!"

Weber schilderte Karolinen in seinem nächsten Briefe diese kleine Szene und fügte hinzu: „Du weißt, daß die größten, dicksten Weihrauchwolken mich nicht kitzeln. Aber hier mußte ich dem Schöpfer innig danken, daß er mir Macht gegeben, so tief eines guten Menschen Herz zu ergreifen, und daß wohl kein besserer Lohn mir je wieder geboten wird."

In dem aristokratischen Ems stieg er im Hotel „Zu den vier Türmen" ab. Da das Hotel sehr gesucht und gerade überfüllt war, so machte die Besitzerin mit dem schlichten, kleinen und lahmen Herrn wenig Umstände und wies ihm ein ungemütliches Hofzimmerchen an. Eben packte Weber seinen Koffer aus, als im Hause großer Lärm entstand; dazwischen tönten die Rufe: „Weber! Weber!" Gleich darauf stürzte die Wirtin mit dem gesamten Dienstpersonal herein. „Ach, hätte ich das gewußt!" rief sie. „Freischütz! — Preziosa! — Ich werfe alles zum Hause hinaus!" Noch ehe Weber wußte, wie ihm geschah, war sie wieder verschwunden, und nun hörte er, wie sie auf dem Korridor an die Türen verschiedener Hotelgäste anklopfte und hineinschrie: „Karl Maria von Weber wohnt in einem Hinterzimmer. Er muß eins der besten Vorderzimmer haben, es muß

Platz für ihn gemacht werden!" Daraufhin erschienen verschiedene Gäste bei Weber, die ihm durchaus ihre Zimmer abtreten wollten. Einer brachte sogar gleich seinen Koffer mitgeschleppt und ruhete nicht eher, bis Weber sein Balkonzimmer in Besitz genommen hatte.

Als Weber am nächsten Mittag an der Tafel des Kursaales saß, bildete er das laute Tischgespräch. Weber sei da, ging es von Mund zu Munde. Einige rühmten sich, ihn persönlich zu kennen, andere erzählten Anekdoten von ihm, bis es sich herausstellte, daß er sich mitten unter der Gesellschaft befand. Jubelnd brachte man ihm ein Hoch! und das Kurorchester stimmte sogleich ein Potpourri aus dem „Freischütz" an. Am nächsten Morgen ehrte ihn die Kurkapelle, am darauffolgenden die Militärmusik durch ein Ständchen; fast alle gespielten Stücke waren aus „Freischütz" oder „Preziosa".

Während seines ganzen Aufenthalts in Ems wurde Weber zum Mittelpunkt der feinsten Gesellschaftskreise; das preußische Kronprinzenpaar, welches ebenfalls anlangte, zog ihn in seinen Salon und überhäufte ihn mit Auszeichnungen. Kaum vermochte der Vielumworbene die nötige Ruhe für seine Kur zu finden.

Mitte August kam Kemble nach Ems, um mit Weber über „Oberon" und die Reise nach London zu verhandeln. Er brachte Sir George Smart mit, den Direktor der Londoner „Royal-Music-Band" und der Oratorienkonzerte. Weber sollte diesem edelherzigen Manne, der ihn für seine Mitwirkung in den Oratorienkonzerten gewann, später große Freundschaftsdienste verdanken.

Der Gebrauch der Emser Quelle vermochte Webers fortschreitendes Leiden nicht aufzuhalten. Nach Hause zurückgekehrt, wurde er Tag und Nacht von einem trockenen Husten gequält. Trotzdem rüstete er sich zu einer Winterreise nach Berlin, wo „Euryanthe" gegeben werden sollte. Spontini hatte die Aufführung der Oper bisher hintertrieben. Jetzt erst, wo der intrigante Italiener sich auf einer längern Urlaubsreise befand, kam sie durch die energischen Bemühungen des Grafen Brühl zu stande. Nur die letzten Proben leitete Weber selbst. Er hatte einen neuen Chef bekommen: seit September 1824 war der Kammerherr und Forstmeister von Lüttichau Intendant des Dresdener Hoftheaters, ein Aristokrat, welcher auf künstlerisches Verdienst wenig gab, sondern nur den brauchbaren Diener schätzte, der sein Amt in herkömmlicher Weise ordentlich versah. Unerwartet kam Lüttichau jetzt nach Berlin und wohnte mehreren Generalproben der „Euryanthe" bei. Er war im höchsten Grade befremdet von der allgemeinen Verehrung, die man dort seinem Kapellmeister entgegenbrachte. Als er mit ihm nach einer Probe das Theater verließ und das Publikum bemerkte, welches sich vor dem Ausgange desselben angesammelt hatte, um Weber heraustreten zu sehen und ihn ehrfurchtsvoll zu grüßen, tat er die naive Frage: „Weber, sind Sie denn wirklich ein berühmter Mann?" —

Diesmal lebte Weber sehr zurückgezogen in Berlin; infolge der Anstrengungen in den Proben wurde ihm das Sprechen schwer. Auf Holteis Frage wie es ihm gehe, erwiderte er bitter: „Sehr gut! nur daß ich die Halsschwindsucht habe." Als Gubitz ihm die Reise nach London widerriet, entgegnete er: „Lieber Freund, ich erwerbe in England ein gut Stück Geld, das bin ich meiner Familie schuldig; aber ich weiß sehr gut, ich gehe nach London, um da zu sterben."

Am 23. Dezember 1825 wurde „Euryanthe" den Berlinern vorgeführt. Der brausende Erfolg galt nicht nur der Achtung vor dem Komponisten, der den „Freischütz" geschaffen hatte, sondern er entsprang ebenso dem vollen Verständnis des neuen Werkes und der Begeisterung für dasselbe. Als Weber aus dem Theater trat, umdrängte ihn die Menge, und viele küßten ihm die Hände. Auch an diesen Abend schloß sich eine Feier im

Jagorschen Saale; aber die Freude war eine sehr gedämpfte. Saß doch der Meister, dem die festliche Veranstaltung galt, mit der Glut der Schwindsucht auf den eingefallenen Wangen am Ehrenplatze, schweigend oder mit heiserer Stimme lispelnd. Die Freunde konnten sich einer bangen Ahnung nicht erwehren, daß es wohl das letzte Fest sei, welches sie ihm bereiteten. Und in der Tat sollte Weber Berlin nie wiedersehen. —

Der kranke Tondichter kannte nur noch das eine Ziel, seinen Ruhm zu verwerten, daß Frau und Kinder nicht darben mußten, wenn er die Augen für immer schloß. Wollte er dieses Ziel erreichen, so hatte er keine Zeit zu verlieren, so mußte er seine ganze Lebenskraft zusammenraffen. Von Husten und Beklemmung gepeinigt, quälte er nach schlafloser Nacht täglich seine enge Brust gebeugt am Schreibtische. Und dennoch entquollen seinem Genius die musikalischen Gedanken in reicher Fülle, und man merkt den frischen Melodieen des „Oberon" nicht an, daß ein Todkranker sie geschaffen hat. Der ganze Märchenzauber des Orients klingt daraus hervor. Die Chöre der Elfen sind die lieblichsten Blüten seiner Phantasie und seines Gemüts; sie tönen das aus, was sein ganzes Leben lang die Stimmen der Natur zu ihm gesprochen, und es scheint, als habe er von der Erde nicht scheiden können, ohne ihr diese Musik zu hinterlassen. Kein anderer vor ihm hat solche entzückende Weisen für die Region der Geisterwelt gefunden; er ist darin vorbildlich geworden, und seine Einwirkung auf Mendelssohns „Sommernachtstraum" und Marschners „Hans Heiling" ist unverkennbar.

Aber wie seine Arbeit vorrückte, so steigerte sich auch unaufhaltsam sein Krankheitszustand; der Husten wurde anhaltender und hohler, die Sprache fast unhörbar leise; seine Haltung sank nach vorn über. Inmitten der abends um seinen Teetisch versammelten Freunde schlummerte er oft ein, während er sonst durch seinen Geist und seinen Humor die Unterhaltung belebt hatte.

Die Gattin litt unsagbar; vergebens suchte sie ihn zur Aufgabe seines Reiseplans zu bewegen, vergebens waren die Überredungsversuche der Freunde. Webers Entschluß blieb unwiderruflich. „Ob ich reise, ob ich nicht reise, bin ich in einem Jahre ein toter Mann," gab er einem seiner wohlmeinendsten Ratgeber zur Antwort. „Wenn ich aber reise, haben meine Kinder zu essen, wenn der Vater tot ist, während sie hungern, wenn ich hier bleibe."

Anfang Februar 1826 war „Oberon" vollendet; was noch daran zu tun blieb, konnte nur in London geschehen. Die bittere Trennungsstunde nahte heran. Nach einer Vorstellung des „Freischütz" nahm Weber Abschied von seiner Kapelle. Bewegt umstanden die Künstler den Meister, und beim Blick auf seine gebeugte Gestalt füllte sich manches Auge mit Tränen. Der berühmte Flötenvirtuos Fürstenau hatte eine beabsichtigte Kunstreise nach London verschoben, um Weber begleiten zu können. Für Karoline war dies eine große Beruhigung, denn sie wußte den teuern Kranken unter der Obhut eines zuverlässigen Freundes.

Am 7. Februar früh sieben Uhr rollte der bepackte Reisewagen heran und hielt vor dem Hause. Fürstenau saß bereits darin. Herzergreifend war Webers Abschied; die beiden Knaben lagen noch in süßem Schlummer. Leise küßte er sie auf die Stirn. Ob er die Seinigen wiedersehen werde? Ach! es wollte keine Hoffnung in ihm aufkommen, daß ihm dieses Glück beschieden sei.

In Pelze gehüllt, die geschwollenen Füße in Samnetstiefeln, stieg er in den Wagen. Als Karoline das Zuschlagen der Wagentür vernahm, bebte sie zusammen. „Ich habe seinen Sarg zuschlagen hören!" rief sie händeringend.

IX.
In London und in Dresden.

Webers Reise ging über Paris, wo er, durch die unterwegs empfangenen Eindrücke neu belebt, am 25. Februar eintraf. Er besuchte dort seine berühmten Kollegen Rossini, Cherubini, Auber und einige andere, die ihm alle ihre hohe Verehrung bewiesen, verweilte aber nur sechs Tage in der französischen Hauptstadt und schiffte sich in Calais mit Fürstenau nach Dover ein. Bei der Landung auf englischem Boden mußten sich die Schiffspassagiere einer Revision ihrer Pässe und ihres Gepäcks unterziehen. Beides wurde Weber und seinem Begleiter durch einen höheren Polizeibeamten erspart, der hierzu eigens beauftragt war.

Der liebenswürdige George Smart hatte sich schon, als er mit Kemble in Ems war, die Ehre ausgebeten, daß Weber bei ihm wohne, und dort fand der kranke Komponist eine geradezu liebevolle Aufnahme und alle möglichen Bequemlichkeiten, wie sie nur unter dem gastlichen Dache eines Engländers geboten werden können.

In Deutschland betrachtet man die Musik als einen Teil der allgemeinen Bildung; in London war dies nicht der Fall. In den bürgerlichen Familien wurde überhaupt nicht musiziert, und die Reichen und Vornehmen ließen andere für sich Musik machen, das heißt: sie luden ausgezeichnete Künstler zu sich und führten diese ihren Gästen vor. Der Künstler erhielt gute Bezahlung, wurde aber der übrigen Gesellschaft, die während seines Vortrages plauderte und lachte, nicht gleich geachtet, ja von dieser oft durch eine Schnur, welche er nicht überschreiten durfte, abgesondert. Nur wenige künstlerische Größen besaßen den Mut, diese unwürdige Schranke rücksichtslos zu durchbrechen, wie es

Rossini, Spohr und später Franz Liszt taten; die andern konnten nur die Faust in der Tasche ballen und mußten sich die darin klimpernden Guineen als Trost für ihr verletztes Ehrgefühl gereichen lassen. Webers „Freischütz" war in England außerordentlich volkstümlich geworden. Noch vor seiner Aufführung in London hatten Melodieen daraus den Weg über den Kanal gefunden. Die erste Vorstellung fand im Jahre 1824 im „English Opera-House" statt, dann folgten noch mehrere andere Londoner Bühnen. Jede derselben erlaubte sich willkürliche Veränderungen. Ein berühmter Tenorist legte als Max das alte deutsche Volkslied „Gute Nacht" und eine englische Polacca ein. Eine Sängerin der Agathe trug, statt eines wegfallenden Duetts, das bekannte „War's vielleicht um Eins, war's vielleicht um Zwei" vor. Von einzelnen Musikstücken wurde nur der Text gesprochen. An einer Bühne gestaltete man den letzteren gänzlich um, so daß nicht einmal die Namen der handelnden Personen blieben; anderswo schaltete man neue Personen ein. Trotz aller Verstümmelungen bewährten die Melodieen ihre zauberische volkstümliche Kraft; auf den Leierkästen wurden sie gespielt, der gewöhnliche Mann pfiff sie nach, fast für alle Instrumente tauchten Variationen aus dem „Freischütz" auf. Daher war das Erscheinen des Komponisten in London von enthusiastischen Kundgebungen begleitet, wie er sie vorher noch nie erlebt hatte, und alles war auf seine neue Oper gespannt. Nach den mit Kemble und Smart getroffenen Vereinbarungen hatte Weber die ersten zwölf Aufführungen des „Oberon" persönlich zu dirigieren und vier Oratorien-Konzerte zu leiten, welche auch weltliche Musik brachten. Für diese Leistungen, das englische Honorar für die Komposition des „Oberon" mit inbegriffen, erhielt Weber zwischen sechzehn- und siebzehntausend Mark. Außerdem war ihm die Einnahme eines Konzerts und ein Benefiz zugesichert, zu welchem unter seiner Leitung der „Freischütz" in seiner ursprünglichen Gestalt gegeben werden sollte. Die Hoffnung, durch diese Erträgnisse die Zukunft der Seinigen sichern zu können, trieb ihn an, seine letzte Kraft und seinen letzten Hauch aufzubieten. Für englische Verhältnisse und für Webers Weltruf waren jene Zahlen sehr bescheiden, doch hoffte er Gelegenheit zu finden, sie bedeutend zu erhöhen. Dazu fehlte dem deutschen Meister jedoch der anmaßende Stolz und das erhabene Selbstbewußtsein eines Rossini. Der gefeierte Italiener hatte drei Jahre vorher eine reiche Ernte in London gehalten. Für die Leitung dreier seiner Opern, die bereits an andern Bühnen gegeben worden waren, bewilligte man ihm fünfzigtausend Mark, für jede Mitwirkung in den musikalischen Zirkeln der Vornehmen erhielt er tausend Mark. Damit noch nicht zufrieden, verspottete er die vielgerühmte Großmut und Freigebigkeit der Engländer, und die Aristokratie, die das nicht auf sich sitzen lassen wollte, sah sich veranlaßt, zwei Konzerte zu veranstalten, die dem goldgierigen Maestro über vierzigtausend Franken abwarfen. Er hatte es aber auch verstanden, den Londonern persönlich zu imponieren. In glänzender Karosse mit gepuderten Lakaien war er vor den Palästen der Großen vorgefahren und hatte ihnen mit so fürstlicher Würde seine Konzertbillette angeboten, daß die hohen Herrschaften es als eine besondere Ehre betrachteten, ihm maßlose Preise dafür zu bezahlen. Wie schlicht trat dagegen der deutsche Meister auf, welcher, unscheinbar und hinfällig von Gestalt, im einfachen Cab fuhr und es seiner unwürdig hielt, um die englischen Guineen zu werben! Daher fand er auch vor den Augen der Londoner Aristokratie keine Gnade. Nur wenige der Vornehmsten öffneten ihm ihre Zirkel; unter diesen Ausnahmen befanden sich aber der Herzog Leopold von Coburg, später König von Belgien, und die Herzogin von Kent, deren damals siebenjähriges Töchterchen Victoria dereinst die englische Königskrone tragen sollte.

Gleich nach seiner Ankunft in London fuhr Weber mit

Smart nach dem Coventgarden-Theater, um dessen Räumlichkeit, Orchesterordnung und Akustik kennen zu lernen. Weber trat an die Brüstung der Loge und blickte nichts ahnend umher. Die Loge gehörte Kemble und wurde vom Publikum mit besonderer Aufmerksamkeit beobachtet, da man den Komponisten des „Freischütz", von dessen Ankunft in London man bereits Kenntnis hatte, darin zu sehen erwartete. Kaum zeigte sich das kleine fremde Männchen, da rief auch schon eine Stimme: „Das ist Weber! Weber ist da!" Nun brach ein Sturm von Applaus und Zurufen aus, wobei Hüte und Taschentücher geschwenkt wurden. Der verwunderte deutsche Tonmeister wußte nicht, daß das ihm gelte, bis er in den tausendstimmigen Rufen seinen englisch ausgesprochenen Namen erkannte und für das ihm bereitete Willkommen dankte. Auf stürmisches Verlangen des Publikums mußte zu dem Schauspiel, welches gegeben wurde, die Freischütz-Ouvertüre gespielt werden, worauf der Jubel und Lärm sich von neuem erhob, so daß Weber es vorzog, sich bald zu entfernen.

Noch gewaltiger war der Enthusiasmus im ersten Oratorienkonzert, in welchem er mehrere Stücke aus dem „Freischütz" dirigierte. Als Smart den Komponisten auf die Bühne führte, wo das Orchester aufgestellt war, erhob sich das ganze, wie zu einer Festvorstellung gekleidete Publikum, der Name Weber durchdröhnte das Haus, die Männer schwenkten die Hüte, die Frauen wehten mit den Tüchern, die Musiker klopften, nach englischer Sitte, mit den Bogen auf die Streichinstrumente. Fast eine Viertelstunde lang hielt das Toben und Brausen an, während der Gefeierte, sich an einem Notenpulte festhaltend, von Zeit zu Zeit durch eine Verneigung dankte. Diese Konzerte, von denen jedes eine Auswahl aus dem „Freischütz" brachte, waren hauptsächlich von dem Publikum besucht, welches die meiste Sympathie für Weber hegte, und der Enthusiasmus erneuerte sich immer wieder.

Während der Meister die Konzerte leitete, den „Oberon" vollendete, die Proben zu demselben abhielt und dabei seinen vielseitigen gesellschaftlichen Pflichten nachkam, erhielt ihn die geistige Anspannung auch körperlich aufrecht, trotzdem seiner kranken Brust jeder Atemzug die größte Anstrengung kostete. Als er aber die Oper vollendet hatte, begannen seine physischen Kräfte zusammenzusinken. Die Füße schwollen unförmlich an, die Hände, bis zur Durchsichtigkeit abgemagert, konnten vor Zittern kaum Speise und Trank zum Munde führen, selten nur erhellte noch ein Lächeln das geisterbleiche Antlitz; seine Sehnsucht nach Daheim steigerte sich in fast krankhafter Weise.

Mit dem 12. April war in Webers Leben der dritte entscheidungsvolle Abend erschienen, wo über eines seiner Hauptwerke — das letzte! — die Welt ihr Urteil fällen sollte. Im Coventgarden-Theater fand die erste Aufführung des „Oberon" statt. Für sämtliche zwölf Vorstellungen, die der Komponist selbst leitete, waren die Billets bereits vergriffen; nur in den niederen Rängen waren noch Plätze frei; reiche Herrschaften bequemten sich dazu, diese in Besitz zu nehmen, und ihre Diener schlugen sich um die Billets. Als Weber im Orchester erschien, erhob sich alles von den Sitzen, ein nicht enden wollendes Hurra! ertönte, dazu klappte man mit den Bänken und schwenkte Hüte und Taschentücher.

Die herrliche Ouvertüre mußte wiederholt werden, ebenso andere Musikstücke; fast jedes derselben wurde jubelnd unterbrochen, nicht ein einziges blieb ohne brausende Anerkennung. Freilich fand die äußere Ausstattung der neuen Oper eine kaum minder begeisterte Aufnahme. Die teils fränkischen, teils arabischen Kostüme waren getreu nach berühmten Beschreibungen und Zeichnungen angefertigt, durch die Kunst der Maschinerie trat die Feeen- und Elfenwelt in effektvolle, ans Wunderbare grenzende Wirkung; Felsen, mit Geistern bevölkert, verwandelten sich wie auf einen Zauberschlag in die offene See. Am Schluß wurde der Name Weber so stürmisch und anhaltend gerufen, bis der Vorhang sich wieder hob und der Komponist erschien. In England war dies eine beispiellose Ehrung, da diese Sitte dort nicht üblich ist.

Trotzdem die Melodieenfülle des „Oberon" überall anerkannt ist und strenge deutsche Kritiker später sogar den Vorwurf erhoben, daß Weber damit zu verschwenderisch umgegangen sei, wurden in den englischen Blättern Klagen über Mangel an Melodie laut, man fand die Musik schwer verständlich und mehr auf das wissenschaftliche Urteil der Kenner als auf die große Menge berechnet. Die letztere fühlte sich denn auch vom „Oberon" nicht so angesprochen wie vom „Freischütz", wogegen die Gebildeten der Oper in allen späteren, von Weber dirigierten Aufführungen den gleichen Enthusiasmus entgegenbrachten.

Die Direktion des Drurylane-Theaters wollte den Oberontriumphen des Coventgarden-Theaters Konkurrenz machen und einem englischen Komponisten zu einem Siege über den deutschen Meister verhelfen. Sie setzte daher Bishops neue Zauberoper „Aladin oder die Wunderlampe", nach dem bekannten arabischen Märchen bearbeitet, mit ungeheurem Pomp in Szene. Weber wohnte der Vorstellung bei. Kaum wurde er bemerkt, als das ganze Publikum aufstand und ihn begeistert begrüßte. Im Anfang fand die Oper großen Beifall, der aber nicht anhielt; trotz aller Prachtentfaltung sprach das Werk des heimischen Komponisten nicht an. Am Schlusse eines Jägerchors pfiff das Parterre den Jägerchor aus dem „Freischütz". So erlebte Weber einen Triumph auf dem Kampfplatze, wo ihm eine Niederlage zugedacht war.

Alle die glänzenden Erfolge vermochten die sich steigernde Heimatssehnsucht des kranken Meisters nicht zu stillen. Er wollte Weib und Kinder noch einmal sehen, noch einmal ans Herz drücken, sei es auch nur, um in ihrer Mitte zu sterben. Am 26. Mai fand sein Konzert statt. Mit Recht durfte er auf eine bedeutende Einnahme rechnen. Als er, auf Smarts Arm gestützt, in den Saal wankte, legte sich ein tief schmerzliches Lächeln um seinen Mund: der Saal war nicht zur Hälfte gefüllt. Gerade jene vornehme Welt, von der Rossini mit klingenden Guineen überschüttet worden war, hatte sich fern gehalten, leider auch die zahlreich in London lebenden Deutschen, die sich überhaupt an den ihrem großen Landsmanne dargebrachten Huldigungen nicht beteiligt hatten. In diesem Konzert, wo er mehrere seiner Gesangskompositionen am Klavier begleitete, berührte seine Zauberhand zum letztenmal die Tasten. Es liegt im Charakter der furchtbaren Krankheit, welche den großen Tonmeister unentrinnbar umkrallt hielt, daß die Seele des Leidenden sich auf Augenblicke mit neuer Hoffnung füllt. In ergreifender Weise spricht sich das in einem seiner letzten Briefe an Karoline aus, worin er schrieb: „Wie Ihr mich empfangen sollt? Ach, um Gottes willen ganz allein. Laßt niemanden meine reine Freude stören, mein Weib, meine Kinder und meine besten Freunde die ersten Augenblicke zu genießen. Ach, die Sehnsucht, die ich nach diesem Augenblicke und nach meiner Ruhe empfinde, ist für Euch unbegreiflich und rätselhaft!.. O Gott, wie glücklich will ich sein, wenn ich erst in meinem Wagerl sitze! . . ."

Aus Gefälligkeit wirkte er am 30. Mai im Konzerte einer Sängerin mit und dirigierte seine Freischütz=Ouvertüre, — ein neuer und letzter Abschied von seiner Muse! Seine Kraft war erschöpft; als er nach Hause kam, fieberte er und rang mühsam nach Atem. Er sollte zu seinem Benefiz noch die Aufführung des „Freischütz" leiten; aber er fühlte sich der Anstrengung nicht mehr gewachsen und verzichtete lieber auf die voraussichtlich hohe Einnahme. Trotzdem sich seine Atembeschwerden bedenklich steigerten, setzte er seine Abreise doch auf den 6. Juni fest. Die Freunde drangen in ihn, die Reise zu verschieben, bis sein

Gesundheitszustand sich etwas gebessert habe. Aber ihre Vorstellungen fruchteten nicht. „Ich muß fort zu den Meinigen," entgegnete er, „ich muß sie noch einmal sehen, — und dann geschehe Gottes Wille!"

Er sprach fast nur noch von der Reise. Auch am Abend des 4. Juni unterhielt er sich darüber mit Smart und Fürstenau, während er todmatt im Lehnstuhl ruhte. Um zehn Uhr ging er zu Bett. Vorher reichte er den Freunden die Hand und sagte in herzlichem Tone: „Gott lohne Euch allen Eure Liebe!" Smart bat ihn, diese Nacht nicht allein zu schlafen, oder doch wenigstens die Tür unverriegelt zu lassen. Weber lehnte ab. Fürstenau half ihm beim Auskleiden. Dann sagte der Kranke: „Nun laßt mich schlafen", und schweren Herzens verließ ihn Fürstenau . . .

Als am andern Morgen Smarts Diener um die gewöhnliche Zeit an Webers Tür klopfte, erhielt er keine Antwort. Da ihm dies auffallend erschien, rief er seinen Herrn herbei. Auch auf Smarts Klopfen wurde die Tür nicht geöffnet. Fürstenau, der in der Nähe wohnte, wurde herbeigeholt. Von banger Ahnung erfüllt, ließ man die Tür durch einen Schlosser erbrechen.

Im Zimmer herrschte Totenstille, in der sich nur das Ticken von Webers Taschenuhr vernehmen ließ. Die Gardinen, die Webers Bett umhüllten, wurden zurückgeschlagen. Er lag mit ruhigen Zügen wie in friedlichem Schlummer da, aber kein noch so leiser Atemzug hob seine Brust, kein Hauch kam über seine Lippen — er schlief den Todesschlaf. Dennoch wollten Smart und Fürstenau nicht an das Schreckliche glauben. Sie schickten nach einem Wundarzte. Dieser konnte nur bestätigen, daß vor sechs oder sieben Stunden der Tod eingetreten sei.

Der große Tonmeister war nicht mehr. Im schönen Mannesalter von vierzig Jahren hatte er von der Welt, die ihn vergötterte, von den Seinigen, die er unaussprechlich geliebt, scheiden müssen.

Die Kunde, daß Karl Maria von Weber gestorben sei, durchflog die Weltstadt. Die großen Zeitungen würdigten seinen Genius, der, wie sie mit Stolz hervorhoben, sein letztes großes Werk für England geschaffen hatte und hier gefeiert worden war wie nirgends. Unter Smarts Vorsitz bildete sich ein Komitee, welches eine Subskription eröffnete, um die nicht unbedeutenden Begräbniskosten zu erbringen. Der tote Meister sollte mit all den Ehren, wie man sie Personen höchsten Ranges erweist, zur Erde bestattet werden.

Inzwischen meldete Fürstenau die Schreckensbotschaft nach Dresden. Er vermochte es nicht über sich, an Webers Gattin selbst zu schreiben, sondern wendete sich an deren nächste Freundin Fräulein Charlotte von Haumann. Diese fuhr nach Empfang der Trauernachricht sogleich nach Hosterwitz. Doch ihr entsank der Mut, allein vor Karoline hinzutreten. Sie ließ den Wagen vor einem Häuschen halten, worin ein Freund Webers wohnte. Karoline hatte das Rollen des Wagens in dem stillen Dorfe gehört. Sie ging an das Tor und erblickte den Wagen, der kaum hundert Schritt entfernt stand. Von einer entsetzlichen Ahnung erfaßt, flog sie nach dem Häuschen, sah den Inwohner mit ihrer Freundin im Garten stehen und weinend die Hände ringen. Nun wußte sie alles! Im nächsten Augenblick sank sie vor den beiden bewußtlos zusammen. Der vierjährige Max war der Mutter nachgelaufen. Als sie wieder zu sich kam und ihren Knaben über sich gebeugt sah, stieß sie einen Schrei aus. Wie Max Maria von Weber noch als gereifter Mann erzählte, ist dieser gellende Schrei nie mehr aus seinem Ohre gewichen.

* * *

Noch am Todestage Webers ließ Smart den fast bis zum Skelett abgemagerten Leichnam einbalsamieren, in einen bleiernen Sarg legen und diesen verlöten. Am 21. Juni, dem Tage des Begräbnisses, wurde frühmorgens der Bleisarg in einen mit schwarzem Sammet beschlagenen Sarg von Eichenholz gesenkt. Von Smarts Wohnung aus setzte sich halb zehn Uhr vormittags der Leichenzug in Bewegung, voran sechs schwarz gekleidete Herolde, von denen drei an der Spitze ritten; die andern drei gingen zu Fuß, einer von ihnen trug, nach englischem Gebrauch, einen großen Busch schwarzer Straußfedern, zu beiden Seiten schritten Pagen. Dann folgte der von sechs Rappen gezogene Leichenwagen. Die Mitte des Zuges bildete eine lange Reihe von Trauerwagen mit den angesehensten Kunstvertretern Londons. Im ersten Wagen saßen Smart und Fürstenau, im zweiten Kemble und Planché, der Textdichter des „Oberon". Alle Trauernden trugen schwarze Seidenmäntel und lange schwarze Schärpen um den Hut. Der Zug ging nach der in der Mitte der City gelegenen katholischen Metropolitankirche St. Mary. Das schwarz ausgeschlagene, von Wachskerzen erhellte Gotteshaus, welches zweitausend Personen faßt, war bis auf den letzten Platz gefüllt, obwohl der Zutritt nur gegen bezahlte Eintrittskarten gestattet war. Der Priester=Diakon und die Unterdiakonen und Chorknaben schritten vom Altar aus dem Sarge bis an das Portal entgegen und geleiteten ihn dann durch das Hauptschiff bis zum Katafalk. Zugleich ertönten vom Chore herab die tief ergreifenden Klänge von Mozarts Requiem, von musikalischen Kräften ersten Ranges vorgetragen. Nach dem Requiem wurde der Sarg wieder vom Katafalk gehoben, und unter den Klängen des Totenmarsches aus Händels „Saul" trugen ihn die Priester in die unter der Kirche befindliche Grufthalle. Ein kurzes Gebet wurde gesprochen, worauf die den düstern Ort erleuchtenden Fackeln erloschen.

Fern von der Heimat, fern von den Teuern, nach denen er sich so gesehnt hatte, ruhte Karl Maria von Weber inmitten eines fremden Volkes . . .

* * *

Fünfzehn Jahre später — 1841 — forderten Verehrer Webers in einem öffentlichen Aufrufe zu einer Sammlung auf, um die Leiche nach Dresden zu überführen. Die Sache kam ins Stocken, als der sächsische Gesandte die Erklärung abgab, die Bewahrung des Sarges in St. Mary sei für immer gesichert. Im Jahre 1844 wurde der Wunsch, den deutschen Meister in heimische Erde zu betten, aufs neue laut. Unter Richard Wagner, der damals Kapellmeister in Dresden war, hatte sich ein Komitee gebildet und die erforderlichen Geldmittel zusammengebracht. Webers ältester Sohn Max Maria hielt sich zu dieser Zeit gerade in London auf. Er leitete dort die Verhandlungen ein, und durch die Vermittlung des preußischen Generalkonsuls gelang es ihm, die Schwierigkeiten zu beseitigen. Den teuern Überresten des Vaters voraus, reiste er nach Dresden. Auf dem katholischen Kirchhofe in der Friedrichsstadt war, nach einem Entwurfe Sempers, bereits eine Kapelle im Bau begriffen, welche als Familiengruft dienen und den großen Tondichter aufnehmen sollte. Noch ehe dies geschah, starb in den Armen Karolines ihr jüngster Sohn an einer rasch verlaufenden Krankheit. Der zwanzigjährige junge Mann, der in eine hoffnungsvolle Zukunft geblickt hatte, war der Erste, welcher in der noch unvollendeten Gruft ruhen sollte.

Am 25. Oktober landete das englische Schiff „John Bull" mit der Leiche Karl Maria von Webers in Hamburg. Von dem Mastenwalde im Hafen weheten zu Webers Ehren die Flaggen fast aller Nationen. Ein Elbkahn sollte den Sarg nach Dresden bringen, fror aber infolge vorzeitig eingetretenen Frostes bei Wittenberge ein. Der Weitertransport geschah daher mittels der Eisenbahn, und am 14. Dezember traf die Leiche in Dresden ein, wo sie vom Bahnhofe nach dem jenseitigen Elbufer überführt wurde. Dort hatte sich mit Anbruch der Abenddämmerung eine unabsehbare Menschenmenge angesammelt, die, in lautlosem Schweigen harrend, bis zum Friedrichstädter Kirchhofe reichte. Auf einem großen schwarzen Teppich stand die Künstlerschaft Dresdens zum Empfange des toten Meisters bereit, umgeben von einem Halbkreise lodernder Pechfackeln, in deren feierlich düsterem Scheine ein im dunkeln Nachthimmel flatterndes Banner mit der Inschrift: „Weber in Dresden" sichtbar war.

Als das Schiff mit der teuern Last angelegt hatte, stieg der Sarg, vom Tauwerk wie von unsichtbaren Händen gehoben, langsam empor und senkte sich am Ufer herab, begrüßt von einem Trauergesang der versammelten Künstlerschar.

Hierauf bildete sich der Zug, um den Weg nach dem Kirchhofe anzutreten. An der Spitze schritt ein Musikkorps von 120 Mann, aus allen Orchestern der Residenz zusammengesetzt. Unter den Klängen eines ergreifenden Trauermarsches, der von Richard Wagner nach Motiven aus „Euryanthe" komponiert war, bewegte sich der ernste Zug zwischen einer endlosen Reihe von Fackeln dahin. Dem Leichenwagen, den die Mitglieder des Komitees umgaben, die Enden des schwarzen Behanges tragend, folgte zunächst Max Maria von Weber zwischen Fürstenau und Theodor Hell, dann schlossen sich das Theaterpersonal, die Gesangvereine und ein langes Gefolge von Personen an, in denen sich Dresdens geistige Bedeutsamkeit verkörperte.

So kehrte Karl Maria von Weber zur letzten Ruhe in deutscher Erde heim.

In der geschmückten Kapelle empfingen ihn die Frauen des Hoftheaters unter Führung von Wilhelmine Schröder-Devrient und bedeckten seinen Sarg mit Lorbeerkränzen. Damit schloß vorläufig die Feier. Niemand war zurückgeblieben als Webers Sohn, der an der Bahre kniete, während zwei am Altare brennende Kerzen nur noch ein düsteres Licht verbreiteten. Da wankte eine kleine alternde Frau heran und sank wortlos neben ihm nieder. Es war Karoline.

Am andern Morgen wurde Weber an der Seite seines jüngsten Sohnes beigesetzt. Theodor Hell und Richard Wagner feierten den Genius des Meisters in tief ergreifenden Worten. Unter einem Trauergesange schloß sich die Gruft . . .

In allen für Musik empfänglichen Menschenherzen hat der Komponist des „Freischütz" sich selbst ein unvergängliches Denkmal gesetzt. Man wollte ihn aber auch an der Stätte, wo er zuletzt gewirkt und seine größten Werke geschaffen hatte, durch ein sichtbares, bleibendes Erinnerungszeichen ehren und sammelte Beiträge zur Errichtung eines seiner würdigen Denkmals. Zwölf Jahre dauerte es, ehe durch Theatervorstellungen, Konzertaufführungen und durch die Spenden einiger Fürsten die erforderliche Geldsumme zusammengebracht war. Die Dresdner Stadtgemeinde und Londoner und Petersburger Privatkreise steuerten ebenfalls bei; aber das deutsche Volk, in dessen Munde Webers Lieder lebten, hat kein Scherflein freiwilligen Beitrages gegeben.

Ernst Rietschels Meisterhand gestaltete das Denkmal, welches in Dresden zwischen den anmutigen Baumgruppen der Promenadenanlage hinter dem Hoftheater seinen Platz fand und am 10. Oktober 1860, vierunddreißig Jahre nach Webers Tode, feierlich eingeweiht wurde. Es zeigt den Tonmeister in stehender Haltung. Ein von der rechten Schulter herabgeglittener Mantel umhüllt einen Teil seiner Gestalt. Die rechte Hand hält einen Eichen= und einen Rosenzweig, als Sinnbilder deutscher Kraft und deutscher Liebe. Der linke Arm stützt sich auf ein von einem Genius getragenes Pult; die Hand ist nach dem Haupte erhoben, welches sich, leicht zur Seite geneigt, nach oben wendet, wie einer von dort herabtönenden Melodie lauschend.

Webers Genius hat befruchtend weitergewirkt. Was er gesungen, hat die Welt entzückt, ohne daß sie nach dem Warum zu fragen braucht; denn was er ihr gab, stahl sich ihr in die Herzen, um dort fortzuklingen.

Deutschlands Fühlen und Webers Weisen sind nicht mehr voneinander zu trennen.

Franz Schubert,
der Meister des Liedes.

I.
Der Konviktzögling.

Im Klavierzimmer der Kaiserlichen Hofkapelle in Wien waren an einem Oktobertage des Jahres 1808 die Konviktzöglinge zu einer Gesangsprobe versammelt. Heute schien es sich noch um etwas anderes als um die gewöhnliche Probe zu handeln; denn außer dem Gesangsmeister Korner war auch der Hofkapellmeister Eybler anwesend, der sonst den Übungen der Zöglinge nicht beizuwohnen pflegte. Er unterhielt sich leise mit einem älteren, schlicht gekleideten Herrn, der einen krausköpfigen Knaben mitgebracht hatte. Dieser stand schüchtern abseits, und weil er ein hechtgraues Röcklein trug, so erhob sich unter der jugendlichen Sängerschar, welche ihn mit neugierigen Blicken betrachtete, ein Geflüster und Gekicher, und allgemein hieß es: „Das ist ganz gewiß ein Müllerssohn!"

Der Vater des Knaben wäre mit einem solchen Tausche seines Berufes wahrscheinlich einverstanden gewesen. Eine Mühle nährte ihren Mann, er aber war ein bescheiden besoldeter, mit reichem Kindersegen bedachter Schullehrer bei der Pfarre zu den „Vierzehn Nothelfern" in der Vorstadt Lichtenthal. An derselben

Pfarre bekleidete jener schlichte alte Herr, der eben mit dem Hofkapellmeister sprach, das Amt eines Chorregens. Der kleine krausköpfige Fremdling war bisher sein Schüler im Gesange gewesen und nun von ihm hierher begleitet worden, um eine Probe seiner Kehlfertigkeit abzulegen. Bestand er diese zur Zufriedenheit seiner gestrengen Richter, so wurde er als Sängerknabe in die Hofkapelle aufgenommen.

Der Kapellmeister Eybler zog die Uhr und steckte sie wieder ein. Man schien noch auf jemand zu warten. Endlich öffnete sich die Tür, und ein Herr von sehr vornehmer Erscheinung trat ein. Er mochte bereits hoch in den fünfziger Jahren stehen; das blitzende dunkle Auge und der Schnitt des bräunlichen Gesichts verrieten den Südländer.

Er wurde mit tiefen Komplimenten empfangen, wobei ihm der Chorregens von den „Vierzehn Nothelfern" durch eine besonders tiefe Verbeugung seinen Respekt bezeigte.

Der Eingetretene war der berühmte Antonio Salieri, gebürtig aus Legnano im Venetianischen, der Komponist einer Reihe italienischer Opern, die ihm einen europäischen Ruf eingetragen hatten. Als erster Hofkapellmeister beherrschte er die ganze Wiener Musikwelt. Er war der unversöhnlichste Feind des großen Mozart gewesen, der nun seit siebzehn Jahren im Grabe ruhte, und dessen weit überlegenes Genie er gefürchtet hatte.

„Herr Chorregens Holzer," stellte Eybler vor, „und der Knabe hier ist sein Schüler Franz Schubert, der heute Probe singen soll."

„Wie alt ist der Knabe?" fragte Salieri in gebrochenem Deutsch.

„Elf Jahre, Herr Hofkapellmeister," antwortete Holzer mit einer Neigung des Hauptes.

„Gut. Also fangen wir an," sagte Salieri. Auf ein Zeichen seiner Hand setzte sich der Gesangsmeister Korner ans Klavier; der junge Prüfling trat ihm zur Seite, und während

Franz Schubert.
(Nach einem Stahlstich. Verlagsanstalt F. Bruckmann, München.)

er ein ihm dargereichtes Notenblatt in die Hand nahm, griff Salieri in die Tasche seiner gestickten Weste, nahm eine kleine Bonbonniere heraus und begann von dem süßen Konfekt zu naschen, eine alte Gewohnheit, über welche sich schon der selige Mozart, der seinen Erzfeind nur „die Bonbonniere" nannte, lustig gemacht hatte.

„Gebt acht!" flüsterte einer der Konviktzöglinge, „jetzt wird das Mühlrad des Hechtgrauen gleich zu klappern anfangen."

Das schüchterne, befangene Wesen, welches sich in Miene und Haltung des Prüflings bisher ausgedrückt hatte, war in demselben Augenblick, wo er das Notenblatt in die Hand nahm, verflogen, als stünde ihm ein Talisman zur Seite. Schon die ersten Töne seiner hellen Sopranstimme nahmen gefangen, und im weiteren Verlauf seines Vortrags zeigte sich auch, daß er mit jener herrlichen Naturgabe eine vorzügliche musikalische Schulung vereinigte. Die Konviktzöglinge schielten einander bedeutungsvoll an und baten dem Sänger im stillen das „Mühlrad" ab. Salieri hatte längst des leckern Inhalts seiner Bonbonniere vergessen und diese wieder in die Tasche gesteckt, als hinderte sie ihn im andächtigen Lauschen.

Strenge Kunstrichter sind in der Regel mit ihrem Beifall sehr zurückhaltend und pflegen ihr Urteil, selbst wenn es günstig ist, unter einer steinernen Miene zu verbergen. Als Franz Schubert geendet hatte, geschah jedoch das Außerordentliche, daß der italienische Maestro in ein lebhaftes „Bravo!" ausbrach und dem kleinen Sänger die Wange streichelte. Dann zog er sich mit seinen beiden Kollegen in eine Fensterecke zu einer leisen Beratung zurück, die sehr kurz ausfiel und von Salieri mit lebhaften Handbewegungen, von den andern beiden mit zustimmendem Kopfnicken begleitet wurde. Das leicht vorauszusehende Resultat war, daß Franz Schubert als Sängerknabe in die Kaiserliche Hofkapelle aufgenommen wurde.

Salieri beglückwünschte Holzer, in Schubert einen so begabten Schüler gefunden und diesen so weit vorwärts gebracht zu haben, und schüttelte ihm sogar die Hand. „Selbstverständlich spielt er auch Klavier?" fügte er hinzu.

„Ei! als er noch ein ganz kleines Bübchen war, hielt er gute Kameradschaft mit einem Tischlergesellen, der in einer Klavierwerkstätte arbeitete, und begleitete ihn dorthin, um auf den verschiedenen Instrumenten nach Herzenslust mit seinen kleinen Fingern herumzutappen," antwortete Holzer, den der eben gefeierte Triumph ermutigte und redselig machte. „Zu Hause übte er sich auf dem alten Klavier seines Vaters ohne jede Anleitung. Als er in seinem siebenten Jahre methodischen Musikunterricht erhielt, — ja, lieber Gott! da wußte er bereits alles, was ihm sein Lehrer beibringen wollte. Auch der Ignaz, sein älterer Bruder, unterrichtete ihn im Klavier, aber schon nach ein paar Monaten war der Schüler weiter als der Lehrer. Er spielt auch die Geige; sein Vater selbst gab ihm Stunde und konnte bald leichte Duetten mit ihm spielen. Dann wurde ich sein Lehrer, — im Gesange, im Orgelspiel und im Generalbaß. Da ging es mir oft wie seinem Klavierlehrer: wenn ich ihm etwas beibringen wollte, hat er es schon gewußt. Eigentlich hab' ich ihm gar keinen Unterricht gegeben, sondern mich nur mit ihm unterhalten und ihn dabei angestaunt, besonders wenn er ein gegebenes Thema durchführte. Ich sage Ihnen, Herr Hofkapellmeister, der Junge hat die Harmonie im kleinen Finger!"

Bei den letzten Worten traten dem alten Chorregens, der mit bewegter Stimme gesprochen hatte, die Tränen in die Augen.

Lächelnd hatte Salieri zugehört. „Nun, wir werden ja sehen," sagte er, den Lobredner des kleinen Genies freundlich auf die Schulter klopfend, womit die Unterredung beendet war.

Salieri mochte wohl bei sich denken, daß der alte Herr den Mund etwas zu voll genommen habe. Aber von dieser Ansicht sollte er in der Folge bekehrt werden, ja, es kam der Tag, wo der streng urteilende Maestro sich über Holzers ehemaligen Schüler in ganz ähnlicher Weise aussprach.

* * *

Franz Schubert, der am 31. Januar 1797 in der Wiener Vorstadt Himmelpfortgrund im Hause „Zum roten Krebsen" geboren war, wuchs in sehr beschränkten Verhältnissen heran. Sein Vater, nach welchem er den Vornamen Franz führte, hatte sich, erst neunzehn Jahre alt, mit einer Schlesierin, Elisabeth Fiß, verheiratet, die, wie auch Haydns Mutter, Köchin gewesen war. Von den vierzehn Kindern, die sie ihm geschenkt, blieben außer einer Tochter vier Söhne am Leben: Ignaz, Ferdinand, Karl und unser Franz. Unter den Geschwistern war es namentlich Ferdinand, zur Zeit Schulgehilfe, der dem um drei Jahre jüngeren Franz während seiner ganzen Lebenszeit treu zur Seite blieb.

Wer so glücklich war, auf Grund einer schönen Stimme als Sängerknabe in die Kaiserliche Hofkapelle aufgenommen zu werden, der erhielt zugleich einen Platz im Stadtkonvikte, wo er in den Gymnasialfächern unterrichtet und frei beherbergt und beköstigt wurde. Die Pflege der Musik ging damit Hand in Hand.

Franz Schubert mußte nun aus dem Elternhause und von seinen bisherigen Spielkameraden scheiden. Die Trennung wurde ihm schwer, doch entschädigte ihn dafür einigermaßen die mit Goldborte besetzte Uniform, welche er als Konviktzögling tragen durfte.

Ein Teil der Zöglinge bildete ein Orchester, welches größere Werke aufführte, und in diesem rückte Franz bald zum ersten Violinisten auf. Hier lernte er Beethovensche Sinfonieen kennen, die auf ihn einen so tiefen Eindruck machten, daß dieser gewaltigste aller Tondichter, welcher damals in der Vollkraft seines Schaffens stand, sein Ideal wurde.

Als erster Geiger und mit einem feinen musikalischen Verständnis begabt, gewann Franz bald einen bedeutenden Einfluß auf das kleine Orchester. Er leitete es sogar selbständig, wenn der Dirigent Rucziska abwesend war. Franz war eine jener begnadeten Naturen, welchen bei ihrem Eintritt ins Leben der Genius den Weihekuß auf die Stirn drückte. Wenig über dreizehn Jahre alt, fühlte er schon einen unwiderstehlichen Schaffensdrang in sich und versuchte sich im Komponieren. Anfangs vertraute er es nur einigen seiner Mitschüler unter dem Siegel der Verschwiegenheit an, bald jedoch wurden seine Kompositionsversuche so zahlreich, daß er kein Geheimnis mehr daraus machte. In den Jahren 1810 und 1811 schrieb er außer vielem andern ein großes vierhändiges Klavierstück, die sogenannte „Leichenphantasie", dann folgte sein erstes bedeutenderes Gesangstück „Hagars Klage", in welchem sich stellenweise bereits der Flügelschlag seines Genies erkennen ließ. Für seinen Bruder Ignaz komponierte er mehrere Menuette, und der Freund Mozarts, Doktor Anton Schmidt, ein ausgezeichneter Violinspieler, gab seiner Bewunderung der kleinen Stücke mit den Worten Ausdruck: „Wenn dies ein halbes Kind geschrieben hat, so wird aus diesem noch ein Meister hervorgehen, wie es wenige gegeben hat." — „Hagars Klage" erregte Salieris Aufmerksamkeit; er hielt es für seine Pflicht, die weitere Ausbildung eines so ungewöhnlichen Talents zu fördern, und veranlaßte den Musikdirektor Rucziska, den Knaben im Generalbaß zu unterrichten. Da stellte sich denn bald heraus, daß Franz bereits alles wußte, was ihm gelehrt werden sollte. „Der hat's vom lieben Gott gelernt!" sagte Rucziska, und nun übernahm Salieri selbst den Unterricht.

Schubert ging so ganz in der Musik auf, daß die Schulfächer dabei ziemlich schlecht wegkamen; während der Lehrer lateinische Grammatik, Geschichte oder Geographie vortrug, schwirrten dem Schüler allerlei Melodieen im Kopfe herum, und über dem Komponieren vergaß er die Schulaufgaben zu fertigen. Daher ging es nie ohne Nachprüfung ab, wenn es sich um Schuberts Aufrücken in eine höhere Klasse handelte. Sein musikalischer Genius trieb ihn immer weiter, er wagte sich sogar schon an Ouvertüren und Sinfonieen, und in den Donnerstagskonzerten der Zöglinge wurden sie aufgeführt. Dabei wurde das Klavierspiel nicht vernachlässigt. Obwohl im Klavierzimmer im Winter eine eisige Kälte herrschte, weil es nicht geheizt wurde, so übte sich Schubert doch nach dem Mittagsessen regelmäßig darin. Oft phantasierte er am Flügel, sang einigen Mitschülern neu entstandene Lieder vor oder erfand solche in ihrer Gegenwart, wobei er, wenn gerade kein Papier zur Hand war, die Noten auf die Rückseite anderer Musikalien schrieb. An Notenpapier fehlte es ihm überhaupt oft, weil er gänzlich mittellos war, und da war es sein Mitschüler Spaun, der ihn damit versorgte. Er war bedeutend älter als Franz und blieb auch im spätern Leben einer seiner aufrichtigsten Freunde und Helfer in mancherlei Nöten. Die Konviktzöglinge wurden sehr knapp gehalten, und der arme Franz Schubert war nicht eben auf Rosen gebettet. Das geht aus folgendem Briefe hervor, den er am 24. November 1812 an seinen Bruder Ferdinand richtete:

„Gleich heraus damit, was mir am Herzen liegt", schreibt der damals fünfzehnjährige Jüngling, „und so komme ich eher zu meinem Zwecke, und Du wirst nicht durch lange Umschweife aufgehalten. Schon lange habe ich über meine Lage nachgedacht und gefunden, daß sie im ganzen genommen zwar gut sei, aber noch hie und da verbessert werden könnte. Du weißt aus Erfahrung, daß man doch manchmal eine Semmel und ein paar Äpfel essen möchte, um so mehr, wenn man erst $8\frac{1}{2}$ Stunden nach einem mittelmäßigen Mittagsmahle ein armseliges Nachtmahl erwarten darf. Dieser schon oft mir aufgedrungene Wunsch stellt sich nun immer mehr ein, und ich mußte nolens volens endlich eine Abänderung treffen. Die paar Groschen, die ich vom Herrn Vater bekomme, sind in den ersten Tagen beim Kuckuck, was soll ich dann die übrige Zeit tun?

„«Die auf Dich hoffen, werden nicht zu schanden werden», Matthäus Kap. 2, V. 4. So dachte auch ich. — Was wär's denn auch, wenn Du mir monatlich ein paar Kreuzer zukommen ließest? Du würdest es nicht einmal spüren, indem ich mich in meiner Klause für glücklich hielte und zufrieden sein würde. Wie gesagt, ich stütze mich auf die Worte des Apostels Matthäus, der da spricht: «Wer zwei Röcke hat, der gebe einen den Armen!» — Indessen wünsche ich, daß Du der Stimme Gehör geben mögest, die Dir unaufhörlich zuruft, Dich Deines Dich liebenden armen, hoffenden und nochmals armen Bruders Franz zu erinnern."

Es darf wohl angenommen werden, daß Bruder Ferdinand, trotzdem er selbst nur ein schlecht besoldeter Schulgehilfe war, auf diese rührende Herzensergießung eine befriedigende Antwort gegeben und sich des gesunden Appetits des Bittstellers hilfreich angenommen hat.

Die Sonntagsnachmittage verlebte Franz im väterlichen Hause, wo seine Streichquartette aufgeführt wurden. Der Vater spielte Cello, Ferdinand die erste, Ignaz die zweite Geige, Franz die Bratsche. Obwohl er der jüngste war, sah er den andern doch gehörig auf die Finger. Machte jemand einen noch so geringen Fehler, so traf ihn ein strafender Blick von Franz oder ein mitleidiges Lächeln. Dem Vater ließ er einen Fehler durchschlüpfen, beim zweiten aber sagte er mit allem Respekt: „Herr Vater, da muß es etwas gefehlt sein," was ohne Widerrede hingenommen wurde. Im Jahre 1812 starb die Mutter. Franz gab seinen schmerzlichen Empfindungen durch seine Muse Ausdruck und komponierte zu den Begräbnisfeierlichkeiten ein Oktett für Blasinstrumente. Ein Jahr nach ihrem Tode verheiratete sich

Vater Schubert mit Anna Klayenbök, einer Fabrikantentochter aus Gumpendorf, die ihm noch fünf Kinder schenkte.

Franz war siebzehn Jahre alt. Da seine Stimme mutierte, war er als Sängerknabe nicht mehr zu gebrauchen. Er hätte seine humanistischen Studien im Konvikt zwar kostenlos fortsetzen können; aber dazu hatte er keine Lust, auch scheute er die Nachprüfung, der er sich hätte unterziehen müssen. So trat er aus dem Konvikte aus, dem er fünf Jahre lang angehört hatte, und kehrte wieder ins väterliche Haus zurück.

II.
Der Schulgehilfe.

Wie Vater Schubert, so sollte auch Franz Schullehrer werden. Ein Jahr lang studierte er nun Pädagogik, dann übernahm er in des Vaters Schule das Amt eines Gehilfen in der untersten Klasse, das heißt: er unterrichtete die Abc=Schützen. Das war freilich kein Beruf, welcher seiner Künstlerseele zugesagt hätte; aber er füllte ihn mit Eifer und Pflichttreue aus. Ein zahmer Schulmeister, der mit sich spaßen ließ, war er nicht; im Gegenteil! er konnte gegen störrische Schüler leicht in Zorn geraten, und bei solchen Anlässen besaß er eine lockere Hand.

Seine geliebte Musik litt nicht unter seinen amtlichen Pflichten, sondern er komponierte fleißig weiter, während er zugleich Salieris Unterricht genoß. Zur Feier des hundertjährigen Jubiläums der Lichtenthaler Pfarrkirche schrieb er eine Messe, die er selbst dirigierte. Die Jahre 1814 und 1815 gehören zu den fruchtbarsten Perioden seines Schaffens. Zuweilen besuchte er das Theater, namentlich die Oper, die ihn anregte, sich auf dem Gebiete der dramatischen Komposition selbst zu versuchen. So entstand die Kotzebuesche Zauberoper „Des Teufels Lustschloß". Sie ist niemals zur Aufführung gekommen; ein Freund Schuberts, Anselm Hüttenbrenner, den wir noch kennen lernen werden, gab sich die erdenklichste Mühe, das Werk bei einem größeren Theater anzubringen, zu einer Zeit, wo Schubert bereits einen bedeutenden Namen hatte; aber vergebens. Die Partitur befand sich in Hüttenbrenners Verwahrung, bis sie zwanzig Jahre nach Schuberts Tode von einem unachtsamen Dienstboten teilweise zum Feueranzünden verwendet wurde.

Der schwärmerische Enthusiasmus, mit welchem namentlich die jugendlichen Gemüter die Poesieen Schillers aus der Sturm- und Drangperiode aufnahmen, ergriff auch Schubert. Besonders angezogen fühlte er sich von den Gedichten: „Sehnsucht" (Ach, aus dieses Tales Gründen), „Thekla", „Elysium", „An Emma", „Das Mädchen aus der Fremde", die er sämtlich in Musik setzte. Aber bei Schiller überwiegt das rhetorische Element zu sehr das lyrische, als daß seine Dichtungen für die musikalische Liedform geeignet wären; daher halten diese Kompositionen Schuberts auch den Vergleich mit spätern nicht aus, obgleich sie immerhin von seiner glänzenden Begabung Zeugnis ablegen. Auch mehreren Schillerschen Balladen, worunter „Der Taucher", „Die Bürgschaft" und „Ritter Toggenburg", verlieh der jugendliche Schubert Töne. Wohl war er berufen, auf diesem Gebiete Großes zu leisten, wohl verfügte er über einen außerordentlichen Reichtum an Darstellungsmitteln und besaß die Gabe, aus dem Innersten des Dichters heraus zu schöpfen und die einzelnen Momente der Dichtung charakteristisch zu gestalten, wie sein späteres Meisterwerk „Erlkönig" bewies; dennoch erreichte er in dieser eigentümlichen Gattung nicht jene Vollendung, die ihn als größten Liederkomponisten zeigt, und so macht ihm auf dem Gebiete der Ballade der damalige Stettiner Musikdirektor Karl Löwe die Palme streitig, der als Balladenkomponist unter den deutschen Tondichtern die erste Stellung einnimmt und darin volkstümlich geworden ist. Er starb 1869 in Kiel.

Nachhaltiger als Schiller wirkte auf Schubert Matthisson ein, der als Lyriker lange Zeit der gefeierte Liebling des Publikums war. Kein Meister fand für diese Poesieen so berückende Klänge wie Schubert; einzelne der Lieder sind schon von jener träumerischen Melancholie durchhaucht, die einen Grundzug seiner Gesangskompositionen bildet.

Auch von den Liedern des Ossian fühlte er sich damals mächtig angezogen. Ossian ist der Name eines erblindeten greisen Sängers, der in grauer Vorzeit in Schottland gelebt haben soll. Der Stoff entstammt der altirischen Heldensage, die Sprache ist die gaelische, aus welcher der schottische Dichter Macpherson die Gesänge ins Englische übersetzte. Bei ihrem Erscheinen 1762/63 erregten sie außerordentliches Aufsehen, nicht nur in England, sondern auch auf dem Kontinente, besonders in Deutschland, wo sie verschiedene Übersetzer fanden, darunter auch Goethe und Herder. Diesen nordischen Dämmerungsbildern mit ihrer landschaftlichen Stimmung und ihrer elegischen Gefühlsschwärmerei verlieh Schubert eine Empfindungsglut und Farbenpracht in Tönen, die den Hörer mitten unter die Helden und Barden, die trauernden Jungfrauen, die schwermütigen Geistergestalten einer längst verrauschten Zeit versetzen.

Zu der höchsten Vollkommenheit in der Behandlung des Liedes gelangte Schubert aber erst durch die Poesie Goethes. Im ganzen hat er hundert Gedichte dieses größten Meisters der Lyrik komponiert, davon fallen etwa ein Dutzend in die Jahre 1814 und 1815, und von diesen gehören die meisten bereits zu dem Herrlichsten, was er auf diesem Gebiete hervorgebracht hat. Die Perle darunter ist das allbekannte „Haideröslein", das zu einem echten Volksliede wurde, daran schließen sich „Wonne der Wehmut", „Nähe der Geliebten", „Trost in Tränen", „An Mignon", „Meeresstille", „Schäfers Klagelied" und „Gretchen am Spinnrad" würdig an. Mit unglaublicher Schnelligkeit warf er die entzückenden Melodieen dieser Lieder hin, er schüttelte sie gleichsam aus den Ärmeln. An demselben Tage, wo das „Haideröslein" entstand, komponierte er noch vier andere Goethesche Lieder, die er teilweise auf denselben Bogen niederschrieb.

Neben den Liedern komponierte er in jener Zeit auch noch vieles andere, ein Streichquartett, einige Klaviersonaten, zwei Sinfonieen und mehrere Singspiele, unter letzteren auch Theodor Körners Einakter „Der vierjährige Posten", der aber ebensowenig wie die anderen zur Aufführung kam. Alle seine Kompositionen legte er Salieri vor, und dieser gab sein Urteil darüber ab und knüpfte gute Lehren daran. Er tadelte, daß Schubert mit seinen Melodieen allzu verschwenderisch umgehe, auch solle er, anstatt Schillersche und Goethesche Gedichte in Musik zu setzen, sich lieber an italienischen Stanzen üben. Das große Talent seines Schülers erkannte er an. „Der kann doch alles!" rief er einst aus, „er ist ein Genie. Er komponiert Lieder, Messen, Opern, Streichquartette, kurz alles, was man will!" Aber ebensowenig wie jene großen deutschen Dichter verstand der italienische Maestro die deutschen Weisen, durch welche Schubert sie verherrlichte. Salieri hielt an der altitalienischen Schule fest, und da diese dem jungen Komponisten nicht behagte, so sagte er sich von jenem los, um seinen eigenen Weg zu gehen. Doch hielt er den Meister stets hoch in Ehren.

Eines Nachmittags, im Jahre 1816, machte sich Schuberts ältester Freund aus der Konviktzeit Spaun auf den Weg nach dem Himmelpfortgrund, um den ehemaligen Mitschüler zu be=

suchen. Als er das bescheidene Zimmer betrat, ging Franz in großer Erregung auf und ab. Er hielt ein Buch in der Hand, aus welchem er laut las. Es war Goethes „Erlkönig". Nachdem er, im Lesen fortfahrend, mehreremal das Zimmer durchschritten hatte, setzte er sich an den Tisch, griff nach Feder und Notenpapier und begann mit fliegender Hast zu schreiben. In kurzer Zeit war die herrliche Komposition der Ballade zu Papier gebracht. Da Schubert kein Klavier besaß, so ging er mit Spaun nach dem Konvikt, wo der „Erlkönig" noch an demselben Abend gesungen wurde. Allgemein war man davon begeistert, nur gegen den Schluß hin erregte die Stelle: „Mein Vater, mein Vater, jetzt faßt er mich an," bei den meisten Zuhörern ein bedenkliches Kopfschütteln, weil die kleinen Sekunden eine Dissonanz ergaben. Der alte Ruczißka, den die Komposition tief bewegte, erklärte jedoch, daß die Dissonanz vollkommen dem Texte entspreche und sich glücklich löse, und in der Tat liegt in dieser Stelle ein genialer Zug; denn nie hat das Entsetzen einen packenderen Ausdruck durch die Kunst gefunden.

In demselben Jahre fand Schubert in einer von Deinhardstein herausgegebenen Anthologie ein Gedicht, welches einen so tiefen Eindruck auf ihn hervorbrachte, daß es sich wie von selbst in Musik setzte. Es trug den Titel „Der Unglückliche", und als Verfasser war irrtümlicherweise Zacharias Werner genannt. Der wirkliche Dichter war jedoch Schmidt von Lübeck, und Schuberts Komposition, worin der rastlos schweifenden Sehnsucht des Menschen und seinem unstillbaren Verlangen nach Glück der inbrünstigste Ausdruck gegeben ist, hat unter dem Namen „Der Wanderer" die weiteste Verbreitung gefunden.

Drei Jahre lang hatte Franz sich als Gehilfe seines Vaters mit den Abc=Schützen herumgeplagt. Er spürte jedoch nicht die mindeste Lust, Zeit seines Lebens ein Schulmeister zu bleiben. War ihm vom Schicksal bestimmt, als Lehrer zu wirken, so sollte dies wenigstens im Dienste der Musik geschehen. Deshalb bewarb er sich um eine gerade vakant gewordene Lehrerstelle an einer Musikschule in Laibach mit 500 Gulden Gehalt. Man gab zwar einem anderen Bewerber den Vorzug, dennoch sollte für Schubert bald die erlösende Stunde schlagen, wo er den Staub der Schulstube von sich schütteln konnte. Ein achtzehnjähriger junger Mann, Franz von Schober, war nach Wien gekommen, um an der dortigen Universität seine juridischen Studien fortzusetzen. Er war in Schweden geboren, wohin sein Vater ausgewandert war; nach dessen Tode zog er mit seiner Mutter nach der österreichischen Kaiserstadt, die ihre Heimat war. Schon früher hatte Schober im Spaunschen Hause zu Linz einige Lieder Schuberts kennen gelernt und sich an den schönen, eigentümlichen Melodieen erfreut. Jetzt suchte er den Komponisten auf. Er fand ihn im väterlichen Hause mit dem Korrigieren von Schulheften beschäftigt. Einige neue Lieder, die ihm Schubert vorsang, erhöhten noch seine Bewunderung und erregten in ihm den Wunsch, den genialen Tondichter der geisttötenden Schulmeisterei zu entreißen, damit er ganz seiner Kunst leben könne. Schubert sollte zu ihm ziehen. Schobers Mutter erklärte sich damit einverstanden. Auch Vater Schubert willigte ein, den Gehilfen seines Schuldienstes zu entlassen, zumal ihm dieser eben erst Verdrießlichkeiten bereitet hatte, weil Franz einer widersetzlichen Schülerin eine Ohrfeige verabreicht hatte, über welche sich deren Eltern beklagten.

So legte denn Franz das Schulzepter nieder und zog zu seinem neu gewonnenen Freunde in die Landskrongasse. Leider sollte er sich dieser Gastfreundschaft nur ein halbes Jahr erfreuen dürfen. Ein Bruder Schobers, ein österreichischer Offizier, kam auf längeren Urlaub nach Wien, und ihm mußte Schubert weichen, da er das einzige verfügbare Zimmer bewohnte. Schobers gastliche Wohnung öffnete sich jedoch dem Komponisten noch mehreremal zu längerem Aufenthalt, und beide blieben bis zu Schuberts Tode in den innigsten Beziehungen, gefestigt durch das dichterische Talent Schobers, von dessen Liedern durch Franz Schuberts Muse viele in klingenden Melodieen der Nachwelt erhalten worden sind.

III.
Ein Dichter und ein Sänger. — Schubert und das deutsche Lied.

Im dritten Stockwerk eines alten Hauses in der Wipplingergasse bewohnte der Dichter Johann Mayrhofer ein Zimmer, in welchem vor ihm schon Theodor Körner während seines Wiener Aufenthalts gewohnt hatte. Die Decke war ziemlich niedrig, ein gegenüber liegendes Gebäude beschränkte das Licht; ein schmales Bücherspind und ein abgespieltes Klavier bildeten die kostbarsten Stücke des dürftigen Mobiliars. Schon 1814 war Schubert mit dem um zehn Jahre älteren Poeten bekannt geworden, als er eines seiner Gedichte „Am See" komponiert hatte. Auch Schober stand mit Mayrhofer auf freundschaftlichem Fuße, und auf seine Veranlassung wurde nun Schubert des Dichters Stubengenosse, der er mehrere Jahre blieb. So grundverschieden beider Naturen waren, so knüpfte sich doch zwischen dem Dichter in Worten und dem Dichter in Tönen bald ein inniges Freundschaftsverhältnis, und was der eine niederschrieb, wenn ihn die Muse heimsuchte, das setzte der andere in Musik. Mayrhofer hatte zuerst drei Jahre lang Theologie studiert und sich dann der Rechtswissenschaft zugewendet. Er war eine bedeutende, aber auch sehr schrullenhafte Persönlichkeit. Mit sich und der Welt zerfallen, namentlich in späteren Jahren, vereinigte er melancholische Tiefe der

Empfindung mit bitterem Sarkasmus und starrer Pedanterie. Nur Musik vermochte ihn aus seinem hypochondrischen Wesen aufzurütteln, und bei Schuberts Liedern erhellte sich seine stets ernste Miene. Schubert zuliebe ließ er sich auch dann und wann in heitere Gesellschaft locken. Der junge Tonkünstler machte sich oft über die Seltsamkeiten seines pedantischen Stubengenossen lustig. Dann holte Mayrhofer seinen Stock aus der Ecke, fällte ihn wie ein Bajonett und schritt gravitätisch auf den lachenden Gegner los mit der Drohung: „Was halt mich denn ab, Du kloaner Racker?" Worauf der Musiker ihn mit der Zauberformel: „Waldl, Waldl, wilder Verfasser," Mayrhofers Vorliebe für den Stabreim parodierend, zu beschwichtigen pflegte. Nicht immer liefen die Neckereien so harmlos ab, und obwohl sie von Schubert stets im Spaße begonnen wurden, endeten sie doch zuweilen in ernsteren Reibereien, ohne indessen je zu einem Zerwürfnis zu führen.

Mayrhofers Poesieen trugen das Gepräge sittlicher Strenge und tiefer Naturempfindung und verrieten eine gründliche Kenntnis der alten Klassiker, deren Studium er mit rastlosem Eifer betrieb. Seine Gedichte fanden bei ihrem Erscheinen wenig Anklang und sind inzwischen vollends verschollen. Daß man trotzdem viele derselben noch heute kennt, wie „Die Fahrt zum Hades", „Philoktet", „Nachtstück", „Am Strom", „Iphigenie", haben sie Schubert zu verdanken, der ihnen durch seine Musik einen unvergänglichen Zauber verlieh, dem gegenüber der dichterische Inhalt nur wie ein blasser Schatten erscheint. Mayrhofer gestand selbst, daß sich ihm seine Dichtungen erst durch Schuberts Töne erschlossen hätten.

In seinem „Buch von uns Wienern" zeichnet Bauernfeld, dem wir später in Schuberts Gesellschaft begegnen werden, das Porträt des Sonderlings ebenso ergötzlich als charakteristisch in folgenden Versen:

„Viele seiner Poesien
Komponierte sein Freund Schubert,
So die zürnende Diana,
Philoktet und manche andere;
Waren tief, ideenreich,
Aber schroff, — so wie der Dichter.
Kränklich war er und verdrießlich,
Floh der heitern Kreise Umgang,
Nur mit Studien beschäftigt;
Abends labte ihn das Whistspiel,
Ernst war seine Miene, steinern,
Niemals lächelt' oder scherzt' er,
Flößt' uns losem Volk Respekt ein,
So sein Wesen und sein Wissen.
Wenig sprach er — was er sagte,
War bedeutend; allem Tändeln
War er abgeneigt, den Weibern
Wie der leichten Belletristik.
Nur Musik konnt' ihn bisweilen
Aus der stumpfen Starrheit lösen,
Und bei seines Schuberts Liedern,
Da verklärte sich sein Wesen."

Mayrhofer wurde später bei der Wiener Zensurbehörde angestellt und übte seine Pflichten sehr streng. Nach Schuberts Tode verstummte seine Muse; der Zwiespalt zwischen seinem Freiheitssinn und seiner hiermit so wenig verträglichen amtlichen Stellung wurde in ihm immer unheilbarer. In einem Anfalle von Schwermut stürzte er sich aus einem Fenster des Amtsgebäudes auf die Straße hinab und brach das Genick.

Im Jahre 1816 erhielt Schubert sein erstes Honorar. Es waren vierzig Gulden für die Kantate „Prometheus", die er zum Namenstage eines Wiener Universitätsprofessors im Auftrage einiger Hörer desselben komponierte. Die Aufführung fand in der Wohnung des Gefeierten statt und machte einen sehr guten Eindruck. In der „Wiener Theaterzeitung" wurde die Komposition sogar in einem begeisterten Gedicht besungen. Niemals sollte das Werk jedoch vor eine größere Öffentlichkeit treten; der Wiener „Musikverein" wies es zurück, weil der Tonsetzer „noch zu jung und zu wenig anerkannt" sei. Wie manche andere Komposition Schuberts, die als Manuskript von Hand zu Hand zirkulierte, ging die Kantate verloren, und niemand meldete sich, als man 1842 in einem durch die „Wiener Musikzeitung" veröffentlichten Aufruf nach ihrem Verbleib forschte.

Zu den Streichquartetten, bei denen Franz im väterlichen

Hause schon während seiner Konviktzeit mitwirkte, hatten sich nach und nach so viele Teilnehmer eingefunden, daß sie sich zu einem Orchester erweiterten. Es wurden Sinfonieen von Haydn, Mozart und Beethoven gespielt. Schubert hatte für diese Aufführungen seine ersten zwei Sinfonieen geschrieben und dazu gesellten sich noch zwei Ouvertüren, die einer besonderen Veranlassung ihr Entstehen verdanken. Die Wiener schwärmten damals für Rossini; die süße und leidenschaftliche Musik seiner Opern fand überschwenglichen Beifall. Schubert erkannte die Schwächen des italienischen Meisters sehr wohl, aber die reiche Melodieenfülle mutete auch ihn an. Als er eines Abends aus der Oper „Tancred" mit mehreren Bekannten nach Hause ging, flossen diese von Lobeserhebungen Rossinis, besonders seiner Ouvertüren derart über, daß Schubert, dem es zu toll wurde, sich zum Widerspruch gereizt fühlte. Es würde ihm ein leichtes sein, erklärte er, Ouvertüren dieses Stils in kurzer Zeit niederzuschreiben. Seine Begleiter nahmen ihn beim Worte und verhießen ihm einen guten Trunk Wein als Belohnung, die Schubert sich auch wirklich verdiente. Er komponierte die beiden „Ouvertüren im italienischen Stil", die dann in den väterlichen Konzerten gespielt wurden. Eine derselben kam im Konzert eines Violinvirtuosen zur öffentlichen Aufführung und fand vielen Beifall. Ein Kritiker schrieb darüber: „Der junge Komponist weiß schon jetzt alle Herzen zu rühren und zu erschüttern. Obwohl das Thema sehr einfach war, entwickelte sich aus demselben eine Fülle der überraschendsten und angenehmsten Gedanken, mit Kraft und Gewandtheit ausgeführt."

In demselben Jahre verlegte sich Schubert mit besonderem Eifer auf die Klaviersonate. Sobald er eine bestimmte Musikgattung zum Gegenstand seines Schaffens machte, ruhte er nicht eher, bis er durch eine Reihe bedeutender Tonwerke seinem Genius Genüge getan hatte. So entstanden fast unmittelbar hintereinander fünf große Klaviersonaten. Über diese und spätere

Klavierkompositionen Schuberts äußerte Robert Schumann, sein würdigster Nachfolger: „Als könne es gar kein Ende haben, nie verlegen um die Folge, immer musikalisch und gesangreich, rieselt es von Seite zu Seite weiter, hier und da durch einzelne heftigere Regungen unterbrochen, die sich aber schnell wieder beruhigen. Wohlgemut und leicht und freundlich schließt er dann auch, als könne er tags darauf von neuem beginnen." Dieser Eindruck entsprach auch wirklich dem unerschöpflichen Reichtum an musikalischen Gedanken, den Schubert in sich trug. Nie brauchte ihm bange zu sein, daß die Quelle versiegen oder spärlicher fließen werde, daher hat er auch an seinen Werken höchst selten gefeilt und geglättet; war ihm eine Arbeit nicht nach Wunsch geglückt, so suchte er sie auch nicht erst zu verbessern, sondern ging lieber gleich an eine neue.

Seine Lieder trug Schubert in Bekanntenkreisen selbst vor. Wie glücklich würde er sich gepriesen haben, wenn er sie von dem berühmten Hofopernsänger Vogl hätte hören können, der fast gleich groß als Darsteller wie als Sänger war und von dem Publikum allgemein bewundert wurde. Dieser Liebling der Wiener war 1768 in der Stadt Steyr geboren. Der Chordirektor an der dortigen Pfarrkirche unterrichtete ihn in der Musik, und schon in seinem achten Jahre war der begabte Knabe besoldeter Sopransänger. Im Stifte Kremsmünster besuchte er mit Auszeichnung das Gymnasium. Von den Schülern desselben wurden zuweilen kleine Schau- und Singspiele aufgeführt; aus der weitesten Umgegend strömten die Leute als Zuschauer herbei, wobei Vogl und sein Freund Süßmayer stets den meisten Beifall ernteten. Nach Beendigung ihrer Gymnasialzeit wanderten beide nach Wien, Vogl, um die Rechtswissenschaft zu studieren, Süßmayer, um sich der Musik zu widmen. Süßmayer wurde der Lieblingsschüler Mozarts, dessen „Requiem" er nach dem Tode des großen Meisters vollendete. Als er die zweite Kapellmeisterstelle am

Hofopernttheater erhalten hatte, wurde dort auf seine Veranlassung sein stimmbegabter ehemaliger Mitschüler Vogl als Sänger angestellt. Eine imposante Persönlichkeit unterstützte seine äußerst sympathische Baritonstimme. Er verfügte über ein ausdrucksvolles Mienenspiel; seine charakteristische Darstellung bewegte sich stets in den Grenzen eines edeln Anstands. Die klösterliche Erziehung, welche der früh Verwaiste in seiner Jugend genossen hatte, bewahrte ihm für sein ganzes Leben einen religiösen Sinn. Dabei war er ein Mann von hoher Bildung.

Franz Schubert, der ihn als Orest, als Patriarch Jakob, Telasko und Graf Almaviva, seinen bedeutendsten Rollen, gesehen hatte, gehörte zu seinen glühendsten Verehrern. Aber der Sänger war sehr schwer zugänglich. Schober, der mit ihm gut bekannt war, hatte ihm von dem jungen genialen Komponisten erzählt; Vogl besaß jedoch eine vieljährige Erfahrung auf dem Gebiete der Kunst und war gegen das Wort „Genie" mißtrauisch geworden. Endlich wurde er dennoch bewogen, sich den jungen Tondichter einmal anzusehen, und eines Abends trat er in Schuberts Zimmer. Dieser war nicht wenig überrascht; er machte mehrere linkische Kratzfüße vor dem großen Sänger und stammelte allerlei unzusammenhängende Worte, wie: „Unverhoffte Ehre!" — „Außerordentliches Vergnügen!" — „Tausendmal willkommen!"

Vogl trat mit dem Selbstgefühl eines bedeutenden Künstlers auf und griff kühl und gleichgültig nach dem ihm zunächst liegenden Stück Notenpapier. Es war ein Lied. „Hm, ganz hübsch und melodiös," bemerkte er, nachdem er es heruntergesummt hatte, „aber es ist nichts Bedeutendes." Dann sang er mit halber Stimme noch mehrere Lieder, die ihn mehr und mehr zu befriedigen schienen. „Es steckt etwas in Ihnen, lieber Freund," sagte er beim Fortgehen und klopfte dem jungen Komponisten freundlich auf die Schulter, „aber Sie sind zu wenig Scharlatan, Sie verschwenden Ihre schönen Gedanken, ohne sie breit zu schlagen, das heißt gehörig auszunützen. Sie geben zu viel auf einmal."

Er ging fort, ohne das Versprechen des Wiederkommens. Schubert fühlte sich nicht besonders ermutigt; aber gegen andere äußerte sich Vogl viel rückhaltloser und erging sich sogar in Ausdrücken der Bewunderung über die Reife und Geistesfrische des jungen Komponisten. Er kam wieder, kam sogar sehr oft, und immer überwältigender wurde der Eindruck, den er von Schuberts Liedern empfing, und bald erkannte er das Genie, welches in dem schlichten Männchen stak. Der hochgebildete und erfahrene Sänger übte auf Schuberts musikalische Entwickelung einen bedeutenden Einfluß, er gab ihm seinen Rat bei der Auswahl der zur Komposition geeigneten Gedichte, deklamierte sie ihm erst mit hinreißendem Ausdruck vor und wirkte dadurch befruchtend und bildend auf ihn ein. Schubert kam nun häufig in den Vormittagsstunden zu Vogl und probierte mit ihm seine neuen Lieder. Er gab viel auf das Urteil des Sängers, und während er sonst nur schwer zu bewegen war, den Rat anderer anzunehmen, unterwarf er sich dessen Ansichten völlig und ging sogar auf Änderungen ein, die ihm Vogl vorschlug.

Eines Morgens brachte ihm Schubert wieder mehrere neue Lieder. Vogl hatte gerade nicht Zeit, sie durchzusehen, und bat den Komponisten, ein anderes Mal wiederzukommen. Als er später die Lieder prüfte, gefiel ihm eins darunter ganz besonders. Leider lag die Tonart für seine Stimme zu hoch. Er transponierte es daher in eine tiefere Tonart und ließ es abschreiben. Es dauerte vierzehn Tage, ehe Schubert sich wieder einfand. Wie gewöhnlich musizierten beide zusammen, wobei Vogl auch jenes Lied in der Handschrift des Kopisten auf das Klavier legte und mit wunderbarem Ausdruck sang. Als er geendet, rief Schubert in seinem Wiener Dialekt: "Schaut's, das Lied is nit uneb'n, von wem is denn das?" Er erinnerte sich seiner eigenen Arbeit nicht mehr, die nur in der Tonart eine Abänderung erfahren hatte — so überreich strömten ihm die Melodieen zu.

Vogl, der feinsinnige Sänger, war der erste, der Schuberts Bedeutung ganz und voll erkannte. Wie er über ihn urteilte, wie sehr er aber auch zugleich beklagte, daß der Mitwelt die Fähigkeit fehlte, den Liederkomponisten zu würdigen, das spricht sich in folgender Stelle seines Tagebuchs aus: „Nichts hat den Mangel einer brauchbaren Singschule so offen gezeigt, als Schuberts Lieder. Was müßten sonst diese wahrhaft göttlichen Eingebungen in aller Welt, die der deutschen Sprache mächtig ist, für allgemeine und ungeheure Wirkung machen. Wie viele hätten vielleicht zum erstenmal begriffen, was es sagen will: Sprache, Dichtung in Tönen, Worte in Harmonieen, in Musik gekleidete Gedanken. Sie hätten gelernt, wie das schönste Wortgedicht unserer größten Dichter, übersetzt in solche Musiksprache, noch erhöht, ja überboten werden könne."

In der Tat erreichte mit Schubert das in Deutschland seit Jahrhunderten gepflegte Lied seine Vollendung. Das Volkslied war durch die fortschreitende Ausbildung der Musik mehr und mehr zum Kunstlied umgeschaffen worden durch eine festgefügte, glatte Form und durch tieferes Erfassen des dichterischen Inhalts. Im Gegensatz zu der epischen Dichtung, welche an die äußere Welt anknüpft und Begebenheiten erzählt, bringt die viel später aufgekommene Lyrik das innere Gefühlsleben zum unmittelbaren Ausdruck, weshalb sich ihr inniger Zusammenhang mit der Musik von selbst ergibt, wie denn auch der Name von dem griechischen Saiteninstrument Lyra abgeleitet ist. Der deutsche Norden war es, wo im achtzehnten Jahrhundert die ersten bescheidenen Anfänge der deutschen lyrischen Poesie entstanden, vertreten durch die Liederdichter. Weiße, Gleim, Hagedorn, Jakobi und andere, und vorwiegend in Norddeutschland war auch das Kunstlied gepflegt und fortgebildet worden. Aber erst durch die Goethesche Lyrik erhielt das gesungene Lied einen neuen Aufschwung. Melodie und Begleitung schlossen sich enger dem Worte an, und die geheimen Regungen des menschlichen Herzens kamen mehr noch als bisher zum Ausdruck. Besonders waren es die norddeutschen Komponisten Reichardt und Zelter, welche fast ausschließlich der Goetheschen Poesie huldigten und sich bestrebten, die musikalischen Darstellungsmittel für das neuentstandene lyrische Gedicht ausgiebiger zu verwenden. Dagegen war im größeren Teile von Süddeutschland die musikalische Behandlung des Liedes noch weit zurück, namentlich in Wien, wo man dem Virtuosentume der italienischen Oper den Vorzug gab. Was die Tonheroen Haydn, Mozart und Beethoven im Lied geleistet hatten, stand in keinem Verhältnis zu ihren Schöpfungen auf dem Gebiete der Oper und der Instrumentalmusik. Der Genius ließ sich aber auch hier sein Recht nicht rauben, und so finden sich denn auch unter ihren Gesangskompositionen mehrere Meisterstücke vor, welche an melodischer und harmonischer Schönheit alles überragen, was im Liede vorher geleistet worden war. Es mußte jedoch noch einer kommen, der seine Lebensaufgabe darin erblickte, auf dieser Grundlage weiterzubauen, einer, der, mit einer unerschöpflichen Erfindungsgabe und einer reichen Phantasie ausgerüstet und von sprudelndem Schaffensdrange getrieben, zugleich auch durch die Massenhaftigkeit seiner Hervorbringungen dem Liede eine herrschende Stellung eroberte, während die Liederkompositionen der andern großen Meister nur vereinzelt dastehen. Dieses Genie war der in der sang- und klangfrohen Donaustadt geborene arme Schulmeistersohn Franz Schubert. Ihm war es vorbehalten, dem Worte des Dichters eine volkstümliche Innigkeit zu verleihen und damit den ganzen Zauber des Instrumentalen, der charakteristischen Begleitung zu verbinden. Er hat Tonweisen gefunden, welche der Menschenseele ihre tiefsten Geheimnisse entlocken und ebenso neu wie überraschend sind. Er ward der Schöpfer jenes

musikalischen Kunstwerks, welches in eng begrenztem Rahmen eine
Welt widerspiegelt und in wunderbar vielgestaltiger Abwechslung
die zartesten wie die leidenschaftlichsten Regungen des Menschen=
herzens, Freud' und Leid, Hoffen und Sehnen, Liebe und Haß,
Trotz und Ergebung, zu vollem und wahrem Ausdruck bringt
und alle diese Empfindungen in jene süße Wehmut auflöst, die
der Aufblick zu einer schöneren Heimat hervorruft. In solcher
Vollendung und Meisterschaft, wie sie sich in Schuberts Liedern
ausspricht, steht er ohne Vorbild da.

IV.
Im Ungarlande. — Opern- und Kirchenmusik.

Mozart und Beethoven hatten eine entschiedene Abneigung,
Schüler in ihrer Kunst zu unterrichten. Mozart plagte sich
damit fast bis an sein Lebensende, Beethoven nur in seinen jün=
geren Jahren. Auch Schubert hegte einen Widerwillen gegen das
„Stundengeben". Als Schulgehilfe seines Vaters hatte er das
wenig beneidenswerte Vergnügen, den Kindern das Abc beizu=
bringen, gekostet; in der Musik aber zu unterrichten, konnte er
sich nur sehr schwer entschließen, und von den wenigen Unter=
richtsstunden, die er erteilte, machte er sich immer bald wieder los.
Dennoch ließ er sich zu einer Ausnahme bewegen, als ihm Graf
Johann Esterhazy, dem er empfohlen worden war, eine Musik=
lehrerstelle in seinem Hause anbot. Die gräfliche Familie wohnte
im Winter in Wien, den Sommer brachte sie auf ihrem Landgute
Zelész zu, einer in Ungarn an der Waag gelegenen Herrschaft
mit Dorf. Für jede Unterrichtsstunde war Schubert ein Honorar
von zwei Gulden zugesichert, für seinen Lebensunterhalt brauchte

er nicht zu sorgen, und dabei versprach der ländliche Aufenthalt dem Naturfreunde viele Annehmlichkeiten. Im Sommer 1818 reiste Franz nach seinem neuen Bestimmungsorte ab, der vierzehn Poststationen von Wien entfernt war.

Graf Johann Esterhazy war mit einer Gräfin Festetics vermählt und besaß zwei Töchter, von denen Maria dreizehn, Karoline elf Jahre alt war, und einen fünfjährigen Sohn. In einem Briefe an seinen Freund Schober erteilt Schubert den Schloßbewohnern folgende Zensuren: „Der Graf ziemlich roh, die Gräfin stolz, doch zarter fühlend, die Komtessen gute Kinder. Der Koch ziemlich locker, die Kammerjungfer dreißig Jahre alt, die Kinderfrau eine gute Alte, die zwei Stallmeister taugen viel besser zu den Pferden, als zu den Menschen." Mit seiner natürlichen Aufrichtigkeit kam er mit allen diesen so verschieden gearteten Persönlichkeiten gut durch, bald wurde er ein Liebling der gräflichen Familie, und jedes Mitglied derselben war für ihn begeistert. Alle waren musikalisch. Der Graf hatte eine angenehme Baritonstimme, Maria einen hohen Sopran, die Gräfin und Karoline sangen Alt. Beide Töchter spielten Klavier, besonders leistete Karoline darin Hervorragendes.

Neben dem Unterrichtgeben hatte Schubert vollauf Zeit zu neuen Schöpfungen. Zu jener Zeit entstanden Lieder und mehrstimmige Gesänge; für die Komtesse Karoline komponierte er zwei- und vierhändige Klavierstücke. In Zelész wurde er auch mit ungarischen Nationalweisen bekannt, die er von Zigeunern spielen hörte. Als er einst von einem Spaziergange zurückkehrte und an der Küche vorüberging, sang eine am Herd stehende Magd ein ungarisches Lied. Er brummte die Melodie vor sich hin, zeichnete sie auf und verwertete sie künstlerisch als Thema des im nächsten Winter komponierten „Divertissement à la Hongroise", ein phantastisch kühnes Tonstück, worin sich die Eigenart der ungarischen Nationalmusik, jene Vermischung trüber

Schwermut mit feurig auflodernden Pathos, unvergleichlich widerspiegelt. Auch in einigen andern Kompositionen finden sich Anklänge an ungarische Nationalweisen vor.

Ein häufiger Gast der Esterhazyschen Familie war der Freiherr Karl von Schönstein, ein Mann von gediegener musikalischer Bildung, der einen trefflichen Tenor-Bariton besaß. Bisher hatte er ausschließlich der italienischen Gesangsmusik gehuldigt; nun aber, wo ihm durch Schubert das deutsche Lied in seiner ganzen Schönheit aufging, widmete er sich diesem mit voller Hingabe. Schönstein wurde nächst Vogl der ausgezeichnetste Sänger Schubertscher Lieder, die er in größern vornehmen Kreisen vortrug. Im Jahre 1838 wohnte Franz Liszt während seines Aufenthaltes in Wien einer solchen Soiree bei und schrieb darüber in einer Pariser Musikzeitung: „In den Salons hörte ich mit lebhaftem Vergnügen und oft bis zu Tränen gerührt einen Kunstliebhaber, den Baron Schönstein, Lieder von Schubert vortragen. Die französische Übersetzung gibt nur einen unvollkommenen Begriff von der Vereinigung dieser fast immer außerordentlich schönen Gedichte mit der Musik von Schubert, dem poesievollsten Musiker, den es je gegeben hat. Baron Schönstein trägt sie mit vollendeter Kunst und zugleich mit der schlichten Gefühlsinnigkeit eines Dilettanten vor, welcher sich ganz seinen Empfindungen hingibt, ohne sich um das Publikum zu bekümmern" ...

Schubert verweilte in Zelész bis zum Herbst und setzte auch während des Winters in Wien seine Unterrichtsstunden in der Esterhazyschen Familie fort. Im Mai 1819 machte er seine erste Reise nach dem an Naturschönheiten so reichen Oberösterreich und verweilte kurze Zeit in Linz, Steyr und Salzburg, dem Geburtsorte Mozarts. Vogl begleitete ihn auf dieser Reise, und in Steyr, seiner Heimat, führte er ihn in mehrere Familien ein, welchen Schubert innig befreundet wurde. Im sonnigen

Rückblick auf die verlebten schönen Tage schrieb er das sogenannte „Forellenquintett" für Klavier und Streichinstrumente, ein Werk voll Melodieenzaubers und üppigsten Wohllauts.

Schubert hatte sein dreiundzwanzigstes Jahr erreicht, ohne die wohlverdiente Anerkennung gefunden zu haben, wenn auch einige seiner Lieder, deren er nun bereits ein paar hundert komponiert hatte, in Privatkreisen mit großem Beifall gesungen wurden. Um etwas für seinen jungen Freund zu tun, überredete Vogl den Direktor des Operntheaters, Schubert mit der Komposition eines dem Französischen entnommenen Textes zu beauftragen. Es war ein Einakter, der den Titel „Die Zwillinge" trug. Die Handlung, die auf der Bühne schon vielfach abgenutzt war, beruht auf fortwährenden Verwechslungen der Personen, was zu einigen possenhaften Szenen führt. Schubert fühlte sich davon wenig angezogen, und nur mit Unlust ging er ans Werk. In der Aufführung, die am 14. Juni 1820 stattfand, wirkte Vogl selbst mit und tat sein möglichstes, dem Singspiele zu einem Erfolge zu verhelfen. Die Musik sprach im ganzen an, am Schlusse rief man nach dem jungen Komponisten. Seiner Gewohnheit gemäß, bei den Aufführungen seiner Werke wegzubleiben, war Schubert nicht da, und Vogl dankte an seiner Stelle. Nach sechs Aufführungen verschwand das Singspiel vom Repertoire. Die Kritik nannte es eine artige Kleinigkeit, das Produkt eines jungen Tonsetzers, der ordentliche Studien gemacht haben müsse und kein Neuling in der Harmonie sei. Manches berechtige zu schönen Hoffnungen, wenn der talentvolle, durch „angenehme" Lieder bereits bekannte junge Komponist mehr Selbständigkeit gewonnen haben werde.

Noch in demselben Jahre schrieb Schubert für das Theater an der Wien die Musik zu dem dreiaktigen Melodrama „Die Zauberharfe", welches ebenfalls nur wenige Aufführungen erlebte, um dann der Vergessenheit anheimzufallen. Bei beiden

Opern scheiterte Schubert an dem schlechten Texte, der sogar aus Läppische streifte. Überhaupt fehlte ihm bei der Wahl seiner Operntexte das litterarische Urteil. Wenn ihm die Idee des Ganzen gefiel und einige Anhaltspunkte für die dramatische Entfaltung der Musik vorhanden waren, so gab er sich schon zufrieden und fragte nicht nach dem Geiste und der Beschaffenheit der Verse. Die Oper ist für den Meister des Liedes stets ein undankbares Feld geblieben; trotzdem ließ er sich durch keinen Mißerfolg davon abschrecken, vielleicht in der Hoffnung, daß ihm ein großer Opernerfolg mit einem Schlage einen berühmten Namen machen werde, wie andern Komponisten. So ging er denn auch sehr bald wieder an ein neues, größeres dramatisches Werk. Es hieß „Sakuntala" und war nach dem gleichnamigen Epos des großen indischen Dichters Kalidasa bearbeitet, wobei wahrscheinlich die Herdersche Übersetzung zu Grunde gelegen hatte. Im Gegensatz zu den mangelhaften Texten, mit denen Schubert es bisher zu tun gehabt, zeichneten sich die Verse durch einen edeln Schwung aus. Für jene duftige Märchenpoesie des Orients hätte Schubert sicher die reichsten Farben gefunden; leider kam die Arbeit nicht über den Entwurf der beiden ersten Akte hinaus; nur die Sphärenmusik am Schluß des ersten Aktes ist vollständig ausgeführt und trägt ganz das stimmungsvolle Gepräge der Schubertschen Muse.

Während dieser Opernkompositionen entstand in geweihten Stunden eines seiner bedeutendsten religiösen Tonwerke, das Oratorium „Lazarus oder die Feier der Auferstehung". Das Gedicht war in einer gedruckten Sammlung erschienen, und der Verfasser war der als theologischer Schriftsteller damals vielgenannte Professor Niemeyer, Kanzler der Universität Halle. Der Dichter hat wahrscheinlich nie etwas von der Komposition seines Werkes erfahren, wußten doch selbst Schuberts nächste Freunde nicht um die Arbeit. Erst dreißig Jahre nach seinem

Tode fand sich das Oratorium in Schuberts verwahrlostem Nachlaß, und im März 1863 erlebte es in Wien seine erste öffentliche Aufführung. So lange hatte „Lazarus" auf seine „Auferstehung" warten müssen, so lange war der Welt eine Tondichtung vorenthalten worden, welche ergreifende Erhabenheit mit einer oft unbeschreiblichen Innigkeit des Ausdrucks vereinigt und zu den eigentümlichsten Erscheinungen auf dem Gebiete der kirchlichen Musik gehört.

V.
Die ersten Erfolge.

Der Professor Ignaz von Sonnleithner und sein ältester Sohn Leopold zählten zu den größten Musikfreunden Wiens. Beide waren selbst musikalisch begabt, der Vater verfügte über eine wohlklingende Baßstimme. Das Sonnleithnersche Haus im Gundelhof war während der Jahre 1815 bis 1824 ein Vereinigungsort vieler Künstler und Kunstverehrer, welche dort zusammenkamen, um zu musizieren. Anfänglich waren es nur Übungen, bald jedoch gestalteten sich diese zu Konzerten, die einen so bedeutenden Ruf erlangten, daß Eintrittskarten ausgegeben werden mußten, um dem überhandnehmenden Andrange von Zuhörern zu begegnen. Die Werke anerkannter Meister standen bei diesen Aufführungen in erster Reihe; aber auch neu auftauchende Talente fanden Berücksichtigung. Hier war es, wo am 1. Dezember 1820 Schuberts „Erlkönig" zum erstenmal vor die größere Öffentlichkeit trat. Ein Dilettant, August Ritter von Gymnich, sang die Ballade und erntete großen Beifall damit. In den Musikaufführungen des nächsten Jahres kamen auch noch andere Lieder Schuberts zum Vortrage, die ebenfalls eine sehr beifällige Aufnahme fanden. So viele Lieder Schubert nun schon komponiert hatte, so war doch noch nicht eine einzige Note von ihm im Druck erschienen, weil er keinen Verleger finden konnte. Nach jenen ersten öffentlichen Erfolgen wandte sich Leopold von Sonnleithner an die beiden bedeutendsten Wiener Musikalienverleger Haslinger und Diabelli, um sie für Schubert zu gewinnen, aber ohne Erfolg. Der eine wie der andere verhielt sich ablehnend, der junge Komponist sei noch zu unbekannt, die Klavierbegleitung zu seinen Liedern böte zu große Schwierigkeiten; nicht einmal umsonst wollten diese traurigen Musikkenner etwas von ihm nehmen. Nun legten die beiden Sonnleithner mit noch einigen anderen Kunstfreunden so viel Geld zusammen, daß die Kosten für ein Heft Lieder gedeckt waren, und so erschien im Februar 1821 „Erlkönig" als Kommissionsverlagswerk bei Diabelli im Stich. In der nächsten Abendgesellschaft bei Sonnleithner subskribierten die Anwesenden sofort auf hundert Exemplare, womit auch die Kosten für ein zweites Heft zusammengebracht waren. Auf diese Art erschienen bei Diabelli in rascher Aufeinanderfolge die ersten zwölf Schubertschen Liederhefte. Der Erlös, der davon für den Komponisten abfiel, reichte hin, seine hier und da aufgelaufenen Schulden zu bezahlen und ihm auch noch ein nettes Sümmchen in die Hand zu geben. Auf den Rat praktischer Freunde widmete Schubert das erste Heft dem Grafen Moritz von Dietrichstein, das zweite dem Reichsgrafen von Fries, ein anderes dem Patriarch Ladislaus Pyrker, und die hohen Herren nahmen diese Aufmerksamkeit so wohlwollend auf, daß Schubert seinem Freunde Spaun schreiben konnte: „Nun muß ich Dir aber berichten, daß meine Dedikationen ihre Schuldigkeit getan haben; nämlich der Patriarch hat zwölf Dukaten, Fries durch Verwenden Vogls zwanzig Dukaten springen lassen, welches mir sehr wohl tut."

Jetzt erst, nachdem das Eis gebrochen und der Anfang gemacht war, Schubert in die Öffentlichkeit einzuführen, gab auch Vogl seine bisherige Zaghaftigkeit auf und trat mit seiner Kunst für den jungen Freund ein. Die Gesellschaft adliger Damen „zur Beförderung des Guten und Nützlichen" veranstaltete alljährlich am Aschermittwoch eine Akademie, worin Musik- und Deklamationsstücke zum Vortrag kamen, auch die höhere Tanzkunst war vertreten. Ein solches Konzert fand am 7. März 1821 im Kärntnertor-Theater statt, und Künstler und Künstlerinnen ersten Ranges wirkten mit. Die berühmte Fanny Elsler tanzte, Sophie Schröder deklamierte, ihre Tochter Wilhelmine und Vogl sangen. Von Schubert gelangten drei Kompositionen zum Vortrag. Vogl sang den „Erlkönig" und mußte ihn auf stürmisches Verlangen wiederholen. Schubert selbst begleitete ihn am Klavier. Das Vokalquartett „Das Dörfchen", nach dem Bürgerschen Gedicht, fand ebenfalls Beifall. Die dritte Nummer, Goethes „Gesang der Geister über den Wassern", von Schubert für achtstimmigen Männerchor und tiefe Streichinstrumente komponiert, ist eine seiner genialsten Eingebungen. Aber das Publikum zeigte kein Verständnis für dieses bezaubernde Mysterium in Tönen und blieb stumm, so daß die acht Sänger, welche sich mit Recht großen Erfolg davon versprochen hatten, wie von einem kalten Sturzbad überschüttet abzogen, und Schubert sich nicht wenig ärgerte. Trotzdem die Kritik dieses Werk ebensowenig zu würdigen wußte wie das Publikum, fand es doch bei einer zweiten Aufführung eine lebhaftere Teilnahme, dann aber ruhte es vergessen sechsunddreißig Jahre lang, um erst 1857 von dem Wiener Männergesangvereine wieder ans Tageslicht gezogen zu werden.

Nach dem großen Erfolge des „Erlkönigs" in jenem Aschermittwoch-Konzerte fanden die zwölf Hefte Schubertscher Lieder reißenden Absatz und trugen in wenigen Monaten über zweitausend Gulden ein. Vom „Erlkönig" allein wurden achthundert Exemplare abgesetzt; das Musikstück, welches sich rasch die Herzen

eroberte, wurde von anderen auf alle Art ausgenutzt und zum
großen Verdruß des Komponisten sogar zu einem Walzer ver=
arbeitet. Schubert hätte es jetzt in der Hand gehabt, einen für
sich vorteilhaften Verlagsvertrag mit Diabelli abzuschließen, allein
er war in kaufmännischen Geschäften unerfahren wie ein Kind
und ließ sich von Diabelli überreden, ihm die Platten jener ersten
zwölf Liederhefte samt Verlagsrecht um den Preis von achthundert
Gulden abzutreten. Von welcher Tragweite dieses in einer
schwachen Stunde abgeschlossene Geschäft war, geht daraus
hervor, daß „Der Wanderer" allein dem Verleger bis zum
Jahre 1861 einen Gewinn von 27000 Gulden eingetragen hat.

Den „Wanderer" und noch einige andere Hefte mit Kom=
positionen Goethescher Gedichte, worunter auch „Erlkönig", sandte
Schubert auf Anraten seiner Freunde mit einem ehrfurchtsvollen
Begleitschreiben an den Dichterfürsten in Weimar. Goethe ant=
wortete nicht darauf, wahrscheinlich legte er die Hefte ungeprüft
zu den anderen Zusendungen und Widmungen, die ihm massen=
haft ins Haus kamen, oder er wollte mit einem ihm persönlich
Unbekannten, der noch keinen Ruf besaß, nichts zu tun haben.
Den „Erlkönig" hörte er später singen, ohne daß dieses Meister=
werk Schuberts Eindruck auf ihn gemacht hätte. Erst in seiner
letzten Lebenszeit ging ihm das musikalische Verständnis dafür
auf, als zwei Jahre nach des Komponisten Tode Wilhelmine
Schröder=Devrient auf ihrer Reise nach Paris nach Weimar
kam und ihm den „Erlkönig" vorsang. Er ward davon so er=
griffen, daß er das Haupt der Sängerin in beide Hände nahm
und sie auf die Stirn küßte. „Haben Sie tausend Dank für
diese großartige künstlerische Leistung," sagte er mit bewegter
Stimme. „Ich habe diese Komposition früher einmal gehört,
wo sie mir gar nicht zusagen wollte; aber so vorgetragen, ge=
staltet sich das Ganze zu einem sichtbaren Bilde."

Die große Sängerin hat den „Erlkönig" zur höchsten dra=

matischen Gestaltung gebracht; als sie längst von der Bühne
zurückgetreten war, erzielte sie damit noch eine hinreißende Wir=
kung in ihren Konzerten, und in keinem derselben durfte diese
Glanznummer fehlen.

Nach jenen ersten größeren Erfolgen gehörte der Name
Franz Schubert in Wien nicht mehr zu den unbekannten. Vogl
führte den jungen Komponisten in musikliebende Familienkreise
ein, auch in solche, welche der Aristokratie angehörten. Dabei
gab er sich freilich einerseits die Miene eines Protektors, ander=
seits machte er aus Schubert eine Art Wundertier, welches man
der Welt zeigt. Bei dem Professor und Ästhetiker Mathäus
von Collin, dem Erzieher des Herzogs von Reichstadt, war unser
Musiker ein gern gesehener Gast; hier lernte er den berühmten
Orientalisten Hammer=Purgstall und die begabte Dichterin Karoline
Pichler kennen, von deren Liedern er mehrere komponierte. Auch
bei dem ausgezeichneten Burgschauspieler Anschütz verkehrte er
zuweilen. Als dieser an einem Weihnachtsabend eine große Ge=
sellschaft gab, und die jungen Damen und Herren ein Tänzchen
machten, spielte Schubert dazu auf. Während alles im besten
Zuge war, wurde Anschütz plötzlich abgerufen und fand im Vor=
zimmer einen Polizeikommissar, den die Walzerklänge des Klaviers
und die schleifenden Schritte der Tanzenden heraufgelockt hatten.
Die Tanzunterhaltung sei unverzüglich einzustellen, erklärte er,
da man sich in den Fasten befinde. „Als ich," erzählt Anschütz
in seinem Buche «Erinnerungen», „mit der Hiobspost ins Ge=
sellschaftszimmer trat, stob in parodierendem Schrecken alles aus=
einander. Schubert aber meinte: «Das tun's mir zu Fleiß,
weil's wissen, daß ich gar so gern Tanzmusik mach'»."

In den Kreisen des Hochadels, wo sich Vogl wie unter
seinesgleichen bewegte, fühlte sich der bescheidene, wortkarge Schubert
unbehaglich. Nur in der Esterhazyschen Familie, der er ohnehin
als Musiklehrer näherstand, weilte er gern. Für die jüngere

Tochter Karoline hatte er eine Herzensneigung gefaßt. Als sie ihm einst scherzend vorwarf, daß er ihr noch keins seiner Musikstücke gewidmet habe, antwortete er: „Warum denn? Ihnen ist ja ohnehin alles gewidmet." Sicher verstand die Komtesse, was er damit sagen wollte, aber erwidert hat sie seine Liebe nicht, die er ihr bis an sein Lebensende bewahrte. Nur im vierhändigen Klavierspiel mit dem vornehmen Mädchen lächelte ihm das Glück. Hauptsächlich diesem Umstande dürften jene zahlreichen vierhändigen Klavierwerke zu verdanken sein, an denen sich heute die musikalische Welt erfreut, und wohl auch in manchem seiner schönsten Lieder mag er dem seligen Leide, welches er im tiefsten Innern verschließen mußte, in Tönen Ausdruck gegeben haben.

VI.
Im Freundeskreise.

Schuberts äußeres Leben war ganz von dem losgelöst, was in seinem Innern vorging. Zwischen dem Musiker und dem Menschen, zwischen seinem geistigen Schaffen und seinen Beziehungen zur äußerlichen Welt fehlte jede wahrnehmbare Wechselwirkung. In seinem Wesen mischten sich Zartheit und Derbheit, er war von heiterer Gemütsart und gelegentlich sogar zu tollen Späßen aufgelegt, aber ebenso auch zur Melancholie geneigt. Seinen Eltern war er stets ein guter Sohn, seinen Geschwistern in Liebe und Anhänglichkeit zugetan, den Freunden ein wahrer Freund. Hochherzig und von vortrefflichem Gemüt, kannte er Neid und Mißgunst nicht. In dem Bewußtsein seines Wertes und dem Glück nie versiegender Schaffenskraft fand er vollen Ersatz für den Mangel an Erdengütern, und die Unbilden des

Lebens konnten gegen seinen Genius nichts ausrichten. Für die Schönheiten der Natur konnte er sich ebenso begeistern, wie für seine Kunst, die er heilig hielt. Er liebte den Genuß und die Geselligkeit, daher schlossen sich ihm Gleichgesinnte gern an. Unbedingte Freiheit der Bewegung war ihm Bedürfnis, wie dem Fisch das Wasser. In seiner Ungebundenheit ließ er sich nicht gern einschränken, deshalb lag ihm auch nichts am Unterrichtgeben, wären ihm die Lektionen auch noch so gut honoriert worden.

Der ihm eigene gutmütige Humor entsprang dem behaglichen Grundzuge seines Wesens; diese Behaglichkeit und seine lässig träumerische Natur ließen ihn vor jeder Tätigkeit, die außerhalb seines künstlerischen Schaffens lag, zurückschrecken, so daß es ihm in allen geschäftlichen Dingen an der nötigen Energie gebrach. Daraus erklärt sich auch, weshalb er so viele seiner Werke, und darunter oft die besten, ihrem Schicksale preisgab, wenn sie nicht gleich Erfolg hatten, und die Würdigung derselben der Nachwelt oder dem Zufall überließ. Einer seiner schlimmsten Feinde war sein Starrsinn, seine zähe Unbeugsamkeit guten und praktischen Ratschlägen wohlwollender Freunde gegenüber. Darin lag auch zum Teil der Grund, daß sein Talent während seiner Lebzeit nicht zu der verdienten Geltung gelangte.

Treffend faßt Grillparzer Schuberts eigenartiges Künstlernaturell in folgenden Versen zusammen:

>„Schubert heiß' ich, Schubert bin ich,
>Und als solcher geb' ich mich.
>Was die Besten je geleistet,
>Ich erkenn' es, ich verehr' es,
>Immer doch bleibt's außer mir.
>Selbst der Kunst, die Kränze windet,
>Blumen sammelt, wählt und bindet —
>Ich kann ihr nur Blumen bieten,
>Sichte sie und — wählet ihr.

Lobt ihr mich, es soll mich freuen;
Schmäht ihr mich, ich muß es dulden.
Schubert heiß' ich, Schubert bin ich,
Mag nicht hindern, kann nicht laden;
Geht ihr gern auf meinen Pfaden,
Nun wohlan, so folget mir."

Schuberts äußere Erscheinung verriet nichts von seiner geistigen Bedeutung. Sein Wuchs erreichte kaum die Mittelgröße, Rücken und Schultern waren gerundet, die Arme und Hände fleischig, die Finger kurz. Sein rundes, dickes, etwas aufgedunsenes Gesicht, die niedere Stirn, die aufgeworfenen Lippen, die buschigen Augenbrauen, die stumpfe Nase und das gekräuselte Haar gaben seinem Kopfe ein mohrenartiges Aussehen. Der Ausdruck seiner Züge konnte weder als geistreich noch als freundlich gelten; nur dann und wann, wenn Musik oder Gespräche ihn anregten, besonders wenn von Beethoven die Rede war, belebten sich seine Mienen, und seine Augen begannen unter der Brille zu blitzen. In laute Fröhlichkeit brach er nie aus, sein Lachen bestand nur in einem etwas heisern, gepreßten Kichern.

Des Morgens, während er noch im Bett lag, begann er zu komponieren, und an einem herangerückten Tische warf er seine Gedanken aufs Papier. Dann ging er im tiefsten Negligé ans Klavier, um das Niedergeschriebene zu probieren. Er arbeitete bis zur Essenszeit. Freunde, die ihn besuchten, vermochten ihn im Schaffen nicht zu stören; aber sie konnten die schöpferischen Vorgänge seines Innern an seinen leuchtenden Augen und der seltsam bewegten Sprache beobachten. Nachmittags ging er meist in der schönen Umgebung Wiens spazieren, machte Besuche bei Bekannten oder in den Kunstsammlungen. Den Abend verbrachte er fast ausnahmslos im Freundeskreise; an dem Tage, wo ihm etwas Tüchtiges gelungen war, glänzte abends sein Humor und belebte die Tafelrunde. In solch rosiger Stimmung pflegte er häufig den „Erlkönig" zum besten zu geben, aber nicht am Klavier, sondern er sang ihn durch die Zinken eines Kammes, was stets eine zwerchfellerschütternde Wirkung hervorbrachte.

Schubert liebte einen guten Trunk, besonders den Wein. Da er ihn unvermischt trank und nicht viel vertragen konnte, so mußten seine Freunde ein wachsames Auge auf ihn haben, besonders, wenn es ein gutes Gewächs war. Beim Fortgehen war er meist der Letzte. Sobald er wieder einige Kompositionen an den Mann gebracht hatte, traktierte er seine Genossen mit einigen Punschbowlen. Eines seiner Männer=Quartette wurde das „vertrunkene Quartett" genannt, dieweil das Honorar dafür noch vor Vollendung der Komposition von der lustigen Gemeinde bereits klein gemacht war.

Zuweilen geschah es, daß er über das Maß trank; dann wurde er entweder aufbrausend heftig oder er versank in ein unheimliches Stilleben, wo kein Wort aus ihm herauszubringen war, und überließ sich, in einen Winkel zurückgezogen, stiller Wut, indem er, ohne Lärm zu machen, Gläser, Teller oder Tassen zerbrach. Dabei schmunzelte er beständig und kniff die Augen ganz klein zusammen. Damit die andern nicht wissen sollten, wieviel er getrunken, hielt er, wenn es ans Bezahlen ging, die Hand unter den Tisch, und der Kellner berechnete nach der Anzahl der vorgestreckten Finger die Zeche.

Bei alledem sagt man ihm mit Unrecht nach, daß er ein ausschweifendes Leben geführt habe. Ohne Selbstbeherrschung und sittlichen Halt hätte er, trotz seiner hohen Begabung, unmöglich jene Unzahl herrlicher Werke schaffen können, die sowohl von der Frische seiner Geisteskraft wie von seinem unermüdlichen Fleiße Zeugnis geben.

Während dem allgewaltigen Beethoven fast ausschließlich in den Kreisen der hohen Aristokratie gehuldigt wurde, fühlte sich Schubert nur dort wohl, wo es gemütlich herging, unter jungen

Leuten, meist heiteren Junggesellen, die sich seiner Lieder freuten und in ihm den fidelen Gesellschafter schätzten. In seinen künstlerischen Bestrebungen konnten sie ihm freilich wenig nützen, da sie selbst noch um ihre Existenz ringen mußten. Da gab es Musiker, bildende Künstler, Dichter, Philosophen und Beamte. Ihre Geistesrichtungen gingen oft weit auseinander; aber die fast allen gemeinschaftliche Jugend und der Drang nach freiem wechselseitigen Gedankenaustausch bildeten das Band, welches sie fest zusammenhielt. Manche von ihnen nahmen im späteren Leben hohe Staatsstellungen ein oder gelangten zu künstlerischem Ruhm.

Schubert und sein Freund Franz von Schober waren der Mittelpunkt dieser lebenslustigen Gesellschaft, in welcher deklamiert und disputiert, vorgelesen und gesungen wurde, besonders die neuesten Schubertschen Lieder. Diese Zusammenkünfte, die nach ihrem gefeiertsten Teilnehmer „Schubertiaden" benannt wurden, fanden in den Wohnungen einzelner Mitglieder, aber auch an anderen Orten statt. Der Hauptvereinigungsort war das Extrazimmer im Gasthause „Zur ungarischen Krone" in der Himmelpfortgasse. Im Sommer gab es auch Landparticen und andere Zerstreuungen, wo zuweilen ein Glas Wein über Durst getrunken und über die Mitternachtsstunde hinaus geschwärmt wurde.

In diesem engern Freundeskreise hieß Schubert der „Kannewas", weil er, wenn ein Fremder eingeführt wurde, immer zuerst seinen Nachbar fragte: „Kann er was?" Später, als er an Leibesumfang zunahm, erhielt er den Spitznamen „Schwammerl".

Die Genossen standen mit ihm meist in gleichem Alter oder waren nur um wenige Jahre von ihm getrennt. Außer Spaun befanden sich noch einige andere ehemalige Mitschüler aus dem Konvikt darunter: die beiden Juristen Stadler und Holzapfel und Josef Michael Senn, der Sohn des bekannten Tirolerführers von 1809. Stadler, welcher später bis zum Statthaltereirat emporstieg, dichtete, spielte Klavier und komponierte auch. Holzapfel besaß eine hübsche Tenorstimme und war ein fertiger Cellist. Senn war ein feuriger, vielfach begabter junger Mann, der leider ein tragisches Ende nahm. Von seinen Gedichten setzte Schubert das „Schwanenlied" in Musik.

Schon bei Salieri war Schubert mit dem jungen Komponisten Anselm Hüttenbrenner bekannt geworden. Im Sommer 1818 hatte er auch dessen Bruder Josef kennen gelernt, der damals Verwalter der väterlichen Herrschaft Rothenthurm in Steiermark war; ihm übersandte er eines seiner Lieder, welches jetzt zu den berühmtesten zählt, mit folgenden Zeilen: „Teuerster Freund! Es freut mich außerordentlich, daß Ihnen meine Lieder gefallen. Als einen Beweis meiner innigsten Freundschaft sende ich Ihnen hier ein anderes, «Die Forelle», das ich soeben nachts zwölf Uhr bei Anselm niederschrieb. Aber welch Unheil! statt der Streusandbüchse nehme ich das Tintenfaß. — Ich hoffe, bei einem Glase Punsch nähere Bekanntschaft mit Ihnen in Wien zu schließen. Vale! Schubert."

Mit beiden Brüdern kam er auf sehr freundschaftlichen Fuß. Josef war von einer enthusiastischen Bewunderung für ihn beseelt, so daß Schubert, dem es oft zu viel ward, von ihm sagte: „Dem da gefällt doch alles von mir!" Josefs Dienstbeflissenheit aber, das Arrangieren seiner Sinfonieen für Klavier, die Korrespondenz mit auswärtigen Verlegern und allerlei Besorgungen geschäftlicher Art, ließ sich der bequeme Schubert gern von ihm gefallen.

Ein anderer Freund war der spätere Sektionsrat Gahy, in der Musiktheorie sehr bewandert und ein vorzüglicher Klavierspieler. Ihn hatte Schubert auserkoren, mit ihm seine und auch andere vierhändige Klavierkompositionen, besonders die Sinfonieen Beethovens zu spielen. Da Gahy fertig vom Blatt las, so trafen sich beide Freunde wöchentlich mehrere Male in der Wohnung des einen oder anderen Bekannten zum Vierhändigspielen. Dabei

entfaltete sich Schuberts Gemütlichkeit im vollen Glanze, und oft
pflegte er die verschiedenen Kompositionen durch sarkastische, stets
treffende Bemerkungen zu charakterisieren. Schubert war kein
Virtuos im modernen Sinne; aber mit technischer Gewandtheit
vereinigte er einen überaus weichen Anschlag, so daß die Tasten
unter seinen Händen zu singen schienen. Um so weniger konnte
er das Hacken leiden, welches weder Ohr noch Gemüt ergötzt
und dennoch vielen ausgezeichneten Klaviergrößen damaliger Zeit
eigen war. Seine Lieder begleitete er hinreißend schön; aber
auch seine schwierigsten Klavierwerke wußte er mit den kleinen
rundlichen Händen und ziemlich dicken Fingern, die mit mäuse=
hafter Art auf den Tasten herumliefen, vollständig zu bewältigen.
Nur seiner Phantasie opus 15 schien er nicht ganz gewachsen.
Als er sie einst im Bekanntenkreise vorspielte und im letzten Satze
stecken blieb, sprang er mit den Worten vom Sitz auf: „Das
Zeug soll der Teufel spielen!"

Bei den Aufführungen Schubertscher Gesangsquartette wirkte
eine Zeitlang der junge stimmbegabte Jurist Umlauff mit. Ehe
er früh in sein Bureau ging, sprach er häufig bei Schubert ein,
um zur Gitarre dessen neueste Lieder zu singen, meistens solche,
die eben im Bett komponiert worden waren. Zuweilen wagte
Umlauff, mit ihm über die musikalische Betonung einzelner Worte
zu streiten, ohne den starrköpfigen Komponisten zu einer Änderung
bewegen zu können. In der fernen Bukowina, wohin Umlauff
versetzt wurde, sang er den Musikliebhabern unermüdlich Schuberts
Lieder vor und trug zu dessen Bekanntwerden in jener östlichen
Grenzprovinz sehr viel bei.

Zu dem Freundeskreise zählte auch ein junger Musiker, dem
eine bedeutende Künstlerlaufbahn bevorstand. Es war dies Franz
Lachner, anfangs Organist an der Wiener protestantischen Kirche,
seit 1826 Kapellmeister am Kärntnertor=Theater. Später be=
kleidete er eine gleiche Stellung in Mannheim, zuletzt in München,

wo er Oper und Orchester auf eine bis dahin unerreichte Höhe brachte. Der romantischen Richtung Schuberts verwandt, gehört er zu den bedeutendsten Komponisten des 19. Jahrhunderts. Von seinen Opern ging „Katharina Cornaro" über alle größeren deutschen Bühnen.

Noch zwei andere Künstler standen als heitere Genossen bei Schubert in hoher Gunst: die Maler Kupelwieser und Moritz von Schwind. Der erstere widmete sich der Historienmalerei, wurde Professor an der Wiener Akademie und ein Hauptvertreter der katholisch-kirchlichen Kunst in Österreich. Schwind war durch und durch eine Künstlernatur und wäre für die Musik kaum weniger veranlagt gewesen wie für die Malerei. Des romantischen Zugs, der in ihm lag, ward er sich durch Schuberts Tonschöpfungen erst in überzeugender Weise bewußt — das war Musik, nach der seine Seele verlangte. Und so neigte er sich auch dem Meister mit seiner ganzen jugendlichen Innigkeit zu. Schubert legte großen Wert auf Schwinds musikalisches Urteil, ihm zuerst teilte er jedes neue Lied oder Klavierstück mit. „Wie der komponiert, so möchte ich malen können!" war Schwinds oft geäußerter Wunsch. Zu Schuberts Zeiten war er ein schlanker junger Mann von Mittelgröße, mit angenehmen Zügen, frisch roter Gesichtsfarbe, kleinen, aber bedeutenden, scharf blitzenden Augen; das lange, wallende Haupthaar war rötlich blond, wie Schnurr- und Spitzbart. Mitunter hatte er Anwandlungen von Melancholie, worüber ihm jedoch sein frischer Humor bald wieder hinweghalf. Wenn er im Freundeskreise vom Wein oder Punsch genippt hatte, ging er von der düstersten Grübelei urplötzlich in die ausgelassenste Fröhlichkeit über. Noch in seiner künstlerischen Entwicklung begriffen, ohne Ruf, ohne Stellung, lebte er aus der Hand in den Mund und war genötigt, Bilderbogen zu zeichnen und ähnliche Aufträge zu übernehmen. Wie seinerzeit für Schuberts poesievolle Lieder nur ein kleiner auserwählter Kreis

Verständnis und Teilnahme zeigte, so erging es auch Schwind
mit seinen geistreich und stets poetisch erfundenen Bildern und
Skizzen. Sie wurden belobt, aber niemand wollte sie kaufen. Er
konnte es in Wien zu nichts bringen und ging in demselben
Jahre, in welchem Schubert starb, nach München. Von da an
stieg er rasch auf der Stufenleiter des Ruhms empor. Seine
Kompositionen zu den deutschen Volksmärchen „Aschenbrödel",
„Die sieben Raben", „Die schöne Melusine" erregten in ganz
Deutschland die größte Bewunderung und machten ihn zu dem
begabtesten Vertreter echt deutscher Romantik. Moritz von Schwind
ist der malende Schubert, beide gehören zusammen.

Durch Schwind lernte Schubert den später ebenfalls be=
rühmt gewordenen Lustspieldichter Eduard von Bauernfeld kennen.
„Ich saß an einem Februarabende in meiner Klause," erzählt
Bauernfeld in seinem Buche «Aus Alt= und Neuwien», „als mein
Jugendfreund Schwind den bereits bekannt gewordenen Schubert
zu mir brachte. Wir waren bald vertraut miteinander. Auf
Schwinds Aufforderung mußte ich einige meiner verrückten
Jugendgedichte vortragen, dann ging's ans Klavier, Schubert
sang, wir spielten auch vierhändig; zuletzt ging's ins Gasthaus,
bis tief in die Nacht. Der Bund war geschlossen, wir drei
blieben von dem Tage an unzertrennlich ... Wie oft strichen wir
bis gegen Morgen herum, begleiteten uns gegenseitig nach Hause —
da man aber nicht im stande war, sich zu trennen, so wurde
nicht selten bei diesem oder jenem gemeinschaftlich übernachtet.
Mit der Bequemlichkeit nahmen wir's dabei nicht sonderlich genau,
Freund Schwind warf sich wohl gelegentlich, bloß in eine lederne
Decke gehüllt, auf den nackten Fußboden hin, und mir schnitzte
er einmal Schuberts Brillenfutteral als Pfeife zurecht, die eben
fehlte. In der Frage des Eigentums war die kommunistische
Anschauungsweise vorherrschend; Hüte, Stiefel, Halsbinden, auch
Stöcke und sonst noch eine gewisse Gattung Kleidungsstücke, wenn

sie nur beiläufig paßten, gingen nach und nach durch vielfältigen Gebrauch, wodurch immer eine gewisse Vorliebe für den Gegenstand entsteht, in unbestrittenen Privatbesitz über. Wer eben bei Kasse war, zahlte für den andern. Nun traf sich's aber zeitweilig, daß zwei kein Geld hatten und der dritte — gar keins! Natürlich, daß Schubert unter uns dreien die Rolle des Krösus spielte und ab und zu in Silber schwamm, wenn er etwa ein paar Lieder an den Mann gebracht hatte oder gar einen ganzen Zyklus, wie die Gesänge aus „Walter Scott", wofür er fünfhundert Gulden erhielt — ein Honorar, mit welchem er höchlich zufrieden war, auch gut damit haushalten wollte, wobei es aber, wie stets bisher, beim guten Vorsatz blieb. Die erste Zeit wurde flott gelebt und traktiert, auch nach rechts und links gespendet — dann war wieder Schmalhans Küchenmeister! Kurz, es wechselte Ebbe und Flut. Einer solchen Flutzeit verdanke ich's, daß ich Paganini gehört habe. Die fünf Gulden, die dieser Konzertkorsar verlangte, waren mir unerschwinglich; daß ihn Schubert hören mußte, verstand sich von selbst, aber er wollte ihn durchaus nicht wieder hören ohne mich; er ward ernstlich böse, als ich mich weigerte, die Karte von ihm anzunehmen. «Dummes Zeug!» rief er aus, «ich hab' ihn schon einmal gehört und mich geärgert, daß Du nicht dabei warst! Ich sage Dir, so ein Kerl kommt nicht wieder! Und ich hab' jetzt Geld wie Häckerling, komm' also!» Damit zog er mich fort. Wir hörten also den infernalisch-himmlischen Geiger und waren nicht minder entzückt von seinem wunderbaren Adagio, als höchlich erstaunt über seine sonstigen Teufelskünste, auch nicht wenig humoristisch erbaut durch die unglaublichen Kratzfüße der dämonischen Gestalt, die einer an Drähten gezogenen magern schwarzen Puppe glich. Herkömmlicherweise wurde ich nach dem Konzert noch im Gasthause freigehalten und eine Flasche mehr als gewöhnlich auf Kosten der Begeisterung gesetzt. Das war die Flutzeit! Dagegen kam ich ein andermal

zu früher Nachmittagsstunde in das Kaffeehaus beim Kärntnertor=
Theater, ließ mir eine «Melange» geben und verzehrte ein halbes
Dutzend Kipfel dazu. Bald darauf stellte sich auch Schubert ein
und tat desgleichen. Wir bewunderten gegenseitig unseren guten
Appetit, der sich so früh nach Tisch eingestellt hatte. «Das
macht, ich hab' eigentlich noch nichts gegessen,» erklärte mir der
Freund etwas kleinlaut. — «Ich auch nicht!» versetzte ich lachend.
So waren wir beide ohne Verabredung in das Kaffeehaus ge=
kommen, wo wir hinlänglich bekannt waren, und hatten die
Melange «auf Pump» genommen, anstatt des Mittagessens,
welches heute keiner von uns zu bestreiten im stande war. Es
war zur Zeit der beiderseitigen völligen Ebbe."

Bei Hausunterhaltungen, an welchen auch anmutige Frauen
und Mädchen teilnahmen, mußte Schubert zum Tanz aufspielen,
bis ihm der Schweiß aus allen Poren lief. Wenn es ihm zu toll
wurde, drückte er sich heimlich davon. Zuweilen ließ er auch eine
geladene Gesellschaft auf sich warten, während er mit einigen Schul=
lehrern in irgend einer bescheidenen Kneipe beim Glase saß. Wurden
ihm am anderen Tage darüber Vorwürfe gemacht, so antwortete
er mit seinem gemütlichen Kichern: „Ich war nicht aufgelegt."

Schubert wohnte stets sehr bescheiden. Mitunter hatte er
kein Klavier und mußte deshalb, um eine neue Komposition durch=
zuspielen, seine Zuflucht zu einem seiner Freunde nehmen, der sich
des Besitzes eines Instruments erfreute. Die Wände waren mit
den schwarzen Silhouetten seiner zahlreichen Bekannten geschmückt,
auch einige Porträts Beethovens fehlten nicht; allerlei geniale
Zeichnungen und Aquarelle, mit Stiften befestigt, trugen Schwinds
Monogramm, darunter Schubert selbst, über und über mit Vierteln,
Achteln, Sechzehnteln, Pausen und anderen Notenzeichen bedeckt,
von den Spitzen des hohen Halskragens ein Violin= und ein
Baßschlüssel herabbaumelnd. „Franz, wie er seine Noten aus
den Ärmeln schüttelt," lautete die Unterschrift.

Hatten ihn Freunde besuchen wollen und ihn nicht zu Hause getroffen, so kam es zuweilen vor, daß er bei seiner Heimkunft im Zimmer ein wüstes Durcheinander fand, als wären Diebe eingebrochen und überrascht worden: Die Betten auf dem Klavier, wenn gerade eins vorhanden war, die Notenhefte im Bett, Tisch und Stühle zu Pyramiden übereinander getürmt, die Schränke umgedreht, mit den Türen nach der Wand zu.

Die Zeit frohen Beisammenseins hat Bauernfeld, als Schubert dem Freundeskreise bereits durch den Tod entrissen war, ebenso gemütvoll als humoristisch in folgenden Versen geschildert:

„Gesegnet, wer den Lorbeerkranz frühzeitig sich erworben
Und wer in Jugend und Ruhmesglanz, ein Götterliebling, gestorben.
 Doch früher hast Du gelebt — und nicht als Musikgelehrter, als bleicher,
Voll war und rund der Bösewicht, ein behaglicher Österreicher.
 Mit Malern, Poeten und solchem Pack hast gern Dich herumgeschlagen,
Wir trieben da viel Schabernack in unsern grünen Tagen.
 Ein Dritter noch war — an Gemüt ein Kind, doch tat er Großes
 verkünd'gen
Als Künstler — mein lieber Moritz Schwind, Historienmaler in München,
Er ist eine derbe Urnatur, wie aus tönendem Erz gegossen,
So war auch Schubert, heit'rer nur, das waren mir liebe Genossen.
 Bald sich ein Kranz von Freunden flicht; Kunst, jugendliches Vertrauen,
Humor verbanden sie, — fehlten auch nicht anmutige Mädchen und Frauen.
 Da flogen die Tage, die Stunden so schnell, da stoben des Geistes
 Funken,
Da rauscht' auch der schäumende Liederquell, den wir zuerst getrunken.
 Wer reitet so spät durch Nacht und Wind! Es rauschen der Töne Wogen;
Bald ach! ist der Vater mit seinem Kind, dem Lied, zum Vater gezogen!
 Was ist Beifall der Welt, was Ruhm und Zeitungspreisen und Krönen!
Wir hatten das wahre Publikum der Guten und der Schönen.
 Wie göttlich ein Genie im Keim, das in höchst eigener Weise
Sich kräftig entwickelt, süß geheim, im trautverwandten Kreise!
 Stellt bei genialer Jugend sich ein Gott Amor mit seinen Waffen,
Da ist viel holde Lust und Pein, ein ewiges Gären und Schaffen.
 Real, das war der Schubert auch, kein künstlicher Textverdreher,
Doch freilich, des Gedichtes Hauch erfaßt er als Sänger und Seher.

Der Rhythmus gewagt, die Harmonie bisweilen auch zerrissen,
Doch sprudelt ihm reich die Melodie, von der man jetzt nichts will wissen.

Oft ging's zum «Heurigen», zum Wein; gleich außerhalb des Tores
Stellt meist sich auch Franz Lachner ein; Cantores amant humores.

Und frisch nach Grinzing, Sievering mit andern muntern Gesellen,
Zickzack gar mancher nach Hause ging, wir lachten im Mondschein, im hellen.

Nicht immer ging es so herrlich zu, nicht immer waren wir Prasser!
So trug mir Schubert an das Du zuerst mit Zuckerwasser.

Es fehlte an Wein und Geld zumal; bisweilen mit einer Melange
Hielten wir unser Mittagsmahl, mit diesem Wiener Pantsche.

Die Künstler waren damals arm! Wir hatten auch Holz nicht immer,
Doch waren wir jung und liebten warm im ungeheizten Zimmer."

VII.
Enttäuschungen. — Karl Maria von Weber. Die „Müllerlieder".

Wenn man von der Stadt St. Pölten aus südwärts den steiermärkischen Gebirgen zuwandert, kommt man auf halbem Wege an dem Dorfe und dem Lustschlosse Ochsenburg vorüber, welches damals dem Bischof Hofrat von Dankesreicher gehörte, einem Oheim Schobers. Bald auf dem Schlosse, bald in St. Pölten weilend, verbrachten in dieser lieblichen Gegend Schubert und Freund Schober die Herbstmonate des Jahres 1821. Dort gab Schober seinem dichterischen Drange nach und schrieb einen Operntext: „Alfonso und Estrella". Die Dichtung entstand, wie er in reiferen Jahren selbst sagte, „in sehr glücklicher Jugendschwärmerei und in sehr großer Unschuld des Geistes und Herzens". Noch ehe die Arbeit vollendet war, machte sich Schubert in genialer Hast an die Komposition. Die Anlage des Ganzen und die wohlgeformten Verse unterschieden sich vorteilhaft von andern Textbüchern, die Schubert in Musik gesetzt hatte, dennoch sollte er die Aufführung der Oper nicht erleben. Nachdem Schober sich vergebens bemüht hatte, sie in Wien, Prag oder Pest anzubringen, schickte Schubert das Werk an die Berliner Hofopernsängerin Anna Milder, die einige seiner Lieder gesungen hatte. Aber so sehr sie den jungen Komponisten zu schätzen wußte, so wenig konnte sie jetzt für seine Oper eintreten, deren Mißerfolg in Berlin so gut wie gewiß war, weil das dortige Publikum dem dichterischen Inhalt keinen Geschmack abgewinnen würde. Als Schubert in der Folgezeit mit dem Advokaten Doktor Pachler in Graz befreundet wurde, sandte er diesem die Oper und bat ihn, sich dort für ihre Aufführung zu verwenden. Es kam auch wirklich zu ein paar Proben, dann erklärte jedoch der Orchesterdirektor, die technischen Schwierigkeiten seien zu groß; was Schubert verlange, vermöge das Grazer Orchester nicht zu leisten. Die Oper lag nun bei Doktor Pachler und ruhte da sechzehn Jahre lang. Als Schuberts Bruder Ferdinand, der seinen musikalischen Nachlaß geerbt hatte, hiervon erfuhr, bat er Pachler um Zurückgabe des Werkes. Erst nach sieben oder acht Monaten wurde dieser Bitte entsprochen. Ferdinands Unterhandlungen mit Wiener Bühnen verliefen resultatlos, und fünf Jahre lang ruhte „Alfonso und Estrella" abermals. Als 1847 Franz Liszt die Leitung der Hofkapelle in Weimar übernahm, war der Verfasser des Textes, Franz von Schober, bei der dortigen Gesandtschaft als Legationsrat angestellt. Auf seinen Wunsch erklärte sich Liszt bereit, die Oper aufzuführen. Doch erst am 24. Juni 1854, sechsundzwanzig Jahre nach dem Tode des Komponisten, wurde sie als Festvorstellung zur Geburtstagsfeier des Großherzogs gegeben. Liszt leitete die Aufführung selbst, leider war der Erfolg kein durchgreifender. Es fehlte nicht an Musikstücken, die des Meisters würdig waren, aber für den Mangel an fortreißender dramatischer Steigerung vermochten sie nicht zu entschädigen.

Ein anderes Werk Schuberts, welches ein Jahr nach „Alfonso und Estrella" entstand, sollte ebenfalls geraume Zeit in der Verborgenheit bleiben, aber wenigstens eine glücklichere Auferstehung feiern als jene Oper, freilich auch erst, nachdem sein Schöpfer längst aus dem Leben geschieden war. Es war die Sinfonie in H-moll, von welcher er nur zwei Teile vollendete. Selbst wenn Schubert nichts geschrieben hätte als dieses Bruchstück, würde er zu den größten Meistern zu zählen sein. Mit den einfachsten Mitteln erzielt er hier Klangwirkungen, die Richard Wagner nicht zu erreichen vermochte, so weit er es auch in der Kunst der Instrumentierung gebracht hat. Der Mann, der dieses Werk ans Tageslicht zog, war zur Zeit, wo Schubert starb, noch nicht geboren. Vierzig Jahre war das Kleinod verschollen, bis es der Wiener Hofkapellmeister Herbeck in Anselm Hüttenbrenners Besitz fand und zur öffentlichen Aufführung brachte. Die Zuhörer schwelgten geradezu in Entzücken, und seitdem sind diese beiden Sinfoniesätze für alle Konzertinstitute, welche die klassische Musik pflegen, weit über Deutschlands Grenzen hinaus ein Juwel geworden.

In dem gleichen Jahre, in welchem dieses herrliche Werk entstanden war, kam Karl Maria von Weber nach Wien, wo am Kärntnertor-Theater unter seiner Leitung seine neue Oper „Euryanthe" gegeben wurde. Schubert wohnte der Aufführung bei, war aber nicht besonders davon erbaut, so sehr er auch sonst Webers Genius schätzte. Er erkannte an, daß die Oper viele harmonische Schönheiten enthalte, jedoch keine einzige Melodie, was er dem Komponisten in der Partitur nachweisen wolle. Auf die Einwendung seiner Freunde, daß Weber durch schwere Tonmassen habe wirken müssen, weil dies die neueste Musikrichtung verlange, entgegnete Schubert: „Ach was! Schwere Massen! Wozu denn? Der «Freischütz» war so zart und innig, bezauberte durch Lieblichkeit; in der «Euryanthe» aber ist davon wenig zu finden." Als Weber von diesen Äußerungen Schuberts hörte, rief er aus: "Der Laffe soll erst etwas lernen, bevor er mich beurteilt!" Dieses harte Wort, welches Weber sich im Ärger hatte entschlüpfen lassen, verbreitete sich rasch in den Wiener Musikkreisen und kam natürlich auch Schubert zu Ohren. Er, der schon mehrere Opern und Sinfonieen und ein paar hundert Lieder komponiert hatte, — er sollte erst noch etwas lernen! Ohne Zögern suchte er den berühmten Kollegen auf, die Partitur von „Alfonso und Estrella" unterm Arme. Weber kam auf Schuberts Urteil über „Euryanthe" zurück, an welchem dieser festhielt, und sah dessen Opernpartitur durch. In der Meinung, er habe es hier mit einem dramatischen Erstlingswerke zu tun, bemerkte er etwas heftig: „Ich aber sage Ihnen, daß man die ersten Hunde und die ersten Opern ertränkt." Das war die einzige Begegnung der beiden großen zeitgenössischen Komponisten, doch trennten sie sich keineswegs als Feinde, Weber gab sich sogar große Mühe, „Alfonso und Estrella" in Dresden zur Aufführung zu bringen, vermochte aber leider nicht durchzudringen.

Bald nach Schuberts Zusammentreffen mit Weber war er mit Helmine von Chezy bekannt geworden, der Verfasserin des Textes zu „Euryanthe". Dem Leser, der Webers Lebenslauf verfolgt hat, ist diese seltsame Frau keine Fremde. Sie wollte im Sommer 1823 von Dresden nach Norddeutschland übersiedeln. Bei ihrer Abreise konnte sie ihren preußischen Paß nicht finden; da sie aber auch einen österreichischen Paß besaß und dieser ihr zuerst in die Hand fiel, so betrachtete sie dies als einen Wahrspruch des Schicksals, und anstatt nach Norden fuhr sie nach Wien, von wo sie sich bald nach ihrer Ankunft nach Baden begab. Hier schrieb sie in fünf Tagen das Drama „Rosamunde, Prinzessin von Cypern", ein dem Spanischen entlehntes Ritterstück, worin viehhütende Prinzessinnen, kühne Prinzen, gräßliche Tyrannen, vergiftete Briefe u. s. w. vom buntesten Zu=

fall durcheinandergewürfelt werden. Sie hatte das Stück im Auftrage einer Schauspielerin verfaßt, welche es zu ihrem Benefiz am Theater an der Wien geben wollte, und auf ihr Ersuchen komponierte Schubert Orchestermusik, Chöre und Tänze dazu. In fast ebenso kurzer Zeit, als Frau von Chezy zu ihrem Textbuche gebraucht, goß Schubert den Strom schöner Melodieen darüber aus. Die Aufführung fand am 20. Dezember 1823 statt, und die Musik wurde vom Publikum mit rauschendem Beifall belohnt. Das Theater an der Wien gab hauptsächlich Spektakelstücke, die eine Zeitlang Haus und Kasse füllten, und übte besonders durch seine mechanischen Hilfsmittel, Versenkungen, Flugwerke, Verwandlungen der Gestalten auf offener Bühne, wofür die Besucher der Vorstadttheater sich sehr empfänglich zeigten, große Anziehungskraft aus. Ein solches neues Spektakelstück verdrängte die cyprische Prinzessin, nachdem sie erst zweimal über die Bretter geschritten war. Die zur „Rosamunde" gespielte Ouvertüre war keine andere als die zu Schuberts älterer Oper „Die Zauberharfe" und gehört mit ihrem bestrickenden Melodieenreiz jetzt zu den beliebtesten Orchesterstücken.

Einmal wieder ins Fahrwasser der Oper geraten, ließ sich Schubert durch keinen Mißerfolg abschrecken, auf diesem Gebiete weiter zu arbeiten. Während er einige Monate im väterlichen Hause in der Roßau zubrachte, schrieb er die heroisch-romantische Oper „Fierrabras". Der Text, von Kupelwiesers Bruder, Sekretär am Josefstädter Theater, verfaßt, war wieder sehr unglücklich gewählt. Tapferkeit und Edelmut überbieten sich, es treten lauter Helden auf, nur der ganz passive Titelheld ist keiner. Es fehlt nicht an Prunk, Waffenlärm und kriegerischen Aufzügen, während die Frauenchöre das lyrische Element vertreten. Die Oper blieb unaufgeführt, nur Bruchstücke der Musik kamen viele Jahre nachdem der Komponist das Zeitliche gesegnet hatte in einzelnen Konzerten der Nachwelt zu Gehör. Etwa um die gleiche Zeit, wo „Fierrabras" entstand, schrieb Schubert die einaktige Operette „Der häusliche Krieg". Der ursprüngliche Titel lautete „Die Verschworenen", und der Text, der von dem bekannten österreichischen Dichter Castelli stammt, ist ein sehr ansprechender. Einige Edelfrauen, deren Gatten seit zwölf Monaten im Kriege mit den Sarazenen abwesend sind, haben sich verschworen, an jenen bei der Heimkehr Rache zu nehmen, weil sie das Gebot der Ehre über die Liebe gestellt haben. Ein Page hat in Frauenkleidung der Verschwörung beigewohnt und verrät den Rittern, denen er entgegeneilt, daß ihre Frauen sie durch Kälte und Gleichgültigkeit strafen wollen. Die gewarnten Ritter begegnen ihren Frauen ebenso, und diese sind hierüber um so mehr bestürzt, als ihnen von den Männern eröffnet wird, daß sie in kürzester Frist abermals in den Krieg ziehen müßten. Das zartere Geschlecht läßt seine erheuchelte Zurückhaltung fallen und verwandelt diese in liebevolles Entgegenkommen. Allein die Gatten berichten, sie hätten in einem Augenblick, wo sie durch die Feinde arg bedrängt waren, das Gelübde abgelegt, ihren Frauen keinen Beweis ihrer Zärtlichkeit zu geben, bis diese sie in den Kampf begleiten würden, um mit ihnen gegen die Sarazenen zu streiten. Da hüllen sich die wackeren Frauen sogleich in stählerne Rüstungen, und hierüber gerührt, gestehen die Ritter ihr falsches Spiel ein, die Frauen bekennen ebenso ihre Verschwörung, und der häusliche Friede ist hergestellt. Diesen leicht geschürzten, aber sehr humorvoll behandelten Intriguenstoff erfaßte Schubert mit großer Feinheit und Grazie. Er reichte die Operette der Wiener Hofoper ein, die sie nach einem Jahre zurücksandte; die unangetastete Verpackung bewies, daß man sich überhaupt gar nicht die Mühe gegeben hatte, das Werk zu prüfen. Es wurde erst viele Jahre nach Schuberts Tode gefunden, und in einem Wiener Musikvereinskonzerte brachten Dilettanten am 1. März 1861 die Musik zur Aufführung. Der Erfolg war glänzend, zündend wirkten die Frische und Anmut der Melodieen, die treffliche Charakteristik der Personen und die Sicherheit und Leichtigkeit der Instrumentierung. Ein Stück war immer reizender als das andere. Frankfurt am Main war die erste Bühne, welche noch in demselben Monat die Operette zur szenischen Darstellung brachte. „Das reizende Werkchen," schrieb man im «Frankfurter Museum», „dessen süße Musik den weichen Schmelz südlicher Weisen mit dem energischen Charakter deutscher Klänge aufs wunderbarste vereinigt, fand bei Publikum und Kritik die freundlichste Aufnahme. Die Musik ist so fein, duftig und anmutig, wie man es nur von dem berühmten vielseitigen Liedersänger erwarten darf."

Im Oktober erschien „Der häusliche Krieg" nun auch auf der Bühne der Wiener Hofoper, die ihn achtunddreißig Jahre früher, als der Komponist noch unter den Lebenden weilte, mit vornehmer Geringschätzung ad acta gelegt hatte. Der Erfolg war ein durchgreifender wie auch 1862 in Salzburg und München. Bei Gelegenheit der Münchener Aufführung äußerte sich ein Musikreferent der „Augsburger Zeitung", die damals den Rang eines Weltblattes einnahm, in folgenden Worten: „Nach der Erfahrung der Geschichte kann man behaupten, daß bei keiner Kunst das Urteil der Zeitgenossen so große, so langsam überwindliche Mühe habe, den Leistungen der Muse gerecht zu werden, als bei der Kunst der Musik. Das Erdenwallen der großen deutschen Tondichter, wofern sie nicht, wie Gluck und Händel, bei fremden Völkern ihr Glück zu machen wußten, gehört zu den trübseligsten Erfahrungen, welche das fleischgewordene Genie in den bunten Verhältnissen des bürgerlichen Lebens zu machen hatte. Auch Franz Schubert, der letzte von den großen Meistern, welche durch die Kunst der Töne den Ruhm des deutschen Volkes vor andern erhöhten, konnte von der tatkräftigen Ermunterung, welche seinem Genie von maßgebender Seite widerfahren, bittere Geschichten erzählen. Früh, viel zu früh für die Verehrung seines Schaffens, kaum ins Mannesalter getreten, starb der reichbegabte Wiener, und Jahrzehnte mußten vergehen, ehe eine Gesellschaft emsiger Dilettanten dem vergrabenen Spiel die lang entbehrte Ehre der ersten Aufführung und den Bühnen von Beruf das Zeichen gab, daß sie, durch das fertige Renommee des zu den Klassikern versammelten Schubert gedeckt, kein kühnes Wagnis mehr unternehmen würden, wenn sie den „Häuslichen Krieg" vor die Lampen brächten. — Gleichsam aus einer andern Welt, die nicht mehr die des musikalischen Schaffens von heute ist, klangen diese einfachen, zartsinnigen, herzergreifenden Weisen, diese Fülle melodischen Reichtums, diese zierlich sorgsame Instrumentierung einer sich selbst noch heilig haltenden Kunst."

Die so spät gewürdigte Operette gehört bis in die neueste Zeit zu dem Bühnenrepertoire aller größeren deutschen Städte, in denen ein feinsinniges Musikpublikum noch ein Wort mitzureden hat.

Das Jahr 1823, wo Schubert so ganz im Banne der dramatischen Muse stand, ist auch das Geburtsjahr vieler hinreißend schöner Gesänge. Zu dieser gehört das Gedicht „Der Zwerg" von Heinrich Collin, dem Verfasser des Trauerspiels „Coriolan", zu welchem Beethoven die gewaltige heroische Ouvertüre schrieb, ehe noch der Shakespearesche „Coriolan" sich die deutsche Bühne eroberte. „Der Zwerg" ist eine der ergreifendsten dramatisch belebten Tonschöpfungen Schuberts, und dieses Meisterstück warf er in aller Eile aufs Papier, während er sich gleichzeitig mit einem guten Bekannten unterhielt, der ihn eben zu einem Spaziergange abholen wollte. Der Besucher hieß Randhartinger und war Privatsekretär des Grafen Szécheny. Er sollte bald nachher ganz zufällig die Veranlassung zu einer Reihe der herrlichsten Liederkompositionen werden. Während Schubert eines Tages den Sekretär besuchte, wurde dieser zum Grafen berufen. Er sagte, er werde gleich wieder zurück sein, und deutete, damit seinem Gaste inzwischen die Zeit nicht lang werden solle, auf ein auf dem Schreibtische liegendes Buch. Schubert nahm das Buch und las darin mit steigendem Interesse. Der Verfasser war Wilhelm Müller, einer der bedeutendsten lyrischen Dichter, der tief in die Volksseele eingedrungen ist. Wandernde Musikanten, Postillone, Müllerburschen, Handwerksgesellen, Jäger und Matrosen sind die Gestalten, die er in seinen Gedichten poetisch behandelt. Das kleine Buch in Schuberts Hand hieß „Die schöne Müllerin", ein Zyklus von achtundzwanzig Liedern, welche sich in ihrem Zusammenhange zu einem lebenatmenden Drama gestalten, durchhaucht von der ganzen fröhlichen studentischen Laune des reiselustigen Dichters. Kaum hatte Schubert einige der Gesänge durchgelesen, als er das Buch einsteckte und sich damit aus dem Staube machte, ohne Randhartingers Rückkehr abzuwarten. Am andern Tage kam dieser, um sich das vermißte Buch zu holen. Schubert entschuldigte sich damit, daß ihm die Gedichte außerordentlich gefallen hätten, und zeigte dem erstaunten Sekretär die ersten „Müllerlieder", die er zum Teil in der Nacht komponiert hatte. In kurzer Zeit setzte er zwanzig dieser Gedichte in Musik, einige derselben während er krank im Spital lag, und es entstand jene Liederreihe, welche die ergreifende und verklärende Gewalt einer Liebestragödie in sich trägt, beginnend mit dem allbekannten: „Das Wandern ist des Müllers Lust". Dem Bächlein nachgehend, kommt der wandernde Müllerbursche an eine Mühle. Dort sieht er die schöne Müllerstochter und tritt als Geselle in ihres Vaters Dienst. Der Keim der Liebe sproßt zur hoffnungsfreudigen Blüte auf und diese kommt in dem Liede: „Ich schnitt es gern in alle Rinden ein" und dessen jubelndem Refrain: „Dein ist mein Herz!" zu leidenschaftlichem Ausbruch. Aber das reine Glücksgefühl geht, als der Müller einem hübschen Jägerburschen weichen muß, in heißen Schmerz über der Geliebten Treulosigkeit und in verzehrende Eifersucht über, und endlich, zur Verzweiflung getrieben, sucht der

Verschmähte in den lockenden Wellen des Baches Ruhe und ewiges Vergessen. In wunderbarer Abstufung sind die wechselnden Stimmungen dieses Liebesidylls und der landschaftliche Hintergrund in Tönen wiedergegeben, und die charakteristische Klavierbegleitung übt einen ungemeinen Klangreiz aus. Im Druck erschienen die „Müllerlieder" im März 1824. Moritz von Schwind hatte dazu Vignetten zeichnen wollen, leider trat ein Hindernis dazwischen. Heute sind diese volkstümlichen Kompositionen das unschätzbare Gemeingut aller wahren Musikfreunde. Damals machten sie kein Aufsehen. Schubert klagte diese Enttäuschung seinem Freunde Schober, der sich gerade in Breslau aufhielt. „Wenn Du Dir nur," riet ihm dieser, „ein paar Lärmtrommeln von Rezensenten anschaffen könntest, die immerfort, ohne Ende, in allen Blättern von Dir sprächen, es würde schon gehen!"

Die Verleger, auch die auswärtigen, verhielten sich lau gegen die Anerbietungen des genialen Komponisten, der nicht die geringste Hoffnung hatte, auch nur die Hälfte seiner Produktionen unterzubringen und sich dafür nach Gebühr belohnt zu sehen. Hier suchte man ihn einzuschüchtern und herabzudrücken, indem man ihn als „Anfänger" bezeichnete, dort bot man ihm für ein erstes Verlagswerk eine Anzahl Exemplare statt des Honorars. Daß seine Kompositionen über das allgemeine Fassungsvermögen hinausgingen, war die beständige Angst der Verleger; man wollte ihm auch zumuten, die Klavierbegleitung zu seinen Liedern leichter zu machen, da die Schwierigkeiten derselben der größeren Verbreitung im Wege stünden. Wäre Schubert auf diese Forderung eingegangen, so hätte er das Kunstziel, welches er sich gesteckt, zum Teil preisgeben müssen; denn gerade die charakteristische Klavierbegleitung, die allerdings nicht für ungeübte Dilettanten geschaffen ist, bildet einen der vielen Vorzüge seiner unsterblichen Lieder.

VIII.
Reiseeindrücke.

Schubert war weltschmerzlichen Gefühlen nicht zugänglich, aber die fortgesetzten Enttäuschungen, die ein ungerechtes Schicksal ihm auferlegte, wirkten verbitternd auf seine Gemütsstimmung, die an Verzweiflung grenzte. Wie wenig hatten sich die Hoffnungen erfüllt, die er auf seine Opern gesetzt! Öftere Blutwallungen und Schwindelanfälle stellten sich als Symptome seiner erschütterten Gesundheit ein, fortwährender Geldmangel drückte ihn nieder, und dazu kam noch, daß mehrere seiner vertrautesten Freunde längere Zeit von Wien abwesend waren. Dem Maler Kugelwieser, der damals in Italien weilte, schilderte er den trostlosen Zustand seines Innern in folgenden Zeilen: „Ich fühle mich als den unglücklichsten, elendesten Menschen auf der Welt! . . . Jede Nacht, wenn ich schlafen gehe, hoffe ich, nicht mehr zu erwachen, und jeder Morgen kündet mir neu den gestrigen Gram. So freund- und freudlos verbringe ich meine Tage, wenn nicht manchmal Schwind mich besuchte und mir einen Strahl jener vergangenen süßen Tage zuwendete. . ."

Im Frühjahr 1824 war es, wo der sonst so lebensfrohe Komponist in diese Klage ausbrach. Um der bösen Geister Herr zu werden, schüttelte er im Mai den Staub der Residenz von sich und folgte der Familie des Grafen Esterhazy wieder nach Zelész. Der längere Aufenthalt in dem von seinem Genie begeisterten Familienkreise, zu dem sich auch Baron Schönstein wieder gesellte, war die beste Kur gegen jene trübsinnigen Anwandlungen; dennoch lauteten seine Briefe aus dem Ungarlande nichts weniger als heiter. So schrieb er im September an Schober, der ebenfalls von schmerzlichen Erfahrungen heimgesucht worden war, mit bitterer Ironie: „Was sollten wir auch mit dem Glück anfangen, da Unglück noch der einzige Reiz ist, der uns übrig bleibt. Wären wir nur beisammen, Du, Schwind, Kugelwieser und ich, es sollte mir jedes Mißgeschick nur leichte Ware sein; so aber sind wir getrennt, jeder in einem andern Winkel, und das ist eigentlich mein Unglück. Ich möchte mit Goethe ausrufen: «Wer bringt mir eine Stunde jener holden Zeit zurück!» Jener Zeit, wo wir traulich beisammen saßen und jeder seine Kunstkinder den andern mit mütterlicher Scheu aufdeckte, das Urteil, welches Liebe und Wahrheit aussprechen würden, nicht ohne Sorge erwartend; jene Zeit, wo einer den andern begeisterte und ein vereintes Streben nach dem Schönsten alle beseelte. Nun sitz' ich allein hier im tiefen Ungarlande, in das ich mich leider zum zweiten Male locken ließ, ohne auch nur einen Menschen zu haben, mit dem ich ein gescheites Wort reden könnte."

Wohl mochte Schubert sich durch die Annehmlichkeiten des ländlichen Aufenthalts, der ihn von den kleinlichen Sorgen entlastete, nicht entschädigt finden für den fehlenden Freundeskreis, in dem er gewohnt war, seine heitersten Stunden zu verbringen, und die beständige Gegenwart der Komtesse Karoline, die ihm jetzt täglich so nahe und doch so unerreichbar war, mochte ihm den Schmerz einer hoffnungslosen Liebe doppelt fühlbar machen; dennoch erscheinen seine Klagen über das halbwilde Land fast wie eine Versündigung an seinem Genius, der hier die fruchtbarsten Anregungen fand; denn es entstanden einige seiner schönsten Klavierstücke und mehrere Streichquartette, von welchen das in A-moll seinen ungarischen Ursprung durch nationale Klänge verrät. Eine ganze Anzahl Tänze gehören ebenfalls dieser Zeit an.

An einem Septembermorgen wurde Schubert während des Frühstücks von der Gräfin aufgefordert, ein Gedicht von de la Motte-Fouqué „Gebet vor der Schlacht" für das Hausquartett in Musik zu setzen. Er nahm das Buch und entfernte sich damit. Am

Abend hatte er bereits die umfangreiche Komposition vollendet, und der Graf, die beiden Komtessen und Baron Schönstein sangen sie zum Klavier. Schubert schrieb dann die einzelnen Stimmpartieen aus, und so konnte das Quartett am folgenden Abend mit größerer Sicherheit vorgetragen werden, wobei zur Freude aller Mitwirkenden die Schönheiten erst klar hervortraten. Die Komposition gehört zu den tiefst empfundenen und melodiösesten Gesangswerken des Tonmeisters, erschien aber, wie so viele seiner Schöpfungen, erst nach seinem Tode im Druck.

Mit dem Jahre 1825 kam neuer Lebensmut über ihn, auch seine Gesundheit hatte sich gebessert. Damals entstanden die schon früher erwähnten Gesänge aus Walter Scotts „Fräulein vom See". Über den farbenprächtigen Tongemälden schwebt der Duft der schottischen Hochlandsromantik; das „Ave Maria" ist einer der weihevollsten Gesänge, die ein andachtsvoll gestimmtes Menschenherz erheben können.

In diesem Jahre war dem Komponisten auch die Freude beschieden, sein geliebtes Oberösterreich wiederzusehen; die herrliche Reise mit ihren Aufenthalten in liebenswürdigen Familien währte von Ende Mai bis Anfang Oktober. Auch diesmal war Vogl Schuberts Begleiter. Steyr, Gmunden, Gastein, Linz und Steyregg bildeten die Hauptruhepunkte. In Gmunden weilten beide sechs Wochen. Schubert ging in seiner Schwärmerei für die Naturschönheiten ganz auf. Der musikalische Landschaftsmaler kommt auch in einigen seiner Briefe, in denen er seine Eindrücke schildert, zum Durchbruch. So gibt er über die Fahrt nach Salzburg seinem Bruder Ferdinand folgendes anschauliche Bild: „Ungefähr eine Stunde von Neumarkt wird die Gegend wunderschön. Der Wallersee, welcher rechts von der Straße sein helles blaugrünes Wasser ausbreitet, belebt diese anmutige Gegend auf das herrlichste. Die Lage ist sehr hoch, und von nun an geht es immer abwärts bis nach Salzburg. Die Berge steigen immer in die

Höhe, besonders ragt der fabelhafte Untersberg wie zauberhaft aus den übrigen hervor. Die Dörfer zeigen Spuren von ehemaligem Reichtum. An den gemeinsten Bauernhäusern findet man überall marmorne Fenster- und Türstücke, auch sogar manchmal Stiegen von rotem Marmor... Die Sonne verdunkelt sich, und die schweren Wolken ziehen über die schwarzen Berge wie Nebelgeister dahin; doch berühren sie den Scheitel des Untersbergs nicht, sie schleichen an ihm vorüber, als fürchteten sie seinen grauenvollen Inhalt.* Das weite Tal, welches mit einzelnen Schlössern, Kirchen und Bauernhöfen wie angesäet ist, wird dem entzückten Auge immer sichtbarer. Türme und Paläste zeigen sich nach und nach; man fährt endlich an dem Kapuzinerberg vorbei, dessen ungeheure Felswand hart an der Straße senkrecht in die Höhe ragt und fürchterlich auf den Wanderer herabblickt. Der Untersberg mit seinem Gefolge wird riesenhaft, ihre Größe will uns fast erdrücken. Und nun geht es durch einige herrliche Alleeen in die Stadt (Salzburg) selbst hinein. Festungswerke aus lauter Quadersteinen umgeben diesen so berühmten Sitz der ehemaligen Kurfürsten. Lauter Häuser von vier bis fünf Stockwerken erfüllen die ziemlich breiten Gassen, und an dem wunderlich verzierten Hause des Theophrastus Paracelsus** vorbei, geht es über die Brücke der Salzach, die trüb und dunkel mächtig vorüberbraust. Die Stadt selbst machte einen etwas düstern Eindruck auf mich, indem trübes Wetter die alten Gebäude noch mehr verfinsterte und überdies die Festung, die auf dem höchsten

---

* Die zahlreichen Höhlen und Klüfte des Untersbergs haben in der Volksphantasie viele Märchen und Sagen erzeugt; darunter auch einige, in denen Karl der Große eine ähnliche Rolle spielt, wie Barbarossa im Kyffhäuser.

** Berühmter Arzt, der nach einem abenteuerlichen Leben 1541 in Salzburg starb. Er war nicht frei von marktschreierischer Scharlatanerie, hat sich aber um die Naturwissenschaften, besonders die Chemie, sehr verdient gemacht.

Gipfel des Mönchsbergs liegt, in alle Gassen der Stadt ihren Geistergruß herabwinkt..."

Weiterhin schildert Schubert das hintere Salzburger Tal: „Dir die Lieblichkeit dieses Tales zu beschreiben, ist beinahe unmöglich. Denke Dir einen Garten, der mehrere Meilen im Umfang hat, in diesem unzählige Schlösser und Güter, die aus den Bäumen heraus- oder durchschauen; denke Dir einen Fluß, der sich auf die mannigfachste Weise durchschlängelt; denke Dir Wiesen und Äcker wie ebensoviele Teppiche von den schönsten Farben, dann die herrlichen Matten, die sich wie Bänder um sie herumschlingen, und endlich stundenlange Alleeen von ungeheuren Bäumen, dieses alles von einer unabsehbaren Reihe der höchsten Berge umschlossen, als wären sie die Wächter dieses himmlischen Tales; denke Dir dieses, so hast Du einen schwachen Begriff von seiner unaussprechlichen Schönheit."

Über seinen Aufenthalt in Gmunden, wo er seine behagliche, genußfrohe Stimmung wiederfand und mit Vogl im Kreise liebenswürdiger Familien musizierte, berichtet er an seine Eltern: „Besonders machten meine neuen Lieder aus Walter Scotts «Fräulein vom See» sehr viel Glück. Auch wunderte man sich sehr über meine Frömmigkeit, die ich in einer Hymne an die heilige Jungfrau ausgedrückt habe und die, wie es scheint, alle Gemüter ergreift und zur Andacht stimmt. Ich glaube, das kommt daher, weil ich mich zur Andacht nie forciere und, außer wenn ich von ihr unwillkürlich übermannt werde, nie dergleichen Hymnen oder Gebete komponiere, dann aber ist sie auch gewöhnlich die rechte und wahre Andacht."

Voll köstlichen Humors ist ein Brief aus Linz an Josef Spaun, der dort zu Hause war, aber kurz vor Schuberts Hinkunft ein Amt als Bankal-Assessor in Galizien angetreten hatte. Der gutgelaunte Tondichter schreibt dem alten Konviktgenossen: „Du kannst Dir denken, wie mich das ärgern muß, daß ich in

Linz einen Brief an Dich schreiben muß — nach Lemberg. Hol' der Teufel die infame Pflicht, die Freunde auseinanderreißt, wenn sie kaum aus dem Kelch der Freundschaft genippt haben. Da sitz' ich in Linz und schwitz' mich halb tot in dieser schändlichen Hitz'. Habe ein Heft neuer Lieder und Du bist nicht da! Schämst Du Dich nicht? Linz ist ohne Dich wie ein Leib ohne Seele, wie ein Reiter ohne Kopf, wie eine Suppe ohne Salz. Wenn nicht der Jägermaier gutes Bier hätte und auf dem Schloß= berg ein passabler Wein zu haben wäre, so müßte ich mich auf der Promenade aufhängen aus Schmerz über die entflohene Linzer Seele. Du siehst, daß ich ordentlich ungerecht werde gegen das übrige Linztum, indem ich doch in Deiner Mutter Hause, in der Mitte Deiner Schwestern, des Offenwald und Max (Schwager und Bruder Spauns) recht vergnügt bin und aus den Leibern mancher noch anderen Linzer der Geist heraus= zublitzen scheint. — Übrigens lasse Dir kein graues Haar wachsen, daß Du so weit von uns bist; biete dem einfältigen Schicksal Trotz, laß Dein weiches Gemüt wie einen Blumengarten er= blühen, daß Du in dem kalten Norden Wärme des Lebens ver= breiten und Deine göttliche Abkunft beurkunden mögest."

In Linz traf Schubert mit Gahy, seinem Partner im vier= händigen Klavierspiel, zusammen. Während er in dessen Gesell= schaft nach Wien zurückkehrte, reiste Vogl nach Italien, um dort Heilung seines Gichtleidens zu suchen und sich im nächsten Früh= jahr, in dem späten Alter von achtundfünfzig Jahren, mit einer ehemaligen Schülerin zu verheiraten.

Eine Begegnung mit Ladislaus Pyrker in Gastein hatte Schubert angeregt, einige seiner Gedichte in Musik zu setzen, von denen die schwungvolle Hymne „Die Allmacht" (Groß ist Jehovah der Herr) der Nachklang jener Naturbegeisterung ist, welche die majestätischen Hochgebirge und die felsumkränzten Seeen Ober= österreichs in der Seele des Tonmeisters erweckt hatten. In

Gastein war es auch, wo er eine seiner schönsten Klaviersonaten vollendete, ein Werk, in welcher titanisches Kraftgefühl mit dem Zauber von Waldesduft und Mondenglanz wechselt.

Andere Schöpfungen des fröhlichen Reisejahres sind die zarten Lieder von Ernst Schulze, dem bekannten Dichter der „bezauberten Rose", und die vierhändigen Märsche opus 55 und 56, mit denen Schubert den Tod des Kaisers Alexander I. von Rußland und die Thronbesteigung seines Nachfolgers Nikolaus feierte.

IX.
Dunkle Stunden und sonnige Tage.

In seiner Liebe zur Unabhängigkeit hatte Schubert vor Jahren schon eine feste Anstellung als Organist der Hofkapelle ausgeschlagen, die ihm von dem Grafen Dietrichstein angetragen worden war. So unermüdlich er arbeitete und so leicht ihm das Schaffen wurde, so blieben doch jene materiellen Erfolge aus, deren der Künstler bedarf, wenn er darauf angewiesen ist, von seinem geistigen Werke zu leben. Die immer wiederkehrenden Sorgen nagten an dem Tonmeister. Er begann sich nach einem sicheren Brote umzusehen. Als daher im Jahre 1826 an der Kaiserlichen Hofkapelle die Stelle eines Vizekapellmeisters frei wurde, bewarb er sich darum. Die amtlichen Pflichten, die er bei einem Jahresgehalt von zwölfhundert Gulden hätte übernehmen müssen, würden ihm hinreichende Muße zum Weiterschaffen übrig gelassen haben. Aber man bevorzugte Josef Weigl, den Komponisten der damals allgemein beliebten Oper „Die Schweizerfamilie", und so sah Schubert wieder einmal eine Hoffnung vernichtet. „Gern hätte ich diese Stelle gehabt," sagte er neidlos, „da sie aber einem so Würdigen verliehen wurde, muß ich mich wohl zufrieden geben." Eine andere Aussicht auf Anstellung, die sich ihm bald darauf eröffnete, verscherzte er sich selbst. Am Kärntnertor-Theater war die Dirigentenstelle zu vergeben. Über die Neubesetzung hatte der Administrator dieser Bühne zu bestimmen, und bei ihm legte Vogl ein gutes Wort zu Gunsten Schuberts ein. Dieser sollte jedoch erst eine Probe seiner Befähigung ablegen und einige Opernszenen komponieren, die eigens für diesen Zweck gedichtet wurden. Nachdem Schubert dem Verlangen nachgekommen war, wurden in seiner Anwesenheit die Szenen auf der Bühne probiert. Die Stimme der Sängerin entbehrte der Kraft und Frische, in ihrer Hauptarie wurde sie von den Blasinstrumenten übertönt und vermochte nicht durchzudringen. Erschöpft sank sie auf einen Stuhl. Schubert, der in ihrer Nähe saß, blätterte ruhig in der Partitur, während im Orchester und auf der Bühne aller Augen auf ihn gerichtet waren, der Dinge gewärtig, die nun kommen sollten. Der Administrator sprach einige Worte mit der Sängerin und mit dem Kapellmeister, worauf er sich an Schubert wendete und ihn ersuchte, die Stelle abzuändern. Aber nun kam bei unserm Komponisten, der für Änderungsvorschläge nicht zugänglich war, der alte Starrsinn zum Vorschein. „Ich ändere nichts!" erklärte er mit großer Bestimmtheit, nahm seine Partitur unter den Arm und entfernte sich. Mit der Anstellung war es natürlich vorbei.

Ein Unglück war dieses Fehlschlagen weder für ihn persönlich, noch für die Kunst. Der Dirigentenposten würde ihm so viele Pflichten auferlegt haben, daß sein rastlos schaffender Geist ihn entweder an deren Erfüllung gehindert hätte, oder daran zu Grunde gegangen wäre. Einen neuen Versuch, sich ins Joch einer bindenden Brotstelle zu spannen, machte er nicht mehr.

Schuberts Schaffen schien oft mehr das Werk einer augenblicklichen höheren Eingebung als das des Willens zu sein; noch ehe der letztere in bewußte Tätigkeit trat, kam ihm die Idee schon zuvor, weshalb auch Vogl seinen jungen Freund mit einem Hellseher verglichen hatte. Im Sommer 1826 war Schubert eines Sonntags mit mehreren Genossen in Pötzleinsdorf gewesen. Auf dem Heimwege kam die Gesellschaft durch Währing, und dort sah Schubert in einem Gasthausgarten, „Zum Biersack" genannt, einen Bekannten Namens Tieze einsam an einem Tische sitzen. Er trat mit seinen Begleitern ein, und man setzte sich zu Tieze, der ein Buch vor sich liegen hatte. Schubert begann alsbald darin zu blättern und stieß dabei auf ein Gedicht. Es war das „Ständchen" aus Shakespeares „Cymbeline": „Horch auf die Lerch' im Ätherblau", zu welchem Friedrich Reil noch zwei Strophen hinzugefügt hat. „Das Gedicht gefällt mir," sagte Schubert, „mir fällt da eine schöne Melodie ein, — hätte ich nur Notenpapier bei mir!" Tieze griff nun nach dem daliegenden Speisezettel und zog auf der Rückseite mit Bleistift Notenlinien. Inmitten des Sonntagstumults, inmitten hin und her laufender Kellner, krähender Harfenistinnen, rollender Kegelkugeln und krachender Kegel schrieb Schubert das reizende Lied nieder, das heute zu seinen volkstümlichsten Gesangskompositionen gehört.

Ebenso war auch ein anderes Ständchen das Werk augenblicklicher Eingebung. Eine Gesangslehrerin am Wiener Konservatorium, Fräulein Anna Fröhlich, auf deren Veranlassung Schubert einige schöne Frauenchöre komponiert hatte, beabsichtigte, eine ihrer Schülerinnen zu deren Geburtstage mit einer Nachtmusik zu überraschen. Grillparzer hatte zu diesem Zweck ein Gedicht verfaßt: „Zögernd leise in des Dunkels nächt'ger Stille", und Fräulein Fröhlich gab dies dem ihr befreundeten Komponisten mit der Bitte, es für Mezzo-Sopran und einen Frauenchor in Musik zu setzen. Schubert nahm das Gedicht, zog sich damit in eine Fensternische zurück, schob die Brille gegen die Stirn hinauf, wie das seine Art war, wenn er in der Nähe sehen wollte, und las die Verse ein paarmal aufmerksam durch. „Ich hab's schon," sagte er dann lächelnd, „es ist schon fertig, und es wird recht gut werden." Am andern Tage brachte er die reizende Komposition, nur hatte er sie für Alt-Solo und Männerchor gesetzt. Dem Mißverständnis war bald wieder abgeholfen, und am Geburtstagsabend wurde der Gefeierten im Garten ihres Landhauses zu Döbling das Ständchen dargebracht. Die Wirkung bei heller Mondbeleuchtung war zauberhaft. Viele Bewohner Döblings umstanden lauschend den Garten, aber der Komponist hatte sich nicht eingefunden.

Er war abermals in Schwermut verfallen. In dieser Stimmung hatte er sich wieder mit Gedichten von Wilhelm Müller beschäftigt. Ähnlich wie „Die schöne Müllerin" bildeten sie einen Zyklus von vierundzwanzig Liedern, welche unter dem Titel: „Die Winterreise" die Herzensgeschichte eines unglücklich Liebenden erzählen.

Spaun hielt sich gerade in Wien auf und bemerkte Schuberts Trübsinn. Auf die teilnahmsvolle Frage des Freundes, was in ihm vorgehe, antwortete er: „Ihr werdet es bald hören und begreifen. Komm heute zu Schober, ich werde Euch einen Zyklus schauerlicher Lieder vorsingen; ich bin begierig zu hören, was Ihr dazu sagt. Sie haben mich mehr angegriffen, als dies je bei andern Liedern der Fall war."

Am Abend sang er den versammelten Freunden die ganze „Winterreise" vor. „Wir waren durch die düstere Stimmung dieser Lieder ganz verblüfft," erzählt Spaun in seinen Memoiren, „und Schober sagte endlich, es habe ihm nur ein Lied darunter gefallen, nämlich «Der Lindenbaum». Hierauf entgegnete Schubert: «Mir gefallen diese Lieder mehr als alle andern, und sie werden Euch auch noch gefallen.» Und er hatte recht; denn bald waren wir begeistert von diesen Liedern, die Vogl unübertrefflich vortrug."

Die düstere Stimmung dieser Gedichte hätte leicht zur Ein=

tönigkeit führen können; dennoch hat ihr Schubert einen stets
wechselnden Ausdruck zu geben verstanden. Das Gefühl des
Verlassenen steigert sich von wehmütiger Erinnerung an eine
verrauschte, glückliche Zeit bis zu wilder Verzweiflung und einer
wie vom Wahnsinn durchzuckten Dumpfheit, die in Gesängen wie
„Der Wegweiser", „Das Wirtshaus", „Der Leiermann" eine
erschütternde Tragik gewinnt, während sich in „Gute Nacht",
„Der Lindenbaum", „Die Post" wehmutsvolle Trauer und
brennender Liebesschmerz wiederspiegeln. Die Klavierbegleitung
schmiegt sich der Gesangsstimme in wunderbarer Tonmalerei an.

Wilhelm Müller, der Dichter der „Winterreise" und der
„Müllerlieder", starb im Oktober 1827 als Bibliothekar an der
Dessauer Hofbibliothek. Jung, wie Schubert, mußte er in seinem
dreiunddreißigsten Jahre aus dem Leben scheiden. Wie er in
seinem Drange, sein deutsches Vaterland von der Fremdherrschaft
befreit zu sehen, in den Schlachten von 1813 im preußischen
Heere mitkämpfte, so hatte ihn die Erhebung der Griechen gegen
die Türkei zu freiheitbegeisterten Liedern angeregt, die ins Neu=
griechische übersetzt wurden und die dankbare Bewunderung des
Volkes fanden, welches er darin gefeiert.

Mit dem größten Meister im Reiche der Töne lebte Schubert
in der gleichen Stadt, nur Straßen trennten ihn von dem ge=
waltigen Beethoven, den er nie aufgehört hatte, als sein Ideal
zu verehren, — und dennoch standen die beiden Unsterblichen
einander im Leben persönlich fern. Beethoven war schwer zu=
gänglich, sein Gehörleiden machte ihn schroff, und Schubert war
schüchtern. Der um Dasein und künstlerische Geltung schwer
ringende junge Musiker hatte wohl Stunden, wo er sich seines
eigenen Werts bewußt ward, aber von seiner vollen Bedeutung,
die ihm erst die Nachwelt zuerkannt hat, besaß er keine Ahnung.
Im Jahre 1822 hatte er den Versuch einer Annäherung an
Beethoven gemacht und ihm seine vierhändigen Variationen über

ein französisches Lied gewidmet. Er schwang sich sogar zu der kühnen Tat auf, die Komposition dem Altmeister persönlich zu überreichen. Aber der Mut, der ihn bis ans Haus begleitet hatte, verließ ihn plötzlich, als er der Künstlermajestät selbst gegenüberstand. Die Schreibtafel, die der taube Beethoven ihm als einziges Mittel gegenseitiger Verständigung übergab, zitterte in Schuberts Hand, und diese versagte den Dienst.

Beethoven sah die Variationen durch. Dabei fand er eine harmonische Unrichtigkeit, auf welche er den jungen Komponisten aufmerksam machte. Obwohl er dies mit freundlichen Worten tat und hinzufügte, es sei ja keine Todsünde, so verlor doch Schubert seine letzte Fassung. Erst als er sich wieder auf der Straße befand, kam er zu ruhiger Überlegung, und nun ärgerte er sich über sich selbst. Mit um so größerer Freude vernahm er später, daß Beethoven an den Klavierstücken Gefallen finde und sie mit seinem Neffen Karl oft spiele. Ob jedoch Schubert seinen Besuch wiederholt hat, ist nicht bekannt geworden.

Im Frühjahr 1827 ward Beethoven von tödlicher Krankheit befallen. Wie der erblindete Jean Paul in seinen letzten Lebenstagen in Schuberts Liedern Trost fand und noch wenige Stunden vor seinem Tode den „Erlkönig" zu hören verlangte, so war es auch Schuberts Genius, mit dem sich Beethoven beschäftigte, während er sein Ende herannahen fühlte. Staunte er schon über die Menge der Schubertschen Lieder, so überraschte ihn noch viel mehr ihr innerer Gehalt und ihre originelle Behandlung. Mehrere Tage lang konnte er sich gar nicht davon trennen, und wiederholt rief er aus: „Wahrlich, in diesem Schubert wohnt ein göttlicher Funken!" Er wollte nun auch dessen Orchester- und Klavierwerke kennen lernen, woran ihn jedoch seine zunehmenden Leiden verhinderten. Noch oft aber sprach er von Schubert und prophezeite, daß dieser noch viel Aufsehen in der Welt machen werde. Dabei bedauerte er, ihn nicht schon früher näher kennen gelernt zu haben.

Auf die Kunde von Beethovens bevorstehendem Ende war Anselm Hüttenbrenner, der ihm nahe befreundet war, am 24. März von Graz herbeigeeilt. Er benachrichtigte seinen Bruder, wie es um den Kranken stand, und Josef begab sich nach Beethovens Wohnung im sogenannten „Schwarzspanierhaus" in der Vorstadt Währing. Schubert begleitete ihn; er wollte den großen Meister, zu welchem er als zu seinem Ideal aufgeblickt hatte, sterben sehen. Ergriffen standen die Freunde an Beethovens Lager. Man hatte ihn verständigt, wer die beiden Besucher seien. Er wollte sie anreden, aber er brachte es nur zu einigen unverständlichen Handbewegungen, während sein Auge starr auf ihnen ruhte. Tief erschüttert verließen sie den sterbenden König der Töne. Am Abend des 26. März drückte ihm Anselm Hüttenbrenner die Augen zu.

Mit Lachner und Randhartinger wohnte Schubert dem Begräbnis bei. Er war einer der achtunddreißig Fackelträger, die Beethovens Sarg umgaben, und vergoß, als dieser ins Grab gesenkt wurde, bittere Tränen. Auf dem Rückwege traten die drei in eine Weinstube „Auf der Mehlgrube". Schubert leerte das erste Glas auf das Andenken des großen Toten, der eben der Erde übergeben worden war. Beim zweiten Glase sagte er: „Dieses bringe ich dem Andenken dessen unter uns dreien, der ihm als erster nachfolgen wird." Er ahnte nicht, daß schon im Jahre darauf er selbst dieser erste sein werde.

Vorher sollte er noch einmal seine geliebte Steiermark wiedersehen und dort in erfrischendem Naturgenuß und froher Geselligkeit eine Reihe schöner Tage durchleben. In der „Stadt der Grazien", wie Graz in scherzhaftem Wortspiel genannt wird, wohnte der Advokat Doktor Karl Pachler, dessen schöne und geistvolle Gattin eine vorzügliche Klavierspielerin war. Beethoven, der sie in Wien kennen gelernt hatte, war über ihren Vortrag seiner Sonaten entzückt gewesen und mit der Familie in freund=

schaftlicher Verbindung geblieben. Im Sommer 1827 hatte man seinen Besuch erwartet; aber ehe sich diese Absicht verwirklichte, überraschte ihn der Tod, und statt seiner erschien ein anderer großer Tonmeister. Schon ein Jahr vorher hatte Schubert von der Familie Pachler, die für ihn begeistert war, eine Einladung erhalten. Ein Freund Schuberts, Johann Baptist Jenger, der als ausgezeichneter Klavierspieler dessen Lieder oft begleitete und mit Pachlers befreundet war, hatte diese Einladung veranlaßt und mit Schubert die Reise gemeinschaftlich machen wollen. Durch Amtsobliegenheiten war Pachler jedoch in Wien zurückgehalten worden, während es Schubert an dem nötigen Reisegeld gefehlt hatte. Daher wurde der Besuch in Graz auf das nächste Jahr verschoben, und Jenger kündigte denselben im Juni 1827 mit folgenden, an Frau Pachler gerichteten Zeilen an: „Wir freuen uns recht herzlich auf den Ausflug in die liebe Steiermark, und ich hoffe auch, daß Sie, beste gnädige Frau, mit meinem Reisegefährten zufrieden sein werden. Wir wollen dann wieder einmal so ganz der Musik leben, und Schubert soll manch neues Liedchen in unsern musikalischen Kranz winden. Auch Freund Pachler soll in jeder Hinsicht mit uns zufrieden sein; wir stellen auch in der Bier- und Weinschenke unsern Mann."

Es vergingen jedoch noch einige Monate, ehe die mit Sehnsucht erwarteten beiden Gäste eintrafen. Am 2. September endlich kam ein Brief, der ihre Ankunft für den Abend verhieß. Pachlers siebenjähriges Söhnchen Faust wollte nicht zu Bett gehen, so groß war seine Neugierde, Franz Schubert zu sehen. Da aber der Wiener Eilwagen erst nachts zehn Uhr eintraf, so mußte der Knabe seine Ungeduld bis zum nächsten Morgen zügeln, wo er den Liederkomponisten in grünem Rock und weißen Beinkleidern beim Frühstück begrüßen durfte.

Schubert und Jenger wohnten bei Pachlers, die alles aufboten, ihren Gästen den Aufenthalt so genußreich wie möglich zu machen. Alle Tage wurden — bald zu Fuß, bald zu Wagen — Ausflüge in die reizende Umgebung unternommen. Anselm Hüttenbrenner fand sich ebenfalls ein. Selbstverständlich wurde in dem musikalischen Hause der Muse der Tonkunst die gebührende Huldigung dargebracht, und, wie Jenger vorausgesagt, begeisterte sich Schubert zu manch neuem Liede. Wie ein holder Traum verrauschten die kurzen Wochen. Als Schubert wieder in Wien war, wollte es ihm dort anfangs gar nicht mehr behagen. „Schon jetzt erfahre ich," schrieb er unmittelbar nach seiner Heimkunft wehmütig bewegt an Frau Pachler, „daß ich mich in Graz zu wohl befunden habe, und Wien will mir nicht recht in den Kopf; 's ist freilich ein wenig groß, dafür ist es leer an Herzlichkeit, Offenheit, an wirklichen Gedanken, an vernünftigen Worten und besonders an geistreichen Taten. Man weiß nicht recht, ist man g'scheit oder ist man dumm, soviel wird hier durcheinander geplaudert, und zu einer innigen Fröhlichkeit gelangt man selten oder nie. 's ist zwar möglich, daß ich selbst viel daran schuld bin mit meiner langsamen Art zu erwarmen. In Graz erkannte ich bald die ungekünstelte und offene Weise, mit- und nebeneinander zu sein, in die ich bei längerm Aufenthalt sicher noch mehr eingedrungen sein würde. Besonders werde ich nie die freundliche Herberge mit ihrer lieben Hausfrau, dem kräftigen Pachleros und dem kleinen Faust vergessen, wo ich seit langer Zeit die vergnügtesten Tage verlebt habe."

Bei den Abendunterhaltungen im Pachlerschen Kreise, an welchen befreundete Familien teilnahmen, war oft getanzt worden, wozu Schubert die fröhlichen Weisen herzauberte. Schon seit seinem ersten Aufenthalte in Ungarn hatte er Terpsichores graziöser Kunst seine unerschöpflichen Melodieen geliehen, die er bei den verschiedensten Gelegenheiten am Klavier improvisierte. Was ihm von diesen Eingebungen des heitern Augenblick zusagte, schrieb er auf. So entstanden über hundert Walzer,

Ländler, Ecossaisen und Polonaisen; die meisten waren zweihändig, das Arrangement zu vier Händen besorgten erst später die Verleger. Die Polonaisen erfreuen durch lebhaften Rhythmus und manchen feinen Zug; aber auch in den andern Tänzen pulsiert Schuberts blühende Erfindungsgabe, und der reizendsten Melodieen ist kein Ende. Durch die Walzer ziehen sich die mannigfaltigsten Klangbilder, einer ist gesangreicher, graziöser, holder beflügelt als der andere. Hier zeigt sich der Komponist als das echte genußfrohe Wiener Kind, und ein schwingender Ton davon geht durch die flotte österreichische Tanzmusik bis auf den jüngeren Strauß, den Wiener „Walzerkönig", herab. „Kleine Genien", nennt Robert Schumann die Walzer, „die nicht höher über der Erde schweben, als etwa die Höhe einer Blume ist. Durch alle zieht sich eine so schwärmerische Gedankenlosigkeit, daß man es selbst wird und beim letzten noch im ersten zu spielen glaubt."

X.
Franz Schuberts letztes Lebensjahr.

Noch vor seiner Grazer Reise hatte sich Schubert wieder in einer recht trüben Stimmung befunden und blickte entmutigt in die Zukunft. Auf einem Spaziergange mit seinem Freunde Bauernfeld teilte ihm dieser mit, daß er eine Anstellung im Kreisamt erhalten habe. Auch in seiner schriftstellerischen Tätigkeit sah er sich gefördert: sein erstes Bühnenwerk, ein Lustspiel, sollte demnächst am Hofburgtheater zur Aufführung kommen.

„Du Glücklicher!" sagte Schubert, „mit Dir geht's vorwärts; ich sehe Dich schon als Hofrat und als berühmten Lustspieldichter. Aber ich! Was wird aus mir armen Musikanten?

Ich werde wohl im Alter wie Goethes Harfner an die Türen schleichen und um Brot betteln müssen."

„Du bist zwar ein Genie", antwortete Bauernfeld lächelnd, „aber auch ein Narr! Nullum magnum ingenium sine aliqua mixtura dementiae fuit — möchte man Dir mit dem altrömischen Jean Paul, dem bisweilen etwas geschraubten Seneca, zurufen. Du zweifelst an Dir. Bist Du gescheit? Wer Dein Talent hat, wer so dasteht wie Du, dem ist die Hauptsache zu teil geworden. Alle Nebendinge finden sich! Was aus uns wird, weiß ich nicht; aber Du bist, was Du bist, und wenn Freund Schwind Dir einst nach und nach nahekommt, so wird's mich freuen. Sie haben Dir unlängst wieder eine Kapellmeisterstelle abgeschlagen. Aber was weiter? Beim Lichte besehen taugst Du gar nicht und bist viel zu gut für solche Dienstbarkeit und musikalische Robot!"

„Du magst vielleicht recht haben," stimmte Schubert bei, „aber was hilft mir alles Talent, wenn die Verleger nicht anbeißen. Heute erst schreibt mir einer aus Leipzig, meine Sachen wären wohl genial, aber auch seltsam und würden vom Publikum noch nicht allgemein verstanden. Ich glaube, ich habe den Brief bei mir." Schubert suchte in seinen Taschen.

„Laß stecken," winkte Bauernfeld ab. „Willst Du meinen Rat? Dein Name klingt in aller Munde, und jedes neue Lied von Dir ist ein Ereignis. Du hast auch prächtige Streichquartette und Trios komponiert, der Sinfonieen nicht zu gedenken. Deine Freunde sind davon entzückt —"

„Aber kein Verleger will sie kaufen."

„Ich weiß das, ich weiß auch, daß das Publikum noch keine Ahnung von der Schönheit und Grazie hat, die in diesen Werken schlummern. Darum muß es eben damit bekannt gemacht werden. So nimm Dir einen Anlauf. Mache es wie Beethoven, gib im nächsten Winter ein Konzert, nur von Deinen

Sachen natürlich. Vogl wird Dir mit Vergnügen beistehen. Wenn Violine und Cello durch Böhm und Linke, mit Kräften ersten Ranges, besetzt werden und Boklet in einem Trio am Klavier mitwirkt, so wird das nebenbei auch seine Zugkraft üben."

"Wenn ich die Kerls nur nicht bitten müßte!" brummte Schubert.

"Sie werden sich's gewiß zur Ehre schätzen, einem Meister, wie Du, mit ihrer Virtuosität zu dienen," entgegnete Bauernfeld. "Das Publikum wird sich um die Eintrittskarten reißen, und wenn Du auch nicht mit einem Schlage ein Krösus wirst, so genügt doch ein einziger Abend, um Dich fürs ganze Jahr zu decken. So ein Abend läßt sich alle Jahre wiederholen, und wenn die Neuigkeiten Furore machen, so kannst Du Deine Verleger mit ihrem schäbigen Honorar ins Unermeßliche hinauftreiben. Ein Konzert also, Schwammerl! Folge meinem Rat! Ein Konzert!"

Schubert mußte anerkennen, daß Bauernfeld einen guten Gedanken gehabt hatte. Zuletzt überwand er auch seinen Widerwillen, andere Künstler um ihre Mitwirkung bitten zu müssen, und am 26. März 1828, gerade am Todestage Beethovens, fand das Konzert statt. Das Programm enthielt nur Kompositionen von Schubert. Vogl sang mehrere Lieder; Fräulein Fröhlich brachte mit den Schülerinnen des Konservatoriums das Grillparzersche Ständchen, ein Männerchor Klopstocks „Schlachtgesang" zum Vortrag; die bekannten Wiener Virtuosen wirkten in einem Trio und in einem Streichquartett mit; den Beschluß bildete Rellstabs Gesang „Auf dem Strome" mit Horn- und Klavierbegleitung. Der Saal war überfüllt, wie Freund Bauernfeld vorausgesagt hatte; jedes Stück erntete donnernden Beifall, der Komponist wurde unzähligemal hervorgerufen. Der Reinertrag des Konzerts belief sich auf achthundert Gulden. Schubert hatte sich ein Stammpublikum erobert, aber leider zu spät! Auch die für damalige Verhältnisse hohe Einnahme vermochte seine äußeren Verhältnisse nicht dauernd zu verbessern, da sie größtenteils zur Bezahlung aufgelaufener Rückstände verwendet werden mußte. Seine Geldmittel waren bald wieder so knapp, daß er seinen Plan, einige Sommermonate in Gmunden zuzubringen, nicht ausführen konnte und auch eine Einladung der Frau Doktor Pachler, seinen Besuch in Graz zu wiederholen, zu seinem großen Leidwesen ablehnen mußte.

Wie von einer geheimnisvollen Ahnung getrieben, daß ihm nur noch eine kurze Lebensfrist beschieden sei, arbeitete er mit einer leidenschaftlichen Energie. Die Liederkompositionen dieses Jahres — es war das letzte seines Lebens — zählen zu den besten Schöpfungen seines Genius, besonders jene vierzehn Lieder, welche nach seinem Tode vom Verleger Haslinger unter dem Titel „Schwanengesang" herausgegeben wurden. Die bedeutendsten darunter sind Heinrich Heines „Fischermädchen", „Das Bild", „Der Atlas", „Die Stadt" und ganz besonders „Am Meer". Musikalische Schönheit und charakteristische Deklamation wirken hier zusammen. Die Eigenart Heines, der nächst Goethe der größte lyrische Dichter Deutschlands war, zeigt auch Schubert bereits in der Behandlungsweise jener Lieder, und nach ihm bauten später Mendelssohn-Bartholdy und Robert Schumann auf dieser Grundlage weiter. Zu dem „Schwanengesang" gehören die graziöse „Taubenpost" von Seidl, Schuberts letzte Komposition, und einige Dichtungen Ludwig Rellstabs, von denen „Der Abschied" und das träumerisch süße Ständchen: „Leise flehen meine Lieder" am bekanntesten geworden sind.

Nach den verschiedensten Richtungen hin betätigte sich Schuberts fieberhaft schaffender Genius in seinem Todesjahre. Außer den Liedern entstanden Kirchenkompositionen und Kantaten, mehrere Klaviersonaten, ein Streichquartett und sein großartigstes Werk: die C-dur-Sinfonie. Unmittelbar nach ihrer Vollendung übergab er die Sinfonie der „Gesellschaft der Musikfreunde", welche ihm im Jahre vorher in einem Schreiben die Würdigung seines außerordentlichen Talents zu erkennen gegeben und zugleich ein Geschenk von hundert Gulden beigefügt hatte. Er wollte durch die Überreichung der großen Sinfonie gewissermaßen seinen Dank ausdrücken und freute sich sehr auf die Aufführung. Die Stimmen wurden herausgeschrieben und die Proben hatten bereits begonnen, da fand man das Werk zu lang und zu schwierig und legte es beiseite. Aus Schuberts Nachlaß ging die Partitur der Sinfonie mit vielen andern noch nicht aufgeführten Kompositionen in den Besitz seines Bruders Ferdinand über. Obwohl dieser musikalisch gebildet war und sogar einige Kirchensachen geschrieben, auch jahrelang das Amt eines Chorregens in Altlerchenfeld bekleidet hatte, so wußte er doch nicht zu beurteilen, welchen Schatz er verwahrte. Als im Jahre 1838 Robert Schumann, der in Leipzig die „Neue Zeitschrift für Musik" gegründet hatte, nach Wien kam, besuchte er auf dem Währinger Friedhofe die Gräber Beethovens und Franz Schuberts. Beim Nachhausegehen fiel ihm ein, daß ja Schuberts Bruder Ferdinand noch lebe, der dem großen Tondichter von allen seinen Angehörigen am nächsten gestanden hatte. Er war jetzt Lehrer an der Hauptschule zu St. Anna, und Schumann suchte ihn auf, um mit ihm von Franz zu plaudern. „Er kannte mich aus meiner Verehrung für seinen Bruder, wie ich sie oft öffentlich ausgesprochen hatte," erzählt Schumann, „und zeigte mir viele Andenken. Zuletzt ließ er mich auch von den Schätzen sehen, die sich noch von Schuberts Kompositionen in seinen Händen befanden. Der Reichtum, der hier aufgehäuft lag, machte mich freudenschauernd. Wo zuerst hingreifen, wo aufhören? Unter andern wies er mir die Partituren mehrerer Sinfonieen, von denen viele noch gar nicht gehört worden sind, oft vorgenommen, aber als zu schwierig und schwülstig zurückgelegt wurden. Wer weiß, wie lange auch die C-dur-Sinfonie verstäubt und im

Dunkel liegen geblieben wäre, hätte ich mich nicht bald mit Ferdinand Schubert verständigt, sie nach Leipzig zu schicken oder an die Direktion der Gewandhaus-Konzerte, oder an den Künstler (Mendelssohn-Bartholdy) selbst, der sie leitet und dessen feinem Blick kaum die schüchtern aufknospende Schönheit entgeht, geschweige denn so offenkundig strahlende."

Am 22. März 1839 wurde die Sinfonie im Leipziger Gewandhaus-Konzert, unter Leitung Mendelssohn-Bartholdys, aufgeführt. „Die Sinfonie hat unter uns gewirkt," schrieb Schumann, „wie nach denen Beethovens keine noch. Künstler und Kunstfreunde vereinigen sich zu ihrem Preise, und vom Meister, der sie auf das sorgfältigste einstudiert, daß es prächtig zu vernehmen war, hörte ich einige Worte sprechen, die ich Schubert hätte bringen mögen als vielleicht höchste Freudenbotschaft für ihn. Daß in dieser Sinfonie mehr als bloßer schöner Gesang, mehr als bloßes Leid und Freud', wie es die Musik schon hundertfältig ausgesprochen, liegt, ja daß sie uns in eine Region führt, wo wir vorher gewesen zu sein uns nirgends erinnern können, dies zuzugeben höre man solche Sinfonie. Wer diese Sinfonie nicht kennt, kennt noch wenig von Schubert."

Die Leipziger Gewandhaus-Konzerte genossen schon damals europäischen Ruf und waren für die Beurteilung neuer Erscheinungen maßgebend. Nachdem das Werk, welches den Komponisten auf der Höhe seiner Kunst zeigt, in Leipzig die Feuerprobe glänzend bestanden hatte, machte es die Runde durch ganz Deutschland, wo es heute den unbestrittenen Ruhm der bedeutendsten sinfonischen Tat neben den neun Sinfonieen Beethovens genießt. Der Umfang ist freilich kolossal, so daß Schumann von „göttlicher Länge" spricht; aber man empfindet dies beim Anhören nicht; denn es liegt ein unerschöpflicher Reichtum der Erfindung in diesem großartigen Orchesterwerke, und vom ersten Erklingen der Hörner, die es einleiten, bis zu den letzten hellschmetternden Fanfaren steht man unter dem Banne dieser Wunderwelt in Tönen.

Während Schubert als Liederkomponist schon bei seinen Lebzeiten anerkannt und gefeiert wurde, blieben seine Instrumentalwerke fast unbeachtet, und auch nach seinem Tode fanden sie beim Publikum nur langsam Eingang. Wie die C-dur-Sinfonie zehn Jahre, die H-moll-Sinfonie sogar vierzig Jahre nach dem Hingange des Meisters brauchte, ehe entzückte Hörer zum erstenmal diesen genialen Tonschöpfungen lauschten, so mußte auch sein Streichquintett in C, ein Juwel im Gebiete der Kammermusik, eine geraume Zeit auf seine Ausgrabung warten. Entrüstung und Freude zugleich drücken sich in den folgenden Worten eines Musikkritikers aus, als dieses Quintett, welches fast an Beethovensche Größe hinanreicht, zum erstenmal aufgeführt wurde: „Herz und Gehirn empören sich darüber, daß ein solches Werk an die dreißig Jahre als Manuskript hat tot liegen müssen. Dieses Quintett ist ein Himmelswerk, einzig in seiner Art, berauschend bis zur Wonnetrunkenheit durch die wunderbare Schönheit, den unsäglichen Liebreiz, den es von der ersten bis zur letzten Note ausatmet. Staunend fragt man sich: Und das hat ein Mensch gemacht, das ist nicht in einer seligen Sommernacht aus den leuchtenden Gestirnen herniedergeträufelt und hat sich nun erst im Schoße der Erde zu festen Tönen kristallisiert?"

Anfang September begann Schubert zu kränkeln und nahm auch Medizin. Frische gesunde Luft betrachtete der Arzt als das beste Heilmittel; daher zog der Leidende zum Bruder Ferdinand in der Vorstadt Wieden. Von dort brauchte er nicht weit zu gehen, um ins Freie zu gelangen. Leider war das Haus erst neu gebaut, und in der naßkalten Wohnung holte er sich wahrscheinlich den Todeskeim, während ein Aufenthalt in Gmunden oder Graz, den seine knappen Geldmittel ihm im Sommer versagt hatten, seiner Gesundheit am zuträglichsten gewesen wäre.

Da seine Unpäßlichkeit wieder abnahm, so machte er in den ersten Oktobertagen, von schönem Wetter begünstigt, mit Ferdinand und zwei Freunden einen größeren Ausflug nach dem zwölf Stunden von Wien entfernten niederungarischen Städtchen Eisenstadt, wo Joseph Haydn lange Jahre als Kapellmeister des Fürsten Paul Anton Esterhazy gewirkt hatte. In der Bergkirche, in welcher der große Meister seine letzte Ruhestätte gefunden, verweilte Schubert lange und in tiefes Sinnen versunken vor dem einfachen Grabstein mit verhüllter Lyra und der Inschrift: "Dem Fürsten der Musik seines Zeitalters." Er befand sich während der Reise in heiterer Stimmung.

Im Ungarlande, und zwar in der Hauptstadt Pest, hielt sich damals auch sein lieber Freund und Kollege Franz Lachner auf, dessen erste Oper, "Die Bürgschaft", dort gegeben werden sollte. Vor der Abreise nach Pest hatte Lachner von Schubert das Versprechen erhalten, der Aufführung beizuwohnen. Anton Schindler, der Freund und Biograph Beethovens, befand sich in Lachners Begleitung, und da er Schuberts Lässigkeit kannte, so erinnerte er diesen in einem Briefe vom 11. Oktober an jenes Versprechen und eröffnete ihm zugleich die verlockende Aussicht auf ein in der ungarischen Hauptstadt zu arrangierendes Konzert, welches eine brillante Einnahme verspräche, wenn Schubert persönlich darin mitwirkte und nur Musikstücke seiner eigenen Komposition vorgeführt würden. "Einige hundert Gulden auf diese Art in die Tasche zu bekommen, ist nicht zu verwerfen," fügte Schindler hinzu, "und nebst diesem können noch andere Vorteile dabei herausschauen. Also frisch, nicht lange judiziert und keine Mäuse gemacht, unterstützt werden Sie aufs beste und nach Kräften. Es ist hier ein junger Dilettant, der Ihre Lieder mit sehr schöner Tenorstimme gut, recht gut singt, der ist dabei, die Herren vom Theater detto, meine Schwester detto, also darf Er sich mit seinem dicken Ranzen nur hinsetzen und, was vorgetragen werden soll, begleiten."

Schubert antwortete nicht und kam auch nicht nach Pest. Sein Gesundheitszustand hatte sich mittlerweile verschlimmert. Als er am 31. Oktober im Gasthof zum „Roten Kreuz", wo er oft mit Freunden zusammentraf, einen Fisch essen wollte, erfaßte ihn ein plötzlicher Ekel, als hätte er Gift genossen. Von diesem Augenblick an nahm er außer Arzneien fast nichts mehr zu sich. Dagegen erging er sich im Freien, um frische Luft zu atmen, und begab sich am Morgen des 3. November nach Hernals, um einem von Ferdinand komponierten Requiem beizuwohnen. Es war die letzte Musik, die seinem Ohre erklang. Er selbst hielt seinen Zustand keineswegs für bedenklich; dennoch warf ihn zunehmende Schwäche aufs Krankenlager. Schmerzen empfand er nicht, wohl aber quälten ihn Schlaflosigkeit und Erschöpfung. Da Doktor Rinna, der ihn bisher behandelt, ebenfalls erkrankte, so rief man den Stabsarzt Dr. Vehring, dessen Anordnungen Schubert aufs gewissenhafteste befolgte. Noch versuchte er einige Stunden außer Bett zuzubringen und korrigierte sogar die letzten Druckbogen zur „Winterreise". Ein Brief ohne Datum an seinen Freund Schober lautete: „Lieber Schober! Ich bin krank. Ich habe schon elf Tage nichts gegessen und nichts getrunken und wandle matt und schwankend von Sessel zu Bett und zurück. Sei also so gut, mir in dieser verzweifelten Lage durch Lektüre zu Hilfe zu kommen. Von Cooper habe ich gelesen: den Letzten der Mohikaner, den Spion, den Lotsen und die Ansiedler. Solltest Du vielleicht was von ihm haben, so beschwöre ich Dich, mir solches bei der Frau von Bogner im Kaffeehaus zu depositieren. Mein Bruder, die Zuverlässigkeit selbst, wird solches am gewissenhaftesten mir überbringen. Oder auch etwas anderes. Dein Freund Schubert."

Es waren dies seine letzten Zeilen. Der Freund erfüllte die Bitte.

Am 16. November konstatierte der Arzt den Ausbruch des

Nervenfiebers, weshalb manche der Freunde, die den Kranken bisher besucht hatten, aus Furcht vor Ansteckung wegblieben Mit Lachner unterhielt sich Schubert noch bei vollem Bewußtsein mehrere Stunden und sprach von seinen Zukunftsplänen, besonders von der Kompositon einer Oper „Der Graf von Gleichen", deren Text Bauernfeld gedichtet hatte. Lachner sollte ihn nicht wiedersehen; er mußte verreisen und erfuhr in Darmstadt Schuberts Tod.

Vom 17. November an stellten sich Fieberphantasieen ein. Am folgenden Tage rief der Kranke seinen Bruder Ferdinand an sein Bett und sagte ihm leise und geheimnisvoll ins Ohr: „Du, was geschieht denn mit mir?"

„Lieber Franz," antwortete Ferdinand, „man ist sehr dafür besorgt, Dich wieder herzustellen, und der Arzt versichert auch, Du werdest bald wieder gesund werden, nur mußt Du im Bett bleiben."

Immer wollte er heraus, in der Meinung, er befände sich in einem fremden Zimmer.

„Ich beschwöre Dich, mich in mein Zimmer zu schaffen," flüsterte er am Abend dem Bruder zu, „mich nicht da in diesem Winkel unter der Erde zu lassen. Verdiene ich denn keinen Platz über der Erde?"

„Sei ruhig, lieber Franz," bat Ferdinand, „glaube doch Deinem Bruder, dem Du immer geglaubt hast und der Dich so sehr liebt, Du bist in dem Zimmer, in dem Du bisher immer warst, und liegst in Deinem Bette!"

„Nein, ist nicht wahr, hier liegt Beethoven nicht," war die Antwort des Kranken. Dem Arzte, der ihm bald darauf ebenfalls zusprach, sah der Fiebernde starr ins Gesicht, dann legte er die Hand langsam an die Wand und sprach tiefernst: „Hier ist mein Ende." —

Am Morgen hatte Vater Schubert an Ferdinand geschrieben:

„Die Tage der Betrübnis und des Schmerzes lasten schwer auf uns. Die gefahrvolle Krankheit unsers geliebten Franz wirkt peinlich auf unsere Gemüter. Nichts bleibt uns in diesen traurigen Tagen übrig, als bei dem lieben Gott Trost zu suchen und jedes Leiden, das uns nach seiner weisen Führung trifft, mit standhafter Ergebung in seinen heiligen Willen zu ertragen, und der Ausgang wird uns von der Weisheit und Güte Gottes überzeugen und beruhigen. Darum fasse Mut und inniges Vertrauen auf Gott, er wird Dich stärken, damit Du nicht unterliegst. Sorge soviel als möglich, daß unser guter Franz mit den heiligen Sakramenten der Sterbenden versehen werde, und ich lebe der tröstlichen Hoffnung, Gott werde ihn stärken und erhalten."

Daß diese Hoffnung sich erfüllen solle, lag jedoch nicht in Gottes Ratschluß. Am andern Tage, den 19. November, rief er den Kranken zu sich, den er für die irdische Pilgerfahrt mit so herrlichen Gaben ausgerüstet hatte. Neue Harmonieen und Rhythmen im Kopfe, war der Sänger unsterblicher Lieder in das Reich der ewigen Harmonie hinübergegangen, und der tiefgebeugte alte Vater griff nun nochmals zur Feder, um folgende Todesanzeige niederzuschreiben:

„Gestern Mittwoch nachmittags 3 Uhr entschlummerte zu einem bessern Leben mein innigstgeliebter Sohn Franz Schubert, Tonkünstler und Kompositeur, nach einer kurzen Krankheit und Empfang der Sterbesakramente im 32. Jahre seines Lebens. Zugleich habe ich und meine Familie unsern verehrlichen Freunden und Bekannten hiermit anzuzeigen, daß der Leichnam des Verblichenen Freitag den 21. d. M. nachmittag um $1/_2 3$ Uhr von dem Hause 694 auf der Neuen Wieden, in der neugebauten Gasse nächst dem sogenannten Bischofstadel, in die Pfarrkirche zum heiligen Josef in Margarithen getragen und daselbst eingesegnet werden wird. Wien am 20. November 1828. Franz Schubert, Schullehrer in der Rossau."

Der Parochie nach hätte Schubert auf dem Mahleinsdorfer Friedhofe beerdigt werden müssen; da er sich aber oft gewünscht hatte, dereinst in der Nähe Beethovens zu ruhen, so nahm man jene verworrene Hindeutung, die er auf dem Krankenbette getan, als einen Fingerzeig, daß ihn dieser Wunsch auch in seinen Delirien beschäftigte; und die Familie beschloß noch in letzter Stunde die Beerdigung auf dem Währinger Friedhofe, wo sich Beethovens Grabstätte befand.

Im Gewand eines Einsiedlers, dem zu jener Zeit üblichen Sterbekleide, lag der Tote auf der Bahre, die sich mit Blumen und Kränzen bedeckte. Trotz regnerischen Wetters fanden sich zum Leichenbegängnis eine Menge Menschen ein, um dem Meister das letzte Geleit zu geben. Studenten und junge Beamte trugen den Sarg vom Trauerhause nach der nahen kleinen Pfarrkirche, wo die Einsegnung erfolgte und ein Sängerchor unter Leitung des Domkapellmeisters Gänsbacher, Karl Maria von Webers uns wohlbekannter Freund, eine Trauermotette sowie einige von Schober gedichtete Strophen nach einer Schubertschen Melodie mit Begleitung von Blasinstrumenten vortrug. Dann wurde die Leiche nach dem Währinger Friedhofe geführt und dort zur Erde bestattet. Nur drei Gräber trennten den so früh geschiedenen Tondichter von Beethoven, dem hochverehrten Meister. Die Trauer war allgemein. Freunde und Bekannte drückten ihren Schmerz durch Gedichte und Kompositionen aus, in den öffentlichen Blättern erschienen Nachrufe. In Linz, wo Schuberts Name besonders populär war, fand am 25. Dezember 1828 zu seinem Gedächtnis eine musikalisch=dramatische Totenfeier statt.

Was er an musikalischen Schätzen hinterließ, war das kostbare Erbe der ganzen Welt; sein Nachlaß an irdischen Glücksgütern aber war so geringfügig, daß davon nicht einmal die Kosten seines Begräbnisses bestritten werden konnten. Fräulein Anna Fröhlich veranstaltete zu Anfang des Jahres 1829 zwei

Konzerte, und vom Erlös derselben und mit Hilfe einiger weiteren
Beiträge wurde auf dem Grabe des großen Künstlers ein
Monument mit seiner Büste errichtet, welches folgende von Grill=
parzer verfaßte Inschrift trug:

"Der Tod begrub hier einen reichen Besitz,
Aber noch schönere Hoffnungen."

Daß hier die Hoffnungen mehr als der Besitz betont werden,
daß das, was Schuberts Genius versprach, über das gestellt wird,
was er leistete, erscheint nur erklärlich, wenn man berücksichtigt,
daß diese Grabschrift aus einer Zeit stammt, wo viele von
Schuberts Kompositionen der Welt noch völlig fremd waren und daß
erst lange Jahre vergehen mußten, ehe seine ganze Größe erkannt
wurde. Treffender als jene Worte, die von begrabenen Hoff=
nungen sprechen, ruft Robert Schumann dem Meister nach: "Er
hat genug getan, und gepriesen sei, wer wie er gestrebt und
vollendet."

XI.
Nachklänge.

Gerade an Schuberts Todestage, nur zwölf Jahre später,
am 19. November 1840, schied auch sein Freund und
eifrigster Förderer, der Sänger Vogl, aus dem Leben. Noch
als Sechziger sang er in Privatzirkeln Schuberts Lieder; in
seinem achtundsechzigsten Jahre, 1836, trat er sogar noch einmal
an die Öffentlichkeit und trug in einem Konzert den "Erlkönig"
vor. Freilich mußte er, da ihm nur noch Reste seiner schönen
Stimme verblieben waren, seine ganze Kunstfertigkeit zusammen=
nehmen, um Wirkung zu erzielen. Er wurde zweiundsiebzig
Jahre alt; körperliche Leiden verbitterten ihm seine letzte Lebens=

zeit und fesselten ihn ans Zimmer. Kurz vor seinem Tode überreichten ihm seine und Schuberts Freunde einen Ehrenbecher mit Schuberts Bildnis als Erinnerungszeichen an jenen schönen und heitern Geistesbund. Vogls Name bleibt mit Franz Schuberts Liedern innig verwoben.

Im Jahre 1858 wurde an dem Hause, in welchem Schubert geboren war, eine Gedenktafel angebracht, später erhielt auch das Sterbehaus eine solche. Um dem Meister des Liedes ein seiner würdiges Denkmal zu errichten, gründete der Wiener Männergesangverein einen Fonds, und am 15. Mai 1872 konnte, im schönsten Teile der Residenz, an einer grün umschatteten, lauschigen Stelle des Wiener Stadtparkes, die wohlgelungene Statue Schuberts, von Professor Kundmann aus carrarischem Marmor gemeißelt, enthüllt werden. In idealer Auffassung, aber mit charakteristischer Lebenswahrheit stellt sie den Tondichter in träumerisch sinnender Haltung dar, eben im Begriff, mit dem erhobenen Griffel eine Melodie niederzuschreiben. Der Sockel, welcher sich auf granitnem Stufenbau erhebt, zeigt die Reliefs der Phantasie, des Gesangs und der Instrumentalmusik.

Im Jahre 1853 waren Beethovens und Schuberts sterbliche Überreste ausgegraben und in metallene Särge gelegt worden; 1888 erhielten beide eine neue Ruhestätte auf dem großen Wiener Centralfriedhofe in der Reihe der Ehrengräber. Am 22. Juni wurde Beethoven dorthin überführt, am 23. September folgte Schubert. Eine zahllose Volksmenge begleitete den Zug, mehr als einhundertundfünfzig Equipagen fuhren hinter dem von acht schwarzen Rossen gezogenen, blumenüberdeckten Sarge. Bei der Votivkirche schlossen sich sämtliche Gesangvereine der Kaiserstadt und der Umgegend an, die auf dem Schillerplatz des Komponisten Chor „Die Nacht" anstimmten. Nachdem auf dem Friedhofe selbst der Weihbischof D. Angerer die kirchliche Einsegnung vollzogen und der Wiener Männergesangverein Herbecks „Libera" vorgetragen hatte, bewegte sich die Trauerversammlung, während das Lied „Der Tod und das Mädchen" von Blasinstrumenten ertönte, nach dem unmittelbar neben Beethovens Ruhestätte bereiteten Grabe. Hier sprach der Hofschauspieler Gabillon ein von Frankl verfaßtes Huldigungsgedicht, welches mit den Worten schloß:

„Und immer, wenn ein Volk der Fürsten Leichen
Im Trauerpompe führt zur Ahnengruft,
Trägt es voran der Herrscher goldne Zeichen,
Die Salven donnern in bewegter Luft.
Ein Fürst auch war er, den wir jetzt begraben,
Kleinode: Lieder trugen sie ihm vor,
Und die ihm trauernd das Geleite gaben,
Wer zählt die Menge, zählt der Sänger Chor?
Er war ein Fürst des Lieds. Wie Könige pflegen
Gold auszustreu'n, wenn sie zur Krönung zieh'n,
Warf er der Lieder kostbar goldnen Segen
Ins Herz des Volks, in sein geliebtes Wien."

Unter den feierlichen Klängen des Liedes „Zum Feste Allerseelen" wurde der Sarg der Erde übergeben. Auf dem Grabe erhebt sich jetzt eine große, von zwei Säulen eingefaßte Marmortafel. Die obere Hälfte zeigt das Reliefporträt Schuberts, dem die Muse der Tonkunst einen Lorbeerkranz aufs Haupt setzt, während ein Genius Blumen streut. Darunter prangt in goldenen Buchstaben der Name: „Franz Schubert."

* * *

Nur mit einem kleinen Teile seiner Kompositionen war es Schubert, der mit bienenartiger Emsigkeit schuf, während seiner Lebzeit vergönnt gewesen, vor die Öffentlichkeit zu treten. Von seinen siebenhundert Liedern waren nur etwa hundert und außerdem einige Kirchen= und Kammermusik und von seinen Klavierstücken vorzugsweise Tänze im Stich erschienen. In seinem Nachlaß, welcher, wie schon gesagt, auf Ferdinand und nach dessen

Tode 1859 auf seinen Neffen Dr. Eduard Schreiber in Wien überging, fand sich ein ungeahnter Reichtum von unveröffentlicht gebliebenen Tonwerken aller Gattungen. Einige bedeutende Kompositionen und einzelne Teile größerer Werke, mit denen diejenigen, welche sie in Verwahrung hatten, nicht eben pietätvoll umgingen, sind spurlos verschwunden. Dem ganzen Nachlaß drohte wiederholt das Schicksal, in alle Welt zerstreut zu werden, ja einmal fehlte nicht viel, daß er in den Besitz eines Sammlers jenseits des Ozeans übergegangen wäre, um als Rarität einen Bibliotheksschrank zu füllen.

Einen Teil der nachgelassenen Werke erwarb 1830 der Diabellische Musikverlag, und zum allgemeinen Erstaunen erschienen nach und nach fünfzig Lieferungen, worunter vieles den bis dahin bekannten Schöpfungen Schuberts ebenbürtig war, vieles auch dieselben noch übertraf. Eine vollständige Ausgabe seiner Werke veranstalteten in neuerer Zeit erst Breitkopf und Härtel in Leipzig.

Außerhalb Österreichs und Deutschlands wurde der große Liederkomponist zuerst in Frankreich bekannt. Dazu trug besonders der Sänger Wartel bei, der dort mit dem Vortrage Schubertscher Lieder große Erfolge erzielte. Ein anderer Sänger, Nourrit mit Namen, brachte den „Erlkönig" zu hinreißender Wirkung.

Die Tiefe, die Gediegenheit, die Schwermut, jenes Etwas in Schuberts Liedern, das nur gefühlt, nie mit Worten beschrieben werden kann, fand bei den Franzosen volles Verständnis, so daß der Name Schubert zu hohem Ansehen stieg und auf dem Programm keines bedeutenderen Konzerts fehlen durfte. Da die Franzosen den Unterschied zwischen ihrem „Chanson" und dem deutschen Liede sehr wohl herausfühlten, so nahmen sie das deutsche Wort als „le lied" in ihre Sprache auf.

Die Pariser Verleger Bellange und Richauld gaben bis

1840 in eleganter Ausstattung hundert Schubertsche Lieder mit französischer Übersetzung des Textes heraus, außerdem auch Märsche, Walzer, Sonaten, Trios, Quartette und die beliebten „Moments musicales".

Schuberts Lieder sind vielfach zu selbständigen Klavierstücken, in denen die Gesangsstimme durch das Klavier vertreten wird, bearbeitet worden. Diese Transskriptionen haben oft einen zweifelhaften Wert, doch ist ihnen das Verdienst nicht abzusprechen, daß sie weite Kreise mit dem Melodieenzauber der Schubertschen Muse bekannt gemacht haben. Die gediegensten dieser Transskriptionen lieferten Franz Liszt und Stephen Heller.

* * *

„Wenn Fruchtbarkeit ein Hauptmerkmal des Genies ist," sagt Robert Schumann, „so ist Schubert eines der größten. Er hätte nach und nach wohl die ganze deutsche Litteratur in Musik gesetzt, und wenn Telemann, der produktivste Tonsetzer des siebzehnten Jahrhunderts, verlangt, ein ordentlicher Komponist müsse den Torzettel komponieren können, so hätte er an Schubert seinen Mann gefunden. Wo er hinfühlte, quoll Musik hervor."

In der Tat, was er anschaut mit dem Auge, was er berührt mit der Hand, verwandelt sich in Musik; aus Steinen, die er anfaßt, springen lebende Gestalten, und hierin erinnert er an Deukalion und Pyrrha, die Steine hinter sich warfen, aus denen Menschen wurden. So tausendfältig sich des Menschen Dichten und Trachten entfaltet, so vielseitig ist Schuberts Musik. Er hat Töne für die feinsten Empfindungen, Gedanken, Begebenheiten und Lebenszustände.

Was er geschaffen, ist heute das geistige Eigentum der musikalischen Welt. Seine Zeitgenossen wußten ihn nicht zu würdigen, sie verstanden ihn ebensowenig, als er es verstand, sich durch Mittel, die nichts mit seiner Kunst zu tun hatten,

Protektion und Geltung zu verschaffen. Aber für die teils bewußte, teils unbewußte Versündigung, welche der Mitwelt des großen Meisters zum Vorwurf gemacht werden muß, hat die jetzige Generation ihm Genugtuung gegeben, und er vergilt ihr das mit reichlichem Dank durch den bestrickenden Zauber seines Genius.

Dem wechselnden Zeitgeschmack unterliegend, ist schon so manches Werk der größeren Komponisten veraltet; Schuberts Schöpfungen werden sich noch viele kommende Zeiten in jugendlicher Frische erhalten und das glückliche Los der Meisterwerke Beethovens teilen, dem er näher steht als irgend ein anderer Gewaltiger seiner Kunst.

Seine Lieder sind Kinder einer freien, blühenden Phantasie, unerschöpflicher Erfindung, eines tiefen Gemüts und von überraschender Ursprünglichkeit. Er überragt als Liederkomponist alle vor und nach ihm, und an dem Ruhme der deutschen Nation, die liederreichste unter den Völkern zu sein, hat er einen großen Anteil. Aber auch auf dem Gebiete der Instrumentalmusik hat er Unvergängliches geschaffen, wofür seine Sinfonieen, Streichquartette und seine Klavierwerke rühmliches Zeugnis ablegen.

Einem Meteore gleich, tauchte seine Erscheinung am musikalischen Himmel auf; aber so flüchtig auch dieses vorüberschwebte, so dauernde Wirkungen hat es zurückgelassen.

Gewiß hat Robert Schumann recht, wenn er sagt: „Die Zeit, so zahllos Schönes sie gebiert, — einen Schubert bringt sie nicht wieder."

Felix Mendelssohn-Bartholdy,

ein Liebling der Musen und des Glücks.

I.

Beim Dichterfürsten in Weimar.

Es war im Jahre 1820. Die trübe Stimmung eines November-Nachmittags breitete sich über Weimar. In einem Hause, welches heute zu den geweihtesten Stätten des berühmten Musensitzes gehört, brannte bereits Licht. Es kam von zwei Kerzen, die das Notenpult eines geöffneten Flügels erleuchteten. Davor saß ein elfjähriger Knabe. Seine dunkelbraunen, auf die Schultern herabfallenden Locken umrahmten ein Antlitz, dessen ausdrucksvolle Züge durch die hohe Stirn, den lieblichen Mund und die großen schwarzen, hellleuchtenden Augen noch gehoben wurden. Die orientalische Abkunft, welche die fein gebogene Nase andeutete, zeigte sich hier in edler Vergeistigung und in der Schönheit blühender Jugend.

Neben dem Flügel standen zwei Männer im höhern Lebensalter. Der eine, mit den Händen auf dem Rücken, war Goethe. Der andere, in dessen Gesichtsbildung sich Ehrlichkeit mit Derbheit mischte, gehörte zu den wenigen Auserlesenen, die sich der intimen Freundschaft des Dichterfürsten rühmen konnten; beide redeten einander sogar mit dem vertraulichen Du an. Dieser bevorzugte Sterbliche war Karl Friedrich Zelter, der Leiter der Berliner Singakademie. Der Knabe am Klavier war Felix Mendelssohn-Bartholdy, sein Schüler, der mit ihm aus der preußischen Hauptstadt hierher gekommen war, um vor Goethe eine Probe seiner außerordentlichen musikalischen Begabung abzulegen.

„Was soll ich spielen?" fragte Felix seinen Lehrer.

„Nun, was Du kannst, was Dir nicht zu schwer ist," antwortete Zelter. „Wie wär's mit einer freien Phantasie über irgend ein Thema?"

„Gut. Aber über welches?"

Zelter setzte sich an das Instrument, und mit seinen steifen Fingern, von denen mehrere gelähmt waren, trug er ein sehr einfaches Lied vor. Felix spielte es erst nach. Dann gestaltete er die sanfte Melodie zu einem aufbrausenden, wilden Allegro. Die kleine Knabenhand wühlte ein Meer stürmischer Tonmassen auf, beherrschte die gewagtesten Umbildungen; ein Strom von Harmonieen und perlenden Passagen rollte daher, und dazwischen entwickelten sich überraschende kontrapunktische Sätze. In seinem Feingefühl dehnte der junge Künstler den Vortrag nicht zu lang aus. Nach einem energisch aufschwellenden Schlußakkord hob er die Hände von den Tasten und ließ sie dann herabsinken.

Goethe schwieg, als wäre er noch immer von der Macht der vernommenen Töne gefesselt.

„Na, Felix," unterbrach Zelter die herrschende Stille, „Du hast wohl von Kobolden und Drachen geträumt? Das ging ja über Stock und Stein!"

Goethe trat freudestrahlend auf den kleinen Virtuosen zu, nahm kosend dessen Kopf zwischen seine Hände und sagte, ihm die Wangen streichelnd: „Aber damit kommst Du nicht durch! Du mußt noch mehr von Dir hören lassen, bevor ich Dich ganz anerkenne."

„Aber was soll ich noch spielen?" fragte Felix.

Felix Mendelssohn-Bartholdy.
(Nach einem Stahlstich. Verlagsanstalt F. Bruckmann, München.)

Goethe war ein großer Freund der Bachschen Fugen. Der Knabe wurde daher aufgefordert, eine Fuge dieses Altmeisters vorzutragen, und spielte diese ohne Vorbereitung mit vollendeter Sicherheit.

Das Staunen des großen Dichters wuchs. „Nun möchte ich ein Menuett hören," sagte er.

„Soll ich das schönste spielen, das es in der ganzen Welt gibt?" fragte Felix mit leuchtenden Augen.

„Nun, und welches wäre das?" forschte Goethe.

Der Knabe antwortete in Tönen, indem er das Menuett aus Mozarts „Don Juan" spielte. Darauf wünschte Goethe auch die Ouvertüre zu dieser Oper zu hören. Doch dies schlug der Kleine rund ab. Die lasse sich auf dem Klaviere nicht so spielen, wie sie geschrieben stehe, bemerkte er, und ändern dürfe man nichts daran, das würde eine Sünde gegen Mozart sein. Dagegen erklärte er sich bereit, die Ouvertüre zu „Figaro" zuzugeben, womit Goethe einverstanden war.

Mit überraschender Leichtigkeit der Hand, Sicherheit, Rundung und Klarheit in den Passagen trug er die Ouvertüre vor. Dabei hob er die Orchestereffekte durch seine Züge und deutlich betonte Stimmen so vortrefflich hervor, daß die Wirkung auf den lauschenden Dichter, der fortgesetzt am Flügel stehen blieb, hinreißend war. In die heiterste Stimmung versetzt, begann er den geistsprühenden Knaben zu necken.

„Bis jetzt hast Du mir nur Stücke gespielt, die Du kanntest," sagte er, „jetzt wollen wir einmal sehen, ob Du auch etwas spielen kannst, was Du noch nicht kennst. Ich werde Dich auf die Probe stellen."

Er verließ das Zimmer und kehrte bald mit einigen Blättern geschriebener Noten zurück. „Da habe ich einiges aus meiner Manuskriptensammlung geholt. Nun wollen wir Dich prüfen. Wirst Du das hier spielen können?"

Er legte ein Blatt mit klein und sehr sauber geschriebenen Noten auf das Pult mit den Worten: „Das ist Mozarts Handschrift."

Freudig erglühte Felix bei diesem Namen. Er spielte das Stück mit einer Sicherheit und mit einem fein abgewogenen Vortrage vom Blatt, als wisse er es seit Jahren auswendig.

„Das ist noch nichts," rief Goethe, „das können auch andere lesen. Jetzt will ich Dir aber etwas geben, wobei Du stecken bleiben wirst. Nun nimm Dich in acht!" Damit legte er ein anderes Notenblatt aufs Pult. Das sah wüst aus! Man konnte kaum unterscheiden, ob es Noten waren oder ein liniiertes, mit Tintenspritzern und an unzähligen Stellen verwischtes Blatt.

„Gott, wie ist das geschrieben!" lachte Felix verwundert. „Wie soll man das lesen?"

„Nun rate einmal, wer das geschrieben hat!" rief Goethe.

„Das hat ja Beethoven geschrieben," erklärte Zelter, der hinzugetreten war und seinem Schüler über die Achsel schaute. „Das kann man auf eine Meile sehen! Der schreibt immer wie mit einem Besenstiele und mit dem Ärmel über die frischen Noten gewischt."

Felix war sehr ernst geworden. In seinen Zügen drückte sich ein heiliges Staunen aus, während er unverwandt auf das Blatt blickte. Goethe wollte ihm keine Zeit zur Vorbereitung lassen.

„Siehst Du," rief er, „sagte ich Dir's nicht, Du würdest stecken bleiben? Jetzt versuche und zeige, was Du kannst."

Felix begann sofort zu spielen. Es war ein einfaches Lied; um jedoch zwischen halb verwischten ungültigen Noten die richtigen herauszufinden, bedurfte es einer großen Schnelligkeit und Sicherheit des Überblicks. Beim ersten Durchspielen mußte denn auch der junge Künstler oft mit dem Finger die richtige Note suchen, die an ganz falscher Stelle stand, und mit einem raschen „Nein so!" manchen Fehlgriff verbessern. Dann sagte er: „Jetzt will ich es Ihnen vorspielen," und nun verfehlte er keine einzige Note. „Ja, das ist Beethoven," rief er einmal, als er auf eine melodische Stelle stieß, in welcher sich die Eigenart des großen Meisters ausprägte, „das ist ganz Beethoven, daran hätte ich ihn erkannt!"

Mit diesem letzten Probestück ließ es Goethe bewenden. Es war genug, um des Knaben hohe Begabung in das glänzendste Licht zu stellen. Goethe war völlig hingerissen und sagte später, unter vier Augen, zu Zelter, daß er solche Leistungen in so jugendlichem Alter nicht für möglich gehalten hätte.

„Und Du hast doch in Frankfurt den Mozart in seinem siebenten Jahre mit angehört," versetzte Zelter.

„Ja," erwiderte der Dichter; „aber damals zählte ich selbst erst zwölf Jahre und war allerdings, wie alle Welt, höchlich erstaunt über seine außerordentliche Fertigkeit. Was aber Dein Schüler jetzt schon leistet, mag sich zum damaligen Mozart verhalten wie die ausgebildete Sprache eines Erwachsenen zu dem Lallen eines Kindes."

Felix blieb mit Zelter und dessen Tochter Doris vierzehn Tage in Weimar. In mehreren Briefen an Eltern und Geschwister spricht der aufgeweckte Knabe seine Freude aus, mit dem großen Dichter in so nahe Berührung gekommen zu sein, schildert seine Persönlichkeit und allerlei kleine Szenen. So schreibt er unter anderm: „Alle Nachmittage macht Goethe das Streichersche Instrument mit den Worten auf: «Ich habe Dich heute noch gar nicht gehört, mache mir ein wenig Lärm vor,» und dann pflegt er sich neben mich zu setzen, und wenn ich fertig bin (ich phantasiere gewöhnlich), so bitte ich mir einen Kuß aus oder nehme mir einen. Von seiner Güte und Freundlichkeit macht Ihr Euch keinen Begriff, ebensowenig als von dem Reichtum, den der Polarstern der Poeten an Mineralien, Büsten, Kupferstichen, kleinen Statuen, großen Handzeichnungen u. s. w. hat. Daß seine Figur imposant ist, kann ich nicht finden, er ist eben nicht viel größer als Vater. Doch seine Haltung, seine Sprache, sein Name, die sind imposant. Einen ungeheuern Klang der Stimme hat er, und schreien kann er wie zehntausend Streiter. Sein Haar ist noch nicht weiß, sein Gang ist fest, seine Rede sanft. Dienstag wollte Professor Zelter mit uns nach Jena und von da gleich nach Leipzig. Sonnabend abend war Adele Schopenhauer (die Tochter der bekannten Roman- und Reiseschriftstellerin Amalie Schopenhauer) bei uns und wider Gewohnheit auch Goethe den ganzen Abend. Die Rede kam auf unsere Abreise, und Adele beschloß, daß wir alle hingehen und uns Professor Zelter zu Füßen werfen sollten und um ein paar Tage Zugabe flehen. Er wurde in die Stube geschleppt, und nun brach Goethe mit seiner Donnerstimme los, schalt Professor Zelter, daß er uns mit nach dem alten Nest nehmen wollte, befahl ihm, stillzuschweigen, ohne Widerrede zu gehorchen, uns hier zu lassen, allein nach Jena zu gehen und wiederzukommen, und schloß ihn so von allen Seiten ein, daß er alles nach Goethes Willen tun wird. Nun wurde Goethe von allen Seiten bestürmt, man küßte ihm Mund und Hand, und wer da nicht ankommen konnte, der streichelte ihn und küßte ihm die Schultern, und wäre er nicht zu Hause gewesen, ich glaube, wir hätten ihn zu Hause begleitet wie das römische Volk den Cicero nach der ersten catilinarischen Rede. Übrigens war auch Fräulein Ulrike (die Schwester der Frau von Goethe) ihm um den Hals gefallen, und da er ihr die Cour macht, so tat alles dies zusammen die gute Wirkung. Montag um elf war Konzert bei Frau von Henkel. Nicht wahr, wenn Goethe mir sagt, «mein Kleiner, morgen ist Gesellschaft um elf, da mußt auch Du uns 'was spielen,» so kann ich nicht sagen nein!" —

Der Besuch bei dem Dichter des „Faust" hinterließ bei

Felix einen unverlöschlichen Eindruck, und die damals geknüpfte Verbindung währte bis zu Goethes Tode. Aus jenen in Weimar verlebten Tagen stammt auch ein kleines Gedicht, welches Goethe in das Album des jugendlichen Künstlers schrieb. Adele Schopenhauer hatte dazu aus rosa Papier ein geflügeltes Steckenpferd, auf dem ein bekränzter geflügelter kleiner Genius ritt, ausgeschnitten. Die Verse lauten:

> „Wenn über die ernste Partitur
> Quer Steckenpferdlein reiten —
> Nur zu! Auf weiter Töne Flur
> Wirst manchem Lust bereiten,
> Wie Du's getan mit Lieb' und Glück,
> Wir wünschen Dich allesamt zurück."

II.
Eine glückliche Jugend.

Der Name Mendelssohn hatte schon einen guten Klang, noch ehe Felix ihn zu seiner jetzigen Berühmtheit erhob. Sein Großvater war der vielgenannte, tiefe philosophische Denker Moses Mendelssohn, ein Lehrerssohn aus Dessau, der in bitterer Armut nach Berlin gekommen war, um dort bei einem reichen Seidenhändler die Stelle eines Hauslehrers, später die eines Buchhalters zu bekleiden. Nur durch eigene Kraft und rastloses Selbststudium rang er sich zu der höchsten geistigen Bildungsstufe empor. In seinen beiden popularphilosophischen Hauptwerken „Morgenstunden" und „Phädon", worin er für das Dasein Gottes und die Unsterblichkeit der Seele eintrat, offenbarte sich ein tief religiöser Geist. Er ward der Freund Lessings und das Vorbild zu dessen „Nathan". Von seinen sechs hinterlassenen

Kindern widmete sich der zweitälteste Sohn Abraham dem Kaufmannsstande und trat als Kassierer bei einem großen Pariser Bankhause ein. Auf einer Reise nach Berlin lernte er in Lea Salomon, einem ebenso liebenswürdigen als feingebildeten Mädchen, seine spätere Gattin kennen. Die Mutter wollte die Hand ihrer Tochter einem einfachen „Commis" nicht geben. Abraham verließ daher seine Stelle in Paris und gründete mit seinem Bruder Joseph in Hamburg ein eigenes Geschäft. Große Umsicht und Tätigkeit verhalf ihm mit der Zeit zu einem bedeutenden Vermögen. Lea beschenkte ihn mit vier Kindern. Fanny ward im Jahre 1805, Felix am 3. Februar 1809 geboren, dann folgten Rebekka und Paul.

Abraham war von kerndeutscher Gesinnung. Bei der Erhebung von 1813 gegen die französische Fremdherrschaft rüstete er auf eigene Kosten mehrere Freiwillige aus. Sein Patriotismus machte ihn bei Davoust verdächtig, der als Gouverneur die Stadt Hamburg durch die härtesten Erpressungen heimsuchte. Abraham entzog sich den ihm drohenden Gewaltmaßregeln durch die Flucht nach Berlin, wo er ein Bankgeschäft eröffnete und wegen seiner gemeinnützigen Gesinnung zum Stadtrat erwählt wurde.

Er war ein liebevoller, aufopfernder Gatte und Vater. Seine Kinder ließ er im protestantischen Glauben erziehen, weil er dem Christentum den Vorzug vor andern Religionen gab, und dadurch entwickelte sich in Felix jene christlich-religiöse Gemütsrichtung, die ihn zu einem der bedeutendsten Vertreter der Kirchenmusik machte. Ein Bruder seiner Mutter, der preußische Generalkonsul Jakob Salomon in Rom, war schon früher zum Christentum übergetreten und hatte sich den Namen Bartholdy zugelegt. Seinem Rate und Beispiele folgend, nahm Abraham den gleichen Namen an und nannte sich Mendelssohn-Bartholdy.

Als Hauslehrer für Fanny und Felix wählte er den später zu bedeutendem Ruf gelangten Philologen H. Heyse, den Vater des Dichters Paul Heyse. Ihm verdankte Felix seine gründliche klassische Bildung. Den ersten Unterricht im Klavierspiel erhielt der Knabe durch Ludwig Berger, gleich hervorragend als Klaviervirtuos wie als Liederkomponist, während Zelter im Kontrapunkt und in der Komposition sein Lehrer wurde. Der originelle Mann, dessen gerades, biederes Wesen sich gelegentlich bis zur Grobheit steigerte, war der Sohn eines Maurers und hatte eine Zeitlang dieses Handwerk selbst betrieben. Um den Gesang erwarb er sich große Verdienste; die Berliner Singakademie wurde unter seiner Leitung ein Vorbild für alle Gesangvereine, welche seit 1800 in Deutschland ins Leben getreten waren. Mit Goethe stand er seit 1796 bis zu dessen Tode in lebhaftem Briefwechsel, der später veröffentlicht wurde und nicht weniger als sechs Bände füllt. Im Violinspiel erhielt Felix Unterricht bei Ferdinand Rietz, zu welchem er später in ein enges Freundschaftsverhältnis trat.

Felix war, wie Mozart, ein Wunderkind im besten Sinne des Worts. Zu seiner eifrigen Lernbegierde gesellte sich eine außerordentliche Auffassungsgabe und frühzeitige Schaffenskraft. Schon in seinem neunten Jahre hatte er es im Klavierspiel so weit gebracht, daß er vor einem größeren Zuhörerkreise ein Konzert von Dussek vortragen konnte. In der Komposition wagte er sich bereits an die Fuge. Der Vater, der ein feines Urteil über Musik besaß, erblickte in dieser Kunst des Knaben künftigen Lebensberuf und teilte diese Ansicht seinem Schwager in Rom mit. Obwohl der Generalkonsul ein großer Kunstfreund war und sein Haus mit Freskobildern von den ersten deutschen Malern hatte schmücken lassen, so wollte er doch aus seinem Neffen keinen Musiker von Profession werden sehen. Der Junge solle, wenn er keine Neigung für den Kaufmannsstand habe, die Rechte studieren und in die Staatslaufbahn eintreten, riet er, die Kunst könne er ja dann noch immer nebenher zu seiner Erholung betreiben.

Glücklicherweise befolgte der Vater diesen Rat nicht. Der treffliche Unterricht, den Felix genoß, zeitigte staunenswerte Früchte. Noch keine zwölf Jahre alt, komponierte er binnen wenigen Wochen seine erste Oper „Die beiden Neffen", der bald noch zwei andere Opern, ein vierstimmiger Psalm, mehrere Sinfonieen, Klavierfugen, Sonaten und Lieder folgten. Im elterlichen Hause entfaltete sich ein blühendes Musikleben, zumal auch Fanny, die um vier Jahre ältere Schwester, eine hohe musikalische Begabung besaß und als Klavierspielerin Ausgezeichnetes leistete.

Sonntags fanden Hauskonzerte statt, zu welchen sich viele Mitglieder der Königlichen Hofkapelle einstellten, um Felix' Kompositionen, die er selbst dirigierte, oder Orchesterwerke der großen Tonmeister aufzuführen. Auch als Klaviervirtuos produzierte er sich in diesen Konzerten, ebenso wie Schwester Fanny. Zelter fehlte dabei fast nie. Auch Ignaz Moscheles kam, der 1824 in Berlin als Klaviervirtuos Aufsehen erregte und dem Klavierspiele des Wunderknaben die letzte Vollendung gab. Als Karl Maria von Weber 1821 in Berlin seinen „Freischütz" aufführte, besuchte er ebenfalls das Mendelssohnsche Haus. Felix hatte einen gewaltigen Respekt vor ihm. Nach einer Freischützprobe, der er beiwohnte, fuhr Weber in das elterliche Haus und wollte ihn mitnehmen. Felix fühlte sich jedoch dieser Ehre nicht würdig genug, sondern rannte auf näheren Wegen so rasch nach Hause, daß er dem großen Komponisten bei dessen Ankunft noch den Kutschenschlag öffnen konnte.

Im Juli 1822 machte der junge, nun dreizehnjährige Künstler mit Eltern und Geschwistern eine Reise nach der Schweiz. Zunächst wurde der Harz besucht, von da ging es über Göttingen und Kassel nach Frankfurt am Main, wo man bei dem Klaviermeister Aloys Schmitt Einkehr hielt. Dieser veranstaltete eine Musikaufführung, und bei dieser Gelegenheit lernte Felix Schmitts Lieblingsschüler Ferdinand Hiller kennen, dessen Name in der musikalischen Welt noch zu großer Bedeutung gelangen sollte. Hiller war damals zehn Jahre alt und hatte von seinem Lehrer, der vergangenen Winter in Berlin gewesen war, viel über den wunderbaren Felix gehört. Zwischen den Knaben knüpfte sich ein dauernder Freundschaftsbund, welcher im Leben der beiden Künstler zu den schönsten Erinnerungen zählt.

Von Frankfurt setzte die Familie Mendelssohn ihre Reise über Darmstadt und Stuttgart nach Schaffhausen fort, um dann in die Wunder der Alpenwelt einzutreten, wo jedoch am Gotthard Halt gemacht wurde zum großen Leidwesen Fannys, die gar zu gern bis in die schönen Gefilde Italiens vorgedrungen wäre. Auch am Genfer See, den man noch von Interlaken aus bereiste, wurde diese Hoffnung wieder getäuscht. Doch ging es noch ins Chamouny, das großartige savoyische Hochtal, ehe die Rückreise angetreten wurde. In Frankfurt und Weimar nahm man einen längeren Aufenthalt. Bei Goethe fand die Familie eine sehr freundliche Aufnahme. Mit Vater Mendelssohn unterhielt er sich fast nur über Felix. Als er sich eines Tages über etwas geärgert hatte, sagte er zu dem Knaben: „Ich bin Saul und Du bist mein David. Wenn ich traurig und trübe bin, so komm' Du zu mir und erheitere mich durch Dein Saitenspiel!" Eines Abends wünschte Goethe eine bestimmte Fuge von Bach zu hören. Felix wußte sie nicht auswendig, nur das Thema war ihm bekannt, und dieses führte er nun in einem langen fugierten Satze durch. Entzückt ging Goethe zur Mutter, und indem er ihr warm die Hand drückte, sagte er: „Es ist ein himmlischer, kostbarer Knabe! Schicken Sie mir ihn recht bald, bald wieder, daß ich mich an ihm erquicke!"

Die Schweizerreise hinterließ bedeutende Eindrücke bei Felix; keines von den Ländern, die er später sah, gefiel ihm so wie

jene großartige Alpenwelt. Auch körperlich hatte die Reise auf
ihn eingewirkt. Er war gewachsen und stärker geworden, zu
seinen männlicher entwickelten Gesichtszügen paßten die schönen
langen Locken nicht mehr, die nun der Schere zum Opfer fielen.

Trotz der großen Reise hatte er im Komponieren eine er=
staunliche Fruchtbarkeit entfaltet; auch trat er noch in demselben
Jahre zum ersten Male öffentlich auf, zunächst in Berlin selbst
in einem Konzert der berühmten Sängerin Milder und dann in
dem schlesischen Badeorte Reinerz, wo er in einem Wohltätigteits=
konzert unter großem Beifall über einige Mozartsche und Webersche
Themata phantasierte.

Im Jahre 1825 kaufte Vater Mendelssohn das Haus Nr. 3
in der Leipziger Straße, welches später Sitz des preußischen
Herrenhauses geworden ist. Obwohl in etwas vernachlässigtem
Zustande, enthielt es schöne große Räume; ein parkartiger Garten
mit den herrlichsten alten Bäumen stieß daran; den großen Hof
schloß die einstöckige Gartenwohnung ab mit einem geräumigen,
mehrere hundert Menschen fassenden Saale, der nach dem Garten
zu verschiebbare Glaswände mit Säulen dazwischen hatte und
so in eine offene Säulenhalle verwandelt werden konnte. In
diesen Räumen, wo nun die Sonntagsmusiken stattfanden, ent=
faltete sich allmählich das großartigste musikalische Leben, und
das Mendelssohnsche Haus wurde ein Sammelpunkt für die ge=
bildeten Berliner Kreise. Bedeutende Künstler, Musiker, Dichter
und Gelehrte von nah und fern fanden sich hier ein, unter ihnen
Spohr, Paganini, Liszt, die Maler Cornelius und Horace
Vernet, Kaulbach und Moritz von Schwind, die Sängerinnen
Grisi, Schröder=Devrient und Milder, der große Schauspieler
Seydelmann und seine gefeierte Pariser Kollegin, die Rachel,
die Bildhauer Thorwaldsen, Rauch und Kiß, die Dichter de la
Motte=Fouqué, Brentano, Heinrich Heine und Paul Heyse, die
Gebrüder Alexander und Wilhelm von Humboldt, die als Jüng=

linge noch die Vorträge Moses Mendelssohns gehört hatten, und viele andere gefeierte Größen.

Aber auch im engern Familienkreise, zu welchem die näheren Freunde gehörten, wurde der Kunst und Poesie gehuldigt, und hier war Fanny der belebende Mittelpunkt. Ebenso hochbegabt als geistreich, übte sie den nachhaltigsten Einfluß auf den Bruder und besaß sein uneingeschränktes Vertrauen. Sie sah sein Talent sich Schritt für Schritt entwickeln und war sein musikalischer Ratgeber, so daß er keinen Gedanken aufs Papier brachte, ohne ihn der Schwester vorher zur Prüfung vorgelegt zu haben. Ihre musikalische Bildung und ihr zutreffendes Urteil befähigten sie hierzu, hatte sie doch, abgesehen von ihrem vorzüglichen Klavierspiel, ebenso wie Bruder Felix Unterricht in der Kompositionslehre und im Generalbaß genossen.

In ihrem siebzehnten Jahre lernte sie ihren späteren Gatten Wilhelm Hensel kennen, der damals achtundzwanzig Jahre zählte. Er hatte sich der Malerei gewidmet, und nach dem Tode seines Vaters, eines armen Landpredigers, übernahm er mit der größten Selbstaufopferung die Sorge für Mutter und Schwestern, indem er Zeichnungen und Radierungen für Taschenbücher und Kalender lieferte, dabei oft auch nur beim Scheine eines Talglichts Nächte hindurch arbeitend. Im Dienste für das Vaterland wurde er mehrere Male verwundet und zog 1814 und 1815 in Paris mit ein. Als der russische Thronfolger Nikolaus mit seiner Gemahlin in Berlin weilte, stellte Hensel lebende Bilder aus „Lalla Rookh", der morgenländischen Dichtung von Thomas Moore, in welchen die Großfürstin selbst mitwirkte. Auf Wunsch des Königs malte er diese Bilder und stellte sie in seinem Atelier aus, wodurch er in Berlin zuerst als Künstler bekannt wurde. Auch Fanny kam mit ihren Eltern, um die schönen Zeichnungen zu bewundern, und der talentvolle Maler gehörte von nun an zu den gern gesehenen Gästen des Mendelssohnschen Hauses, wo er die dort verkehrenden Berühmtheiten während der musikalischen Aufführungen in sein Album zeichnete, ohne daß sie es merkten. Seine große Gewandtheit im Porträtieren und seine geistvolle Auffassung verliehen diesen Zeichnungen künstlerischen Wert. Er warb um Fannys Liebe und erhielt ihr Jawort. Fannys Mutter war von weichem Gemüt, das aber nie die Oberhand über ihren scharfen Verstand erlangte; sie gab ihre Einwilligung nur unter der Bedingung, daß Hensel erst eine gesicherte Existenz haben müsse. Er hatte von der Regierung ein Stipendium erhalten und den Auftrag, in Italien das Raffaelsche Bild „die Verklärung Christi" zu kopieren. Auf fünf Jahre ging er nach Italien, aber einen Briefwechsel mit Fanny gestattete die Mutter nicht, dagegen wollte sie ihm selbst schreiben, und mit diesem zweifelhaften Troste trat er die Reise gen Süden an.

In dem neuen Heim gestalteten sich die Sommermonate des Jahres 1825 zu einem Feste voll Poesie, Musik, sinnreicher Spiele und heiterer, geistvoller Neckereien. Im Gartenpavillon war ein Bogen Papier mit Schreibmaterial ausgelegt, und wer einen lustigen Einfall hatte, der schrieb ihn dort nieder. Diese „Gartenzeitung" wurde im Winter als „Thee= und Schneezeitung" fortgesetzt, selbst ältere Freunde des Hauses, wie Zelter und Humboldt, verschmähten nicht, Beiträge dazu zu liefern.

Im Garten hatte der Vater einen kleinen Turnplatz anlegen lassen, wo Felix mit Erfolg Gymnastik trieb; auch andere Künste, die den Körper stählen und geschmeidig machen, pflegte er eifrig, er lernte tanzen und schwimmen, und ein alter königlicher Stallmeister unterrichtete ihn in der Reitkunst. Ebenso bildete er mancherlei künstlerische Anlagen aus, die er als Zugabe zu seinem musikalischen Genie empfangen hatte, besonders brachte er es im Zeichnen zu einer bedeutenden Fertigkeit, die ihn auf seinen späteren Reisen befähigte, die empfangenen Natureindrücke in wohlgelungenen Landschaftsskizzen zur bleibenden Erinnerung festzuhalten.

Im März desselben Jahres hatte ihn der Vater mit nach Paris genommen, wo beide zwei Monate verweilten. Dieser Aufenthalt führte zu persönlichen Bekanntschaften mit den bedeutendsten Musikern, welche in der französischen Hauptstadt wohnten oder dort zusammenströmten. Felix lernte den großen Klavierspieler Hummel, die gefeierten Komponisten Kreutzer, Meyerbeer, Rossini und Halévy kennen. Die wichtigste Persönlichkeit war für ihn jedoch Cherubini, der Direktor des Pariser Konservatoriums. Von diesem großen italienischen Tonmeister wollte Vater Mendelssohn seinen Felix prüfen lassen, um zu erfahren, ob dieser wirklich einen so entschiedenen Beruf zur Musik habe, daß seine weitere Ausbildung anzuraten sei. Der Altmeister war in den Pariser Künstlerkreisen eine gefürchtete Größe, und Halévy machte unsern beiden Berlinern nicht wenig angst vor ihm. Dennoch wagten Vater und Sohn den Gang, und sie sollten ihren Mut nicht zu bereuen haben. Felix legte dem Maestro einige seiner Kompositionen vor und gab ihm auch eine Probe von seinem Klavierspiel. Cherubini erkannte seine hohe Begabung rückhaltslos an, und damit durfte Vater Mendelssohn die große Zukunftsfrage als gelöst betrachten.

III.
Eine verunglückte Oper und drei Meisterwerke. — Die Matthäuspassion.

Schon im Jahre 1824 hatte Felix den Gedanken gefaßt, eine komische Oper zu komponieren. Eine Episode aus dem Don Quixote des Cervantes, „Die Hochzeit des Camacho", bot ihm den Stoff dazu, den C. Klingemann für ihn dramatisch bearbeitete. Klingemann war einer seiner vertrautesten Freunde und verkehrte in dem engeren Zirkel der Mendelssohnschen Familie. Er war der Dichter vieler zartsinnigen Lieder, von denen Felix mehrere in Musik setzte, darunter das herrliche Frühlingslied: „Es brechen in schallendem Reigen", das Sonntagslied: „Ringsum erschallt in Wald und Flur", und das Schlummerlied: „Schlummre und träume von kommender Zeit".

Die Handlung der Oper ist kurz folgende: Die schöne Quiteria, die Tochter des reichen Bauern Carrasco, wird von Jugend auf von dem mit allen körperlichen und geistigen Vorzügen ausgestatteten Schäfer Basilio geliebt. Da er aber arm ist, dringt Carrasco darauf, daß seine Tochter den reichen Camacho heirate. Eben soll die Hochzeit mit aller Pracht gefeiert werden, als der fahrende Ritter Don Quixote sich mit seinem Knappen dem Dorfe nähert und von zwei Studenten den Stand der Dinge erfährt. In seiner ritterlichen Gesinnung, den Unterdrückten beizustehen, ist er sogleich entschlossen, den unglücklichen Liebenden zu ihrem Rechte zu verhelfen. Während die Hochzeitsfeierlichkeiten schon im Gange sind, erscheint Basilio in einem langen schwarzen Rocke und mit einem Stocke in der Hand, in welchem ein Degen verborgen ist. Nach einer herzbrechenden Anrede an Quiteria, die Braut wider Willen, stößt er sich den Degen in die Seite, so daß die Spitze blutig zum Rücken herausbringt. Don Quixote springt hinzu, nimmt den Schäfer in seine Arme und findet noch Leben in ihm. Basilio bittet mit schwacher, erlöschender Stimme, Quiteria möge ihm, dem Sterbenden, die Hand als Gattin reichen, eher könne er nicht beichten. Don Quixote findet dieses Verlangen recht und billig, Quiteria könne ja auch als Witwe sich noch mit Camacho vermählen. Sie willigt ein, und der anwesende Priester vollzieht die Trauung. Kaum ist das geschehen, da springt Basilio frisch und gesund auf: er hat den Degen nur in eine unter dem linken Arme unter dem Rocke verborgene, mit Blut gefüllte Röhre gestoßen. Der Bund, durch

Priesterhand gesegnet, kann nicht wieder gelöst werden. Vater Carrasco und der gefoppte Bräutigam geraten darüber in Wut und dringen mit ihren Freunden bewaffnet auf den listigen Schäfer ein. Aber der edle Ritter von la Mancha schlichtet den Streit mit Wort und Tat, und Camacho ergibt sich in sein Schicksal, da er ohnehin die Überzeugung gewonnen hat, daß Quiteria ihn doch nicht liebt.

Mit vielfachen Unterbrechungen hatte Felix an der Oper vom Juli 1824 bis August 1825 gearbeitet. Nur auf Wunsch der Mutter reichte er sie im folgenden Jahre bei dem Hoftheaterintendanten Graf Brühl ein, der das Werk wohlwollend entgegennahm. Um so ablehnender verhielt sich Spontini, der als Generalmusikdirektor die entscheidende Stimme hatte. Nach vielerlei Hindernissen ging die Oper Ende April 1827 in Szene. Das Haus war überfüllt; aber trotz des Beifalls der zahlreich anwesenden Freunde des jungen Komponisten war der Erfolg kein durchschlagender. Felix leistete dem Hervorruf keine Folge und kam sehr betrübt nach Hause. Eine Wiederholung, an der ihm selbst nichts gelegen war, unterblieb. Diese erste bittere Erfahrung vermochte jedoch seine Schaffenslust nicht zu dämpfen. Er erblickte in der Oper eine Knabenarbeit, über die er sich längst durch andere gediegenere Kompositionen, die er inzwischen vollendet, hoch erhaben fühlte. Zu diesen gehört das Oktett für vier Violinen, zwei Bratschen und zwei Cellos, eines seiner reichsten, noch heute vollwertigen Jugendwerke, womit er seinem Lehrer und Freunde Ferdinand Rietz eine Geburtstagsüberraschung bereitete. Er legte dem Musikstück die Stelle aus Goethes „Faust" zu Grunde:

> „Wolkenflug und Nebelflor
> Erhellen sich von oben,
> Luft im Laub und Wind im Rohr,
> Und alles ist zerstoben."

„Und es ist wahrlich gelungen," schildert Schwester Fanny den Eindruck dieses Werkes. „Mir allein sagte Felix, was ihm vorgeschwebt. Das ganze Stück wird staccato und pianissimo vorgetragen, die einzelnen Tremolandoschauer, die leicht aufblitzenden Pralltriller, alles ist neu, fremd und doch so ansprechend, so befreundet; man fühlt sich so nahe der Geisterwelt, so leicht in die Lüfte gehoben, ja, man möchte selbst einen Besenstiel zur Hand nehmen, der lustigen Schar besser zu folgen. Am Schlusse flattert die erste Geige federleicht auf — und alles ist zerstoben!"

In diesem lieblichen, graziösen, vom Zauber jugendlicher Lust und Heiterkeit durchströmten Oktett lag schon etwas von jenem luftigen Elfenreiche, von jenem neckischen Spuk der Ouvertüre zu Shakespeares „Sommernachtstraum", der man als Motto die berühmten Verse Ludwig Tiecks vorsetzen könnte:

„Mondbeglänzte Zaubernacht,
Die den Sinn gefangen hält,
Wundervolle Märchenwelt,
Steig' auf in der alten Pracht!"

In wunderbaren Gestalten läßt Shakespeare in seinem romantischen Meisterwerke blühende Einbildungskraft, harmlose Schalkheit, ausgelassenen Humor und alle Launen, Neckereien und Torheiten der Liebe spielen. Der erst siebzehnjährige Komponist hat dem großen Briten nachgedichtet. Alle jenen Elemente finden sich in der Ouvertüre aufs wunderbarste verschmolzen: das Feeenreich in dem lieblichen Leben und Weben der Elfen, das Romantisch-Heroische in Theseus und seiner künftigen Gemahlin, der Schmerz verlorener, das Glück wiedergewonnener Liebe und endlich die derbe Komik der biederen Handwerker, die sich als Schauspieler produzieren. Es ist eine musikalische Offenbarung, neu und genial in Erfindung und Orchesterwirkung. Hier trat Mendelssohn zuerst in seiner ganzen Eigentümlichkeit, in seiner lebensvollen Charakteristik, seinem anmutigen Humor hervor, und schon dieses Werk allein hätte hingereicht, ihm unter den Romantikern seiner Zeit einen ersten Platz zu sichern.

Im November 1826 spielte er mit Schwester Fanny die Ouvertüre im vierhändigen Arrangement seinem Freunde Moscheles vor, bald darauf wurde sie mit vollem Orchester im Gartensalon vor einem größeren Zuhörerkreise aufgeführt; im Februar des nächsten Jahres fand sie in einem öffentlichen Konzert in Stettin, wohin der Komponist eingeladen worden war, rauschenden Beifall.

Das bekannte Gedicht Goethes „Meeresstille und glückliche Fahrt" gab Mendelssohn die Anregung zu einem zweiten Charakterstück. Schon Beethoven hatte die Dichtung seiner gleichnamigen Komposition für Chor und Orchester zu Grunde gelegt, und wenn es gewagt erschien, mit dem großen Meister in Wettbewerb zu treten, so war die Selbständigkeit, womit Mendelssohn das gleiche Thema behandelte, um so bewundernswerter. Der junge Komponist gab damit zugleich einen Beweis von der Kraft seiner Phantasie; denn wie Schiller in seinem „Wilhelm Tell" in die Alpenwelt der Schweiz einführt, ohne je dort gewesen zu sein, so schildert Mendelssohn in seinem Natur- und Seelengemälde das Meer, ohne es gesehen zu haben. Der zuerst regungslose Ozean, das bange Gefühl der Windstille, das Aufspringen eines frischen Windhauchs, der immer stärker wird und die Segel des Schiffes schwellt, die fröhlich fortschreitende Fahrt durch die aufschäumenden Wogen, die erquickende Seeluft, der heiter lächelnde Himmel, der Jubel der Schiffer, der mit dem näher heranrückenden Ziele sich steigert, das Einlaufen in den Hafen, der Willkommensgruß der sehnsüchtig am Ufer Harrenden, der fromme Dank für die glücklich vollendete Fahrt, — das alles teilt sich dem Ohre und dem inneren Empfinden beim Anhören des wundervollen Tongemäldes mit.

In den Jahren 1827 und 1828 hörte Felix an der Berliner Universität die Vorlesungen mehrerer Professoren. Nachdem er sich einen großen Wissensschatz angeeignet, sollte er in die weite Welt hinaus und zunächst England und Schottland kennen lernen. Noch vor Antritt dieser Reise sah er sich eine große Aufgabe gestellt, die er mit Hilfe seines um acht Jahre älteren Freundes Devrient aufs glücklichste löste. Eduard Devrient war der Neffe des genialen Ludwig Devrient und als Baritonist am Königlichen Opernhause angestellt. In späteren Jahren trat er zum Schauspiel über und übernahm nach längerer Wirksamkeit in Dresden die künstlerische Leitung des Karlsruher Hoftheaters, aus welchem er eine Musterbühne schuf. Von einer gründlichen wissenschaftlichen Bildung unterstützt, zeichnete er sich zugleich als Dramendichter und dramaturgischer Schriftsteller aus. Seine Erinnerungen an Mendelssohn legte er in einem lange nach dessen Tode erschienenen Buche nieder, worin die musikalische Großtat, zu welcher beide sich vereinigten, ausführlich erzählt ist. Es handelte sich um nichts Geringeres als um die Wiedererweckung von Sebastian Bachs gewaltigem Oratorium, welches nach der Erzählung des Evangelisten Matthäus die Leidensgeschichte Christi behandelt. Im Jahre 1729 war das Werk unter Bach selbst in der Leipziger Thomaskirche aufgeführt worden, seitdem hatte es geschlummert und war vergessen wie die meisten anderen Werke Bachs, der allgemein für einen trockenen, unverständlichen musikalischen Rechenmeister galt. Zelter, ein Sammler alter Kompositionen, besaß unter diesen streng behüteten Schätzen auch die Matthäus-Passion; erst nach langem Widerstreben hatte er die Erlaubnis gegeben, daß für Mendelssohn eine Abschrift davon genommen wurde. Das heilige Meisterwerk wurde von da an dessen eifrigstes Studium. Er sammelte einen kleinen Chor um sich, aus Mitgliedern der Singakademie bestehend, und übte mit diesem einzelne Stücke daraus. In diesem Kreise war an einem

Januarabende 1829 der ganze erste Teil der Passion durchgesungen worden, und alles war von der Schönheit des Werkes überrascht, so daß Devrient, der gern die Partie des Christus gesungen hätte, in schlafloser Nacht den Entschluß faßte, die öffentliche Aufführung der ganzen Passion durchzusetzen, und sich am andern Morgen mit Freund Felix zu Zelter begab. Beide verhehlten sich die Schwierigkeiten ihres beabsichtigten Unternehmens nicht. Zu einer öffentlichen Aufführung gehörte ein Doppelchor und ein Orchester; die Geneigtheit des Publikums, einen ganzen Abend lang Bach zu hören, gegen den so starke Vorurteile bestanden, schien sehr zweifelhaft; Zelter selbst nannte die Musik des großen Leipziger Kantors „widerborstig" und wäre um keinen Preis zu gewinnen gewesen, die Leitung des Ganzen zu übernehmen, und doch war seine Mithilfe, wenigstens sein Einverständnis unentbehrlich.

Der Gang zu dem alten Bären war daher keine Kleinigkeit, und unterwegs sagte Felix zu Devrient: „Du, wenn er grob wird, gehe ich fort, ich darf mich nicht mit ihm kappeln."

„Grob wird er ganz gewiß," prophezeiete Devrient, „aber das Kappeln übernehme ich."

Zelter wohnte im Erdgeschosse der Singakademie, und die beiden Freunde trafen ihn mit der Tabakspfeife im Munde in eine dichte Rauchwolke eingehüllt. „I, sieh' da!" rief er freundlich, „schon so früh zwei so junge schöne Leute! Nun, was verschafft mir denn die Ehre? Hier, Platz genommen!"

Devrient trug nun die Sache vor. „Ja," sagte der Alte gedehnt, „wenn das so zu machen wäre! Dazu gehört aber mehr, als wir heutzutage zu bieten haben. Für die Chöre bedarf es einer Thomasschule, wie sie zu Bachs Zeiten war; es ist ein Orchester nötig; die Violinspieler von heute verstehen diese Musik gar nicht mehr zu behandeln. Ließen sich die Schwierigkeiten so leicht beseitigen, so wäre die Passionsmusik schon längst aufgeführt worden." Er war warm geworden, legte die Pfeife weg und schritt durchs Zimmer. Die beiden Besucher waren auch aufgestanden, und Felix, der die Sache schon verloren gab, zupfte seinen Freund am Rocke.

„Auch wir schlagen die Schwierigkeiten sehr hoch an, namentlich Felix," entgegnete Devrient, „aber für unüberwindlich halten wir sie nicht. Der Chor ist durch Sie so vortrefflich geschult, daß ihm nichts zu schwer ist; Felix kennt das Werk bereits gründlich, was er Ihrer Güte verdankt, und ist der Leitung gewachsen; ich brenne vor Verlangen, den Jesus zu singen. Derselbe Enthusiasmus, der uns für das Werk bewegt, wird bald alle Mitwirkenden ergreifen und das Werk sicher gelingen lassen."

Während dieser Rede war Zelter immer ärgerlicher geworden. Er hatte hier und da Äußerungen des Zweifels und der Geringschätzung dazwischen geworfen, bei denen Felix den Freund wieder am Rocke gezupft, dann sich allmählich der Tür genähert hatte. Jetzt platzte der alte Herr los. „Das soll man nun geduldig anhören!" rief er in hellem Zorn. „Haben sich's ganz andere Leute müssen vergehen lassen, diese Arbeit zu unternehmen, und da kommen nun so ein paar grüne Jungen daher, denen das alles Kinderspiel ist."

Während Devrient Mühe hatte, das Lachen zu verbeißen, stand Felix etwas blaß und mit beleidigter Miene an der Tür, den Griff in der Hand, und winkte Devrient zu, sich mit ihm zu verabschieden. Dieser bedeutete ihm, zu bleiben. Zelter hatte ja einen Freibrief zu Grobheit, und für die gute Sache konnte man sich wohl noch mehr gefallen lassen.

„Sind wir auch noch jung," sagte Devrient uneingeschüchtert, „so sind wir doch nicht mehr so ganz unreif, sonst hätten Sie uns nicht schon so manche schwierige Aufgabe zugemutet. Gerade die Jugend soll wagen, und zuletzt müßte es doch eine Genugtuung für Sie sein, wenn gerade zwei Ihrer Schüler sich an einer so hohen Aufgabe versuchen."

Dem Alten schien diese Antwort nicht zu mißfallen. Ermutigt fuhr Devrient fort: „Wir wollen ja vorerst nur einen Versuch machen, ob das Unternehmen sich durchsetzen läßt, dies wenigstens werden Sie doch erlauben und unterstützen. Gelingt es nicht, so können wir es ja immer noch ohne Schande wieder aufgeben."

„Wie wollt Ihr denn das machen?" versetzte Zelter stehen bleibend. „Ihr denkt an nichts. Da ist zuerst die Vorsteherschaft, die einwilligen muß, da sind gar viele Köpfe und viele Sinne, und Weiberköpfe sind auch dabei, ja, die bringt Ihr nicht so leicht unter einen Hut."

„Ich wirke schon seit zehn Jahren bei allen Konzerten der Singakademie mit und darf dafür wohl auf einen Gegendienst Anspruch machen," erwiderte Devrient. „Die Vorsteher sind mir freundlich gesinnt, die tonangebenden Vorsteherinnen, die bei den Übungen im Mendelssohnschen Hause mitwirken, sind bereits gewonnen, auch glaube ich auf die Bewilligung des Saales und auf die Zustimmung zur Mitwirkung der Mitglieder ziemlich sicher rechnen zu dürfen."

„Ja, die Mitglieder, die Mitglieder!" rief Zelter, „da fängt der Jammer erst an. Heute kommen ihrer zehn zur Probe und morgen bleiben zwanzig davon weg, ja!"

Devrient und Felix lachten weidlich über diesen Spaß; denn sie ersahen daraus, daß ihre Partie schon halb gewonnen war. Felix setzte dem alten Herrn nun seinen Feldzugsplan auseinander: die begonnenen Chorübungen im elterlichen Hause sollten mit den bereits gewonnenen Teilnehmern im kleinen Akademiesaale fortgesetzt werden, ohne daß man den eigentlichen Zweck verriete; dieser Chor würde sich nach und nach, teils aus Interesse, teils aus Neugier, vermehren. Dadurch werde ein fester Kern gewonnen, welcher die Masse nach sich ziehen werde. Träfe diese Berechnung nicht ein, so könne die Sache aufgegeben werden, ehe die Absicht einer öffentlichen Aufführung bekannt würde.

„Na," sagte Zelter, da er seine praktischen Bedenken widerlegt sah, „ich will Euch nicht entgegen sein, auch zum Guten sprechen, wo es not tut. Geht denn in Gottes Namen dran, wir werden ja sehen, was draus wird."

So schieden die beiden in Frieden und Freundschaft von dem alten Bären.

„Wir sind durch!" triumphierte Devrient in der Hausflur.

„Aber höre," entgegnete Felix, „Du bist doch eigentlich ein verflixter Kerl, an Dir ist ein Diplomat verloren!"

„Alles zu Ehren Sebastian Bachs!" sagte Devrient, und draußen jubelten beide in die Winterluft hinaus, nachdem ihnen der wichtigste Schritt gelungen war.

Auch alles andere glückte über Erwarten. Der Vorstand willigte ein und stellte den Saal zur Verfügung. Schon bei der ersten Chorübung im kleinen Akademiesaale hatte sich die Zahl der Teilnehmer verdoppelt, und während der nächsten Proben wuchs sie so, daß man den großen Saal benutzen mußte. Mendelssohn studierte die Chöre mit unerbittlicher Genauigkeit ein, wodurch die Sänger und Sängerinnen einen vollständigen Eindruck von der Eigenartigkeit des Werkes erhielten. In den großen Proben war Zelter anwesend, dessen Ansehen den Eifer der Ausführenden noch verstärkte. Da das Orchester noch nicht mitwirkte, so mußte es durch das Klavier ersetzt werden, und Mendelssohn hatte die Doppelaufgabe, mit der linken Hand die Begleitung zu spielen, während er mit der rechten den Taktstock schwang. Als das Orchester hinzutrat, welches großenteils aus Dilettanten bestand, ließ er den Flügel quer zwischen beide Chöre stellen, den ersten im Rücken, den zweiten und das Orchester vor sich. Alle Schwierigkeiten beherrschte er mit bewunderungswürdiger Ruhe und Umsicht. Die Solosänger suchte er mit Devrient persönlich auf, um sie zur Mitwirkung einzuladen; bereitwillig sagten die ersten Opernkräfte, worunter auch die Milder, zu, und ihr Erscheinen in den Proben gab diesen einen neuen Reiz. Alles erstaunte über die Großartigkeit des Werkes, über die Fülle der Melodieen, den tiefen Ausdruck der Empfindung und der Leidenschaft. Das hatte man dem alten Bach gar nicht zugetraut.

Am 1. März 1829 fand die öffentliche Aufführung statt. Der Zudrang war ein so großer, daß mehr als tausend Personen zurückgewiesen werden mußten. Die Wirkung eines Chores von nahezu vierhundert kunstgeübten Stimmen, eines vortrefflich eingeschulten Orchesters und der von Kräften ersten Ranges vorgetragenen Soli war eine überwältigende. Auf der ganzen Versammlung ruhte eine heilige Weihe; wie in einer Kirche herrschte unter der Zuhörerschaft tiefe Stille, feierliche Andacht.

Stürmisch verlangten die Berliner nach einer Wiederholung des Werkes. Spontini, der ehrsüchtige und intrigante Italiener, welcher in musikalischen Dingen den Kommandostab in der preußischen Residenz führte, gab sich alle Mühe, eine zweite Aufführung des deutschen Meisterwerkes zu hintertreiben. Aber Mendelssohn und Devrient erwirkten sich Befehle vom Kronprinzen, dem nachmaligen König Friedrich Wilhelm IV., der sich lebhaft für die Sache interessierte. Und so fand am 21. März, dem Geburtstage Bachs, vor wiederum ausverkauftem Hause, eine zweite Aufführung der Passionsmusik statt.

Das musikalische Ereignis war von unabsehbarer Tragweite. Sebastian Bach war zu neuem Leben erweckt, der Besitz eines der größten Tondichter aller Zeiten der deutschen Nation zum Bewußtsein gebracht worden. Seine tiefsten Meisterwerke erschlossen sich dem allgemeinen Verständnisse und wurden für die Entwicklung der Musik von größter Bedeutung.

IV.
In England und Schottland. — "Die Heimkehr aus der Fremde."

Der Augenblick war nun da, wo der junge zwanzigjährige Künstler seinen ersten selbständigen Ausflug in die Welt machte, wozu ihn die Güte des Vaters mit reichlichen Mitteln versah. Sein nächstes Ziel war London, wo die deutsche Musik in hohem Ansehen stand und Händel, Haydn und Weber ihre größten Triumphe gefeiert hatten. Auch liebe Freunde erwarteten ihn in der Fremde. In London weilten Klingemann, der Textdichter der "Hochzeit des Camacho", und Moscheles, welcher sich seit vier Jahren dort niedergelassen und als Klaviervirtuos wie als Lehrer in seiner Kunst geschätzt wurde. Am 10. April trat Mendelssohn über Hamburg die Reise an. So sehr er auch das Meer musikalisch verherrlicht hatte, so wenig verschonte ihn dieses während der Überfahrt mit den Heimsuchungen einer ersten Seereise. Es war stürmisches Wetter, und die ganze Schiffsgesellschaft wurde seekrank. Darüber schreibt er nach Hause: "Wir mußten einmal des dicken Nebels wegen, ein andermal um die Maschine in Ordnung zu bringen, einige Zeit still liegen; noch vorige Nacht mußten die Anker an der Mündung der Themse geworfen werden, um nicht auf andere Schiffe zu stoßen; dazu nimm, daß ich von Sonntag früh bis Montag abend mich von Ohnmacht zu Ohnmacht schleppte, vor Ekel an mir selbst und an allen übrigen, auf Dampfschiff, England und namentlich auf meine «Meeresstille» fluchend, den Aufwärter nach Kräften scheltend und, ihn endlich Montag mittag fragend, ob man nun endlich London sehen könnte, die gleichgültige Antwort erhielt, daß wir vor Dienstag mittag nicht daran denken dürften. Dann aber, um auch von der Lichtseite zu sprechen, gestern abend den Mondschein auf dem Meere und viele Hunderte von Schiffen um uns herumschleichend, heute früh die Fahrt auf der Themse, zwischen grünen Wiesen, rauchigen Städten, mit zwanzig Dampfbooten um die Wette rennend, alte Kähne bald überflügelnd, und endlich der fürchterlich massenhafte Anblick der Stadt!" . . .

Moscheles hatte ihm in der Great Portland-Street eine behagliche Wohnung im Hause eines deutschen Eisenhändlers besorgt, der sich's „zur Ehre rechnete, einen Felix Mendelssohn-Bartholdy zum Mieter zu haben". Klingemann führte ihn gleich in den ersten Tagen umher. „Es ist entsetzlich! Es ist toll! Ich bin konfus und verdreht!" schildert Felix den Eindruck der Riesenstadt. „London ist das grandioseste, komplizierteste Ungeheuer, das die Welt trägt... Es geht um mich herum wie in einem Strudel; im letzten halben Jahre in Berlin habe ich nicht so viel Kontraste und so viel verschiedenes gesehen, als in den drei Tagen. Aber geht nur einmal von meiner Wohnung rechts ab Regent-Street hinunter; seht die glänzende, breite, mit Säulenhallen besetzte Straße (leider liegt sie heute schon wieder in dickem Nebel) und seht die Läden mit mannshohen Inschriften und die stage coachs (Postkutschen), auf denen die Menschen sich auftürmen, und wie hier eine Reihe von Wagen von den Fußgängern hinter sich gelassen wird, weil es sich dort vor eleganten Equipagen gestopft hat, und wie sich hier ein Pferd hochbäumt, weil der Reiter Bekannte in jenem Hause hat, und wie die Menschen gebraucht werden, um Ankündigungszettel herumzutragen, auf denen man uns die graziösen Kunstleistungen gebildeter Katzen verheißt, und die Bettler und die Mohren und die dicken John Bulls mit ihren dünnen, schönen zwei Töchtern an den Armen... Das Gewirr, der Strudel! Ich will nur historisch werden und ruhig erzählen, sonst erfahrt Ihr gar nichts; aber könntet Ihr mich nur sehen neben dem himmlischen Flügel, den mir eben Clementis für die Dauer meines Hierseins geschickt haben, am lustigen Kaminfeuer in meinen vier Pfählen, mit Schuhen und grauen durchbrochenen Strümpfen und olivenfarbenen Handschuhen (denn ich muß nachher Besuche machen) und nebenan mein immenses Himmelbett, in dem ich nachts spazieren liegen kann, mit den bunten Gardinen und altertümlichen Möbeln, meinen Frühstückstee mit trockenem toast (geröstete Brotschnitten) noch vor mir, die servant girl (Dienstmädchen) mit Papilloten, die mir eben meine neu gesäumte schwarze Binde bringt, und könntet Ihr nur die erbärmliche Stimme hören, mit der dort unten eben ein Bettler sein Lied anstimmt — er wird aber von den Verkäufern fast überschrieen —, und könntet Ihr ahnen, daß man von hier nach der City dreiviertel Stunden fährt und nun auf dem ganzen Wege und bei allen Durchsichten nach den Querstraßen denselben noch weit größeren Skandal erlebt, und daß man dann etwa ein Viertel des bewohnten Londons erst durchschnitten hat, so mögt Ihr Euch erklären, daß ich halb verrückt bin. Aber historisch!"

Das Innere des „Kings-theatre", wo er bei einem Entree von zehn Mark für einen Parterresitz die Malibran singen hörte, deren Stimme Alt und Sopran umfaßte, schildert er sehr anschaulich: „Großes Haus, ganz mit purpurnem Zeuge besetzt, sechs Reihen Logen übereinander, mit purpurnen Vorhängen, aus denen die Damengesichter herausschauen, mit weißen großen Federn, Ketten, Juwelen aller Art überdeckt. Ein Geruch von Pomade und Parfüms strömte einem beim Eintreten gleich entgegen und machte mir Kopfschmerzen. In den pits (Parterre) alle Herren im Ballanzuge mit neu frisierten Backenbärten, überall gedrängt voll... Die Malibran, eine junge, schöne, herrlich gewachsene Frau mit toupiertem Scheitel, voll Feuer, Kraft, Koketterie dabei, die Verzierungen teils sehr gewandt und neu erfunden, teils der Pasta nachgeahmt; dabei spielt sie schön, macht gute Stellungen, nur übertreibt sie das leider sehr oft..."

Schon lange vor Mendelssohns Ankunft in London hatte Moscheles dort für ihn gewirkt und das Direktorium der Philharmonischen Gesellschaft auf ihn aufmerksam gemacht. In den Musikkreisen erregte der junge Künstler Aufsehen durch seine Meisterschaft. Diese wurde auch von der Aristokratie geschätzt; daß er sich aber in dieser Gesellschaft mit gleicher Vornehmheit zu bewegen wußte und für die Kunstgenüsse, die er ihr darbot, keine Belohnung annahm, stellte ihn höher als jeden andern Musiker, der nach England kam, um dort Geld zu verdienen. Solche Künstler wurden von der Gesellschaft, die sich von ihren Leistungen entzücken ließ, dafür aber auch ihre Guineen hergab, nicht als ebenbürtig behandelt, und Mendelssohn war ganz empört, als er in einem solchen Zirkel die von ganz Europa gefeierte Malibran wie eine Ausgestoßene am Ende des Saales, gleichsam am „Katzentische", sitzen sehen mußte. Er verehrte die große Sängerin sehr und hatte den seltenen Hochgenuß, sie mit Henriette Sontag zusammen im „Don Juan" zu hören, wo die letztere die Donna Anna, die Italienerin die Zerline sang.

Beim Herzog von Devonshire war er zu einem Balle eingeladen, auf welchem auch Wellington und Peel erschienen. „Die Pracht aus den morgenländischen Märchen kommt zur Erscheinung," läßt er sich über das Fest vernehmen: „was Reichtum, Luxus, Geschmack an Schönheit erfinden können, ist da gehäuft... Im Haupttanzsaal war statt des Kronleuchters ein dicker, breiter Kranz von roten Rosen, etwa vierzehn Fuß im Durchmesser, der zu schweben schien, weil die dünnen Fäden, die ihn hielten, sorgfältig versteckt waren; auf dem Kranze brannten kleine Lichter zu Hunderten. An den Wänden lauter Porträts in Lebensgröße und ganzer Figur von van Dyck, ringsumher eine Erhöhung, auf der die alten Damen, mit Brillanten, Perlen und allen Edelsteinen überladen, Platz nahmen. In der Mitte tanzten die schönen Mädchen, unter denen man die himmlischsten Gestalten sieht; ein

Orchester mit eigenem Direktor spielt dazu. Die Nebenzimmer waren eröffnet, deren Wände mit Tizians, Correggios, Leonardos und Niederländern behängt sind. Unter den schönen Bildern nun die schönen Gestalten sich bewegen zu sehen und unter all dem Treiben und in der allgemeinen Aufregung ganz ruhig und sehr unbekannt überall herumzuschleichen und vieles ungesehen und unbemerkt zu sehen und zu bemerken — es war einer der schönsten Abende, die ich erlebt."

Ende Mai trat Mendelssohn in einem Konzerte der Philharmonischen Gesellschaft zum ersten Male auf. Er dirigierte eine seiner Sinfonieen und spielte ein Klavierkonzert von Weber. Bei seinem Erscheinen wurde er mit lange anhaltenden Beifallskundgebungen begrüßt; zwei Sätze der Sinfonie mußten wiederholt werden; als er den Saal verließ, hätte er hundert Hände haben müssen, um alle die sich ihm entgegenstreckenden zu schütteln. Noch größerer Erfolg begleitete sein zweites Auftreten, wobei er das Beethovensche Es-dur-Konzert spielte, dessen Ausführung von den englischen Musikern bis dahin für eine Unmöglichkeit erklärt worden war. Erregte diese Leistung schon Staunen, so steigerte seine hier zum ersten Male öffentlich aufgeführte Ouvertüre zum „Sommernachtstraum" den Enthusiasmus noch mehr. Sie mußte da capo gespielt werden. Die gleiche glänzende Aufnahme fand sie im nächsten Konzert, wo Mendelssohn eine seiner Kompositionen für zwei Klaviere mit Moscheles vortrug. In diesem zum Besten der überschwemmten Schlesier veranstalteten Konzerte wirkte Henriette Sontag mit. Der Andrang war so groß, daß ein Teil des Publikums nur noch im Orchester unter den Musikern selbst hatte Platz finden können. „Damen guckten hinter den Kontrabässen hervor," beschreibt Felix diese Situation; „als ich aufs Orchester kam, ließen mich Johnstons Ladies rufen, die zwischen Fagotte und das Baßhorn geraten waren, und fragten mich, ob sie wohl da gut hören könnten; eine Dame saß auf einer Pauke, die Rothschild und die K. Antonio kampierten auf Bänken im Vorsaale, kurz, die Sache war äußerst brillant."

In der letzten Juliwoche reiste Mendelssohn in Begleitung Klingemanns nach Schottland ab, dessen herrlich gelegene Hauptstadt Edinburgh mit ihren mannigfachen Aussichtspunkten auf das nahe Meer, bedeckt mit Felsinseln, weißen Segeln, schwarzen Dampfessen, kleinen Insekten von Kähnen und Booten, ihm außerordentlich gefiel. Am östlichen Ende der Hauptstraße liegt das alte, düstere Residenzschloß der schottischen Könige, in welchem die unglückliche Maria Stuart lebte und der italienische Sänger Rizzio, ihr Geheimsekretär, vor ihren Augen ermordet wurde. Dicht dabei liegen die Ruinen einer Kapelle, an deren jetzt zertrümmertem Altar Maria zur Königin von Schottland gekrönt worden war. An diesen düsteren historischen Erinnerungsstätten weilte Mendelssohn in tiefer Dämmerungsstunde, und hier erklangen seinem geistigen Ohre die Anfänge seiner „Schottischen Sinfonie", welche den Kampf der Elemente und menschlicher tragischer Leidenschaft darstellt. Lange Jahre trug er den Keim zu dieser tief ernsten, schwermütigen Instrumentalkomposition mit sich herum, ehe er sie ausführte.

Von Edinburgh trat er Ende Juli mit Klingemann die Hochlandsreise an. Mendelssohn hatte einen Empfehlungsbrief an Walter Scott in Abbotsford. Jedoch nur wenige flüchtige Worte waren den Reisenden mit dem großen Dichter vergönnt, da er eben im Begriff stand, seinen Sommersitz zu verlassen. Klingemann war schon über diese kurze Begegnung so entzückt, daß er sie in einem Briefe an die Familie Mendelssohn poetisch ausschmückte; Felix aber, weniger davon erbaut, schrieb darunter: „Klingemann lügt oben wie gedruckt!"

Auf ihrer weiteren Reise hatten die beiden Freunde viel durch die Ungunst des Wetters zu leiden, nichtsdestoweniger blieben sie guten Muts. Felix zeichnete Landschaftsskizzen, und Klingemann dichtete hübsche Verse dazu.

Der Hauptpunkt der Reise waren die Hebriden, besonders die Insel Staffa mit der Fingalshöhle, nach Ossians Vater, dem mythischen Helden und caledonischen König Fingal benannt. Es ist eine der merkwürdigsten Grotten; perspektivisch geordnete Basaltsäulen tragen das Gewölbe, dessen Inneres einem riesigen Dome gleicht, während der Boden vom Meere bedeckt wird. Das Naturwunder bot Mendelssohn die erste Anregung zu seiner „Hebriden=Ouvertüre", die sich später zu einem genialen Stimmungsbilde schottischer Natur und altschottischer Sage ausgestaltete.

Am Abende machte er mit Klingemann einen Besuch bei einer schottischen Familie. Im Salon stand ein Klavier; aber da es gerade Sonntag war, wo keine Musik gemacht werden durfte, erhielt er erst nach langen Überredungsversuchen die Erlaubnis, das Instrument auf einige Augenblicke zu öffnen, und spielte dem Freunde das erste große Motiv jener Ouvertüre vor, welches den heute empfangenen mächtigen Eindruck musikalisch widerspiegelte.

In Glasgow endete die Hochlandsreise. Felix wollte noch Irland sehen und trennte sich in Liverpool von Klingemann, der nach London zurückkehrte. Infolge des andauernd schlechten Wetters wurde Irland aufgegeben. Auf der Fahrt von Chester nach Holywell machte Mendelssohn im Postwagen die Bekannt=schaft eines reichen Bergwerksbesitzers Namens Taylor, der ihn auf seinen Landsitz einlud. Hier verbrachte der junge Künstler mehrere Tage, verschönt durch die drei liebenswürdigen jungen Töchter seines Gastgebers, für die er drei kleine Klavierstücke komponierte.

Nach London zurückgekehrt, hatte Mendelssohn das Unglück, auf einer Spazierfahrt umgeworfen zu werden und auf das Straßenpflaster zu stürzen. Dabei zog er sich eine Verletzung am Kopfe zu, die ihn nötigte, acht Tage lang ganz still zu liegen.

Während dieser Zeit beschlichen ihn melancholische Gedanken, ob er die geliebte Heimat jemals wiedersehen werde. Um einen Trost zu haben, ließ er seine Reisemütze und seinen Mantel dem Bette gegenüber aufhängen. Klingemann pflegte den Leidenden aufs treulichste. Erst am 3. November konnte er mit ihm die erste Spazierfahrt unternehmen. Infolge des Unfalls hatte Felix ein großes Familienfest versäumen müssen. Am 3. Oktober war Fannys Hochzeit mit Hensel gefeiert worden, der nach seinem Studienaufenthalt in Italien eine Professur in Berlin erhalten hatte. Doch stand noch eine andere Familienfeier bevor: am 22. Dezember sollte die silberne Hochzeit der Eltern begangen werden. Diese wollte Felix mit einer Gabe seiner Muse überraschen. Klingemann dichtete ihm ein Festspiel: „Die Heimkehr aus der Fremde", und Mendelssohn komponierte noch in England die Musik dazu. Während seine Genesung fortschritt, verlebte er noch eine Reihe schöner Stunden im Kreise deutscher Freunde, die sich abends an seinem Kamin zusammenfanden. Am 3. Dezember landete er in Calais; einige Tage später war er wieder daheim bei seinen Lieben im Vaterhause, welches nicht nur das neuvermählte Paar, sondern auch Devrient mit seiner Gattin im traulichen Beisammenwohnen umschloß.

Nun ging es an die Einstudierung des einaktigen Festspiels, in welchem das junge Ehepaar, Devrient mit seiner Frau Therese, der Student Mantius, der später ein gefeierter Tenorist an der Berliner Hofoper wurde, und andere Freunde des Hauses mitwirkten. Hensel konnte zwar nicht singen, er hatte nur den einzigen Ton F in der Kehle, und auf diesen allein war seine kleine Partie geschickt komponiert. Beinahe wäre das Liederspiel an dem Festabende, für den es bestimmt war, nicht zur Aufführung gekommen: Devrient war zu einem Hofkonzert befohlen. Felix geriet dadurch in eine Aufregung, die für seine Gesundheit fürchten ließ. Glücklicherweise wußte der gefällige Hoftheater=

intendant Graf von Redern es so einzurichten, daß Devrient nur im ersten Teile des Konzerts mitzuwirken brauchte. So kam er noch rechtzeitig zum Festspiele, welches vom schönsten Gelingen gekrönt wurde, mit der alleinigen Ausnahme, daß Hensel den einzigen Ton, den er zu singen hatte, stets verfehlte, worüber Felix, der dirigierte, so ins Lachen geriet, daß er den Kopf hinter seiner Partitur verstecken mußte.

Das Stück spielt in ländlichem Kreise. Der Dorfschulze begeht sein fünfzigjähriges Dienstjubiläum. An diesem Tage kehrt nach langjähriger Abwesenheit sein schon für verschollen gehaltener Sohn aus der Fremde zurück, und da er sich nicht gleich zu erkennen gibt, so entspinnt sich hieraus eine Reihe heiterer Verwicklungen. Die Musik ist von bezaubernder Jugendfrische und trifft überall den echten Festton, wobei sich zugleich das tiefe, dankbare Gemüt des Komponisten gegen seine Eltern offenbart. Zu einer öffentlichen Aufführung des Singspiels war er jedoch nicht zu bewegen: was er in kindlicher Liebe für das Jubelpaar geschaffen, wollte er nicht einem profanen Publikum preisgeben. Erst lange nach seinem Tode kam „Die Heimkehr" an einigen Bühnen zur Aufführung; Devrient gab sie in Karlsruhe; später folgte das Leipziger Stadttheater. Die Ouvertüre gehört noch heute zu einem der beliebtesten Orchesterstücke.

V.

Süd und Nord.

Zu Anfang des Jahres 1830 sollte Mendelssohn eine Professur für Musik an der Berliner Universität erhalten, die er aber ablehnte. Es zog ihn mächtig nach dem Wunderlande

Italien, und schon war seine Abreise auf Ende März festgesetzt, als seine jüngere Schwester Rebekka an den Masern erkrankte. Felix war ihr aufs zärtlichste zugetan und hätte sie am liebsten Tag und Nacht gepflegt. Der Ansteckungsgefahr wegen verordnete der Arzt jedoch strenge Absperrung. Hierüber untröstlich, rief er weinend: „Ich werde meine Schwester wohl nicht mehr wiedersehen! Wer weiß, was mit ihr geschieht, während ich fort bin! Wer weiß, was mit mir in der Fremde geschieht!" Am nächsten Tage meldete er aber seinem Freunde und nunmehrigen Hausgenossen Devrient ganz vergnügt: „Die Ärzte geben mir Hoffnung, daß ich in einigen Tagen auch die Masern kriegen werde. Komm also nicht zu mir, oder, wie Hensel sagt: Noli me tangere!" Die beiden Freunde korrespondierten nun miteinander, indem sie Zettel über den Hof hinweg wechselten. Wie sehr Felix sich langweilte, sprach er in den launigen Zeilen aus: „Ich habe die erste Etüde von Cramer mit den Händen kreuzweise spielen gelernt; ich spiele die «Passion» auf einer Stockflöte; ich gehe müßig wie ein Kapellmeister."

Bis Mitte Mai waren Bruder und Schwester von den Masern vollständig genesen, und Felix konnte seine große Reise antreten. Als er von Devrient Abschied nahm, schüttelten sie einander die Hände. Felix wußte, daß der Freund Umarmungen zwischen Männern nicht liebte. Kaum hatten sich beide einige Schritte voneinander entfernt, so rief Felix mit bewegter Stimme zurück: „Du könntest mir wohl um den Hals fallen!" Das tat denn Devrient auf herzlichste Weise.

Die erste größere Station auf der Fahrt nach dem Süden war Weimar, wo Mendelssohn auf Goethes Wunsch vierzehn Tage verweilte und fast täglich dessen Gast war. Er mußte dem Dichter oft vorspielen und ihn mit den verschiedenen Entwicklungsstufen der Musik bekannt machen von Bach an bis zu Gluck, Haydn und Mozart. Von Beethoven wollte Goethe nichts hören. Dennoch spielte ihm Felix den ersten Satz aus der C-moll-Sinfonie vor. Nach dem ersten Eindruck sagte die alte Excellenz: „Das bewegt aber gar nichts; das macht nur Staunen, das ist grandios," und brummte noch einiges vor sich hin. Nach einer Weile aber rief er plötzlich: „Das ist sehr groß, ganz toll; man möchte sich fürchten, das Haus fiele ein! Und wenn das nun all' die Menschen zusammenspielen!"

Er erwies sich für die Genüsse und die damit verbundenen Belehrungen sehr dankbar, ließ sich von einem Weimarischen bedeutenden Maler Mendelssohns Porträt zeichnen und machte ihm einen Bogen seines Manuskripts von „Faust" zum Geschenk. Goethe blieb bis zu seinem Tode, der zwei Jahre darauf eintrat, in beständigem Briefwechsel mit seinem jungen Freunde und nahm an dessen Ergehen stets das lebhafteste Interesse.

In München brachte unser Reisender mehrere Wochen zu. Die süddeutsche Lebhaftigkeit, die hier herrschte, war ihm etwas Neues und mutete ihn an. In allen Kreisen hieß man ihn willkommen; die musikalischen Soireen, zu denen er geladen wurde, jagten einander; überall bewegte er sich in der vornehmsten Gesellschaft: „Minister und Grafen liefen da herum wie die Haustiere auf dem Hühnerhofe." Sein nächstes Ziel war Wien. Von dort machte er einen Abstecher nach Preßburg, um der Krönung des österreichischen Kronprinzen Ferdinand zum König von Ungarn beizuwohnen. Er hatte seine Freude an den kecken Gesichtern und den prächtigen Gestalten der Magyaren in ihren bunten Trachten, an den Magnaten mit ihrem orientalischen Luxus und weidete sich an dem Gegensatz, den die wild ausschauenden Hirten und die einfältigen Gesichter der Bauern hierzu bildeten. Von Wien, dem Wirkungskreise der großen deutschen Tonmeister, fühlte er sich wenig angezogen. Die Leute um ihn herum erschienen dem vornehmen jungen Norddeutschen so „liederlich und nichtsnutzig, daß ihm geistlich zu Mute wurde und er sich unter ihnen wie ein Theolog vorkam." Von Beethoven und Mozart hörte er dort nicht eine Note spielen.

Graz, dem sein nächster Besuch galt, nennt er ein „zum Gähnen langweiliges Nest", trotz seiner wunderschönen Lage, und stimmt damit wenig mit Franz Schubert überein, der sich dort so wohl gefühlt hatte. Mendelssohn brannte vor Verlangen, den Boden Italiens zu betreten. Auf eine um so härtere Probe wurde seine Geduld gesetzt, da er den Weg von Graz nach Klagenfurt in einem einspännigen Fuhrwerke zurücklegte, welches jeden kleinen Hügel im Schneckengange hinaufkroch und bei großen Bergen zwei Ochsen als Vorspann brauchte. Diese Fahrt dauerte zwei Tage. In Klagenfurt erlöste ihn die Eilpost. Endlich sah er sich in Venedig. „Das ist Italien," schreibt er von dort, „und was ich mir als höchste Lebensfreude, seit ich denken kann, gedacht habe, das ist nun angefangen, und ich genieße es." Die Lagunenstadt mit ihren Wasserstraßen und den darüber hin gleitenden Gondeln, ihren wunderbaren Palästen und dem grandiosen Markusplatze imponierte ihm, besonders aber die Meisterwerke der Malerei. Am 17. Oktober trennte er sich von den Herrlichkeiten, um über die Apenninen die Fahrt nach der Blumenstadt Florenz anzutreten. Von Bologna aus machte er die Tour mit einem Vetturino oder Lohnkutscher und mit ein und demselben Pferde. Er wählte diese Reiseart, um mit Muße die Apenninen genießen zu können, sollte es aber bereuen; denn die Naturschönheiten dieses Gebirges blieben hinter seinen hochgespannten Erwartungen weit zurück. „Es sind lauter lange fortlaufende Hügel," findet er, „traurig weiß und kahl, das wenige Grün gar nicht erfreulich; an Wohnhäusern fehlt es; gar keine lustigen Bäche und Gewässer, nur hier und da 'mal ein breites ausgetrocknetes Strombett mit einer kleinen Wasserrinne, und dazu diese schändlichen Spitzbuben von Bewohnern. Mir wurde am Ende ganz schwindlig vor lauter Betrug." Auch mit seinem Vetturino, den er einen „ausgebalgten Dieb" nennt, war er sehr unzufrieden. Dieser hatte für Nachtquartier und Beköstigung zu sorgen und ließ sich dafür tüchtig bezahlen; aber er setzte seinen Reisenden auf schmale Kost und kehrte in den greulichsten Wirtshäusern ein. Ein solches Nachtquartier, welches jedoch noch nicht als das schlechteste gelten darf, schildert Mendelssohn in einer einsam gelegenen Schenke, wo er abends spät ankam: „Den Schmutz kann keine Feder beschreiben; die Treppe lag voll trockener Blätter und Holz für das Feuer; kalt war es auch, und sie luden mich ein, mich in der Küche zu wärmen, was ich auch annahm. Sie stellten mir eine Bank auf den Herd; ein ganzes Rudel Bauern stand umher und wärmte sich gleichfalls. Ich thronte prächtig auf meinem Feuerherd über dem Gesindel, die mit ihren breiten Hüten, vom Feuer beschienen, und ihren unverständlichen Dialekt plappernd, sich ganz verdächtig ausnahmen. Dann ließ ich mir meine Suppe unter meinen Augen kochen und gab heilsamen Rat dazu (eßbar wurde sie doch nicht); dann machte ich mit meinen Untertanen Konversation vom Feuerherd herab, und sie zeigten mir einen kleinen Berg in der Ferne, der unaufhörlich Flammen ausprudelte (Monte di Fo bei Filigare), was sich in der Nacht ganz seltsam ausnahm, und dann führte man mich in meine Schlafstube. Der Wirt nahm die Sackleinwand des Lakens in die Hand und sagte: «Sehr feines Zeug!» Dann schlief ich aber doch wie ein Bär und sagte mir selbst vor dem Einschlafen: «Jetzt bist du in den Apenninen!», und den andern Morgen, nachdem ich kein Frühstück bekommen hatte, fragte mein Fuhrmann freundlich, wie ich mit der Bewirtung zufrieden gewesen wäre. Dazu kannegießerte der Kerl viel über den jetzigen Zustand in Frankreich, schimpfte sein Pferd auf deutsch «Luder», weil es aus der Schweiz gebürtig sei, sprach französisch mit den Bettlern, die das Kabriolett umringten, und ich verbesserte ihm manchen Fehler in der Aussprache."

Später beschreibt er den Anblick von Florenz und seine Einfahrt in die Stadt: „Der Fuhrmann zeigte auf eine Stelle zwischen den Hügeln, wo blauer Nebel lag, und sagte: «Ecco Firenze!» Ich guckte geschwind hin und sah den runden Dom im Duft vor mir und das breite, weite Tal, in dem die Stadt lagert. Mir wurde wieder reisemäßig zu Mute, als nun auch Florenz erschien... Eine Stunde von Florenz sagte der Fuhrmann, nun ginge das schöne Land los; und wahr ist es, das schöne Land Italien fängt eigentlich erst da an. Da gibt es Landhäuser auf allen Höhen, verzierte alte Mauern, über den Mauern Rosen und Aloe, über den Blumen Weintrauben, über den Ranken Ölblätter oder Cypressenspitzen oder die Piniendächer, und das alles scharf auf dem Himmel abgeschnitten; dazu hübsche eckige Gesichter, Leben auf den Straßen überall, und in der Ferne im Tal die blaue Stadt. So fuhr ich denn in meinem offenen Wägelchen getrost hinunter in Florenz hinein, und obwohl ich schäbig und bestaubt aussah, wie eben einer, der aus den Apenninen kommt, so machte ich mir nichts daraus, fuhr durch alle die feinen Equipagen, aus denen mich die zartesten englischen Lady-Gesichter ansahen, lustig durch. Als es den Arno entlang zu Schneiders hinging (damals ein großartiges Hotel), da kam mir die Welt wieder ganz prächtig vor."

In Florenz suchte Mendelssohn keine Gesellschaften auf, auch mit Musik beschäftigte er sich wenig; seine Zeit gehörte den reichen Kunstschätzen und der reizenden Natur. Über den verschnörkelten, im altfranzösischen Stile gehaltenen Garten Boboli, der zum Palast Pitti gehört, sagt er: „Er ist herrlich, und die unzähligen Cypressen, die dichten Myrten und Lorbeerzweige machen unsereinem einen seltsam fremden Eindruck. Wenn ich aber sage, daß ich Buchen, Linden, Eichen und Tannen zehnmal schöner und malerischer finde als alles dies, so ruft Hensel: «Der nordische Bär!»"

Hier offenbart sich das echt deutsche Gemüt, aus welchem die Melodie des Liedes floß: „Wer hat dich, du schöner Wald, aufgebaut so hoch da droben". Auch alle die andern Naturreize des sonnigen Italien konnten sein patriotisches Herz nicht bestechen, und in diesem Sinne schrieb er an seinen Vater: „Das Land, wo ich leben und wirken möchte, kann nur Deutschland sein".

Am 30. Oktober setzte Mendelssohn die Reise fort und bestieg die Kurierpost, wenig erfreut über die militärische Bedeckung, welche durch die herrschende Unsicherheit der Landstraßen geboten war. In der Morgenfrühe des 1. November, während an dem tiefblauen Himmel noch der helle Mond glänzte, fuhr er über den Ponte Molle in Rom ein.

Fast fünf Monate verlebte er in der „ewigen Stadt". Sein erster Brief von dort versetzt die Seinigen in das trauliche Heim, das er am Spanischen Platz Nr. 5 bewohnte: „Denkt Euch ein kleines zweifenstriges Haus, das den ganzen Tag die warme Sonne hat, und die Zimmer im ersten Stock darin, wo ein guter Wiener Flügel steht. Auf dem Tische liegen einige Porträts von Palestrina, Allegri u. a. mit ihren Partituren und ein lateinisches Psalmbuch, um daraus ‚Non nobis' zu komponieren. Daselbst residiere ich nun... Der Wirt ist ehemals Kapitän unter den Franzosen gewesen, das Mädchen hat die herrlichste Kontra-Altstimme, die ich kenne; über mir wohnt ein preußischer Hauptmann, mit dem ich zusammen politisiere... Zu meinen Behaglichkeiten gehört auch, daß ich zum ersten Male Goethes Reise nach Italien lese."

Der Aufenthalt in Rom wirkte befruchtend auf seine schöpferische Kraft, und mehrere seiner bedeutendsten Werke wurden hier teils begonnen, teils vollendet. Er legte die letzte Hand an die Ouvertüre zu den „Hebriden", arbeitete an der „Schottischen Sinfonie" weiter und schrieb das unvergleichliche G-moll-Konzert für Klavier und Orchester, dieses Meisterwerk, in welchem echt Mendelssohnsche Grazie sich mit idealem Flug und edlem Feuer vereinigt. Auch Goethe regte ihn wieder zu einer neuen Tonschöpfung an durch seine Dichtung: „Die erste Walpurgisnacht", eine Schilderung des Opferfestes der alten heidnischen Germanen am 1. Mai in ihrem letzten Ringen gegen das vordringende Christentum. Mendelssohns Musik bewegt sich mit dramatischer Lebendigkeit in Wechselgesängen zwischen Soli und Chören und gehört zu den bedeutendsten Offenbarungen seines Genius.

Bei allem Fleiß fand er hinreichend Zeit, sich den edeln Genüssen hinzugeben, welche Rom in hohem Maße bietet. Fast täglich empfing er einen neuen unvergeßlichen Eindruck, bald waren es die welthistorischen Ruinen vergangener Größe, bald die Galerie Borghese, das Kapitol, die gewaltige St. Peterskirche oder der Vatikan. Die Abende verbrachte er meist bei hervorragenden deutschen Künstlern, wie die Maler Bendemann, Hübner und Schadow. Im übrigen ist er auf das Heer deutscher und anderer Maler, welche in Rom eine ganze Kolonie bilden, nicht gut zu sprechen. So entwirft er von der Gesellschaft, die er im „Café Greco" fand, folgendes nicht eben schmeichelhafte Bild: „Da sitzen sie denn auf den Bänken umher, mit den breiten Hüten auf, große Schlächterhunde neben sich, Hals, Backen, das ganze Gesicht von Haaren zugedeckt, machen einen entsetzlichen Tabaksqualm, sagen einander Grobheiten; die Hunde sorgen für Verbreitung von Ungeziefer. Eine Halsbinde, ein Frack wären Neuerungen; was der Bart vom Gesicht freiläßt, das versteckt die Brille, und so trinken sie Kaffee und sprechen von Tizian und Pordenone, als säßen die neben ihnen und trügen auch Bärte und Sturmhüte. Dabei machen sie so kranke Madonnen, schwächliche Heilige, Milchbärte von Helden, daß man mitunter Lust bekommt, dreinzuschlagen."

Als Musiker fühlte sich Mendelssohn besonders in den Abendgesellschaften bei Bunsen heimisch, dem ausgezeichneten deutschen Gelehrten, der preußischer Ministerresident in Rom war. Hier spielte er zum ersten Male vor römischen Musikkundigen, den päpstlichen Sängern. Einer von ihnen hatte sich ein recht verzwicktes Thema ausgedacht, worüber Mendelssohn phantasieren sollte, und hoffte, ihn damit aufs Glatteis zu führen. Der deutsche Tonkünstler löste seine schwere Aufgabe jedoch so glänzend, daß seine italienischen Kollegen in rasenden Beifall ausbrachen. Auch in den kleinen Zirkeln des französischen Schlachtenmalers Horace Vernet, dessen berühmtes Bild „Napoleons Abschied von seiner Armee in Fontainebleau" in Deutschland vielfach als Stahlstich Verbreitung gefunden hat, war Mendelssohn ein hochwillkommener Gast. Dort wollte er einst das Konzertstück von Weber spielen; während er noch präludierte, fiel ihm ein, daß Vernet Mozarts „Don Juan" leidenschaftlich liebte. Er ging daher auf dessen Lieblingsmelodieen über und bereitete durch seine Improvisation dem großen Maler solche Freude, daß dieser ihm ebenfalls durch eine Improvisation dankte, indem er das Gehörte in einem Bilde wiedergab und dem deutschen Musiker damit ein Geschenk machte. Wie Mendelssohn in den geselligen Kreisen durch sein Klavierspiel entzückte, so verschönte er damit einem der größten Meister der Bildhauerkunst in seinem römischen Atelier die Arbeit. „Ihr wißt," schreibt er nach Hause, „wie sehr Thorwaldsen die Musik liebt, und da spiele ich ihm des Morgens zuweilen vor, während er arbeitet. Er hat ein recht gutes Instrument bei sich stehen, und wenn ich mir dazu den alten Herrn ansehe, wie er an seinem feinen braunen Ton knetet und einen Arm oder ein Gewand so fein ausglättet — kurz, wenn er das schafft, was wir alle nachher als fertig und dauernd bewundern müssen, so freut mich's sehr, daß ich ihm ein Vergnügen bereiten kann."

Die religiösen Zeremonieen in der heiligen Woche, ganz besonders die kirchlichen Musikaufführungen in der Sixtinischen Kapelle, das großartige Miserere von Allegri und die Bußpsalmen von Palestrina machten eine tiefe und nachhaltige Wirkung auf

Mendelssohn. Auch die äußeren Eindrücke, die Entfaltung einer feierlichen Pracht, ließen ihn nicht unberührt, und an Palmsonntagen ergriff ihn stets aufs neue die Erinnerung an die päpstliche Kapelle mit ihren goldenen Palmenzweigen.

Ungern nur trennte sich Mendelssohn von Rom, um am 6. April 1831 nach Neapel zu reisen. „Ich wohne hier in Santa Lucia wie im Himmel," berichtet er von dort, „denn erstlich habe ich den Vesuv, die Berge bis Castellamare und den Golf vor mir, und zweitens ist es drei Stock hoch. Leider raucht der Schelm von Vesuv aber nicht einmal und sieht ganz aus wie ein anderer schöner Berg. Dafür fahren sie aber abends mit Licht auf den Kähnen im Golf hin und her, um Schwertfische zu fangen. Das macht sich auch gut."

Nach angestrengtem Schaffen in Rom gab er sich hier ganz den Genüssen der Natur und dem dolce far niente hin, wozu Neapel mit seinem heitern Treiben der rechte Ort ist. Die Musik ruhte gänzlich; abgesehen von einigen künstlerischen Größen, fand er das musikalische Leben Neapels kläglich. Nachdem er Pästum und die großartige Ruine des Tempels der Ceres besucht und damit den südlichsten Punkt seiner Reise erreicht, auch auf den Inseln Ischia und Capri geweilt hatte, kehrte er Anfang Juni wieder für einige Tage nach Rom zurück und reiste von dort über Perugia nach Florenz, wieder mit einem betrügerischen Vetturino, der ihn hungern und dürsten ließ und es so einzurichten wußte, daß er erst in später Nachtstunde einkehrte, wo es nichts mehr zu essen gab, und in irgend einer vereinzelten Schenke bei schlechter und schmaler Kost stundenlang Mittag machte. Kurz vor Florenz hieß unser schmählich mißhandelter Passagier den edeln römischen Rosselenker zum Teufel fahren und legte die Reise, da die Postmeisterin den vierfachen Preis für Postpferde verlangte, in dem leichten Wägelchen eines gutgesinnten Weinbauers vollends zurück. Noch einmal schwelgte Mendelssohn in den Kunstschätzen von Florenz, dann ging er über Genua nach Mailand. Sein berühmter Name verschaffte ihm überall leicht Eingang; besonders liebenswürdig nahm ihn die Freifrau Dorothea von Ertmann auf, einst eine vollendete Klavierspielerin und die Freundin Beethovens. Als sie dessen Cis-moll-Sonate zu Ehren des Gastes vortrug, weinte ihr Gemahl, der österreichischer General war, Freudentränen, sie nach langer Zeit wieder einmal spielen zu hören. Bei dem hochgebildeten alten Ehepaare verlebte Mendelssohn viele schöne Stunden. Hier lernte er auch Mozarts ältesten Sohn Karl kennen. Er war in Mailand als Steuerbeamter angestellt. „Man muß ihn nach dem ersten Augenblicke gleich lieb haben," schreibt Mendelssohn; „wunderhübsch zum Beispiel finde ich, daß er auf den Ruf und das Lob seines Vaters so eifersüchtig ist, als sei er ein junger Musiker; und einen Abend bei Ertmanns, als viele Musik von Beethoven gemacht worden war, sagte mir die Baronin leise, ich möchte doch nun auch etwas von Mozart spielen, der Sohn würde sonst nicht so froh wie gewöhnlich; und als ich die Ouvertüre zu «Don Juan» gespielt hatte, taute er erst auf und verlangte auch noch die zur «Zauberflöte» von ‚seinem Vater' und hatte eine kindliche Freude daran; man mußte ihn liebgewinnen."

Dem sonnigen Italien Lebewohl sagend, wandte sich Mendelssohn über den Simplonpaß nach der Schweiz und erneuerte im Chamouny und am Genfer See alte Jugenderinnerungen. Auf der Weiterreise verfolgte ihn schlechtes Wetter, Tag für Tag floß der Regen in Strömen, und da er die Tour meist zu Fuße zurücklegte und die Kleider nicht wechseln konnte, weil er sein Gepäck vorausgesandt hatte, so war er in seinem Äußern derart zugerichtet, daß er in dem vornehmen Hotel in Interlaken, wo er mit seinen Eltern gewohnt hatte, nicht aufgenommen wurde. Bei wechselndem Wetter durchstreifte er das Berner Oberland; im Kanton Obwalden hielt er sich einige Tage in Engelberg auf, wo sich ein berühmtes, schon im zwölften Jahrhundert gegründetes Benediktinerkloster befindet. Mendelssohn schloß mit den Mönchen Freundschaft, spielte viel auf der schönen Orgel und versah sogar an einem großen Festtage das Amt eines Organisten. Über St. Gallen ging die Wanderung nach Lindau. Hier betrat er nach fast anderthalb Jahren zum ersten Male wieder deutschen Boden.

In der Schweiz hatte er das erste seiner „Lieder ohne Worte" komponiert, eine nur ihm eigentümliche Gattung der Klaviermusik. Im Laufe der Zeit entstanden achtundvierzig solcher Lieder, die erst nach seinem Tode vollständig gesammelt wurden. In diesen herrlichen, tiefempfundenen Stimmungsbildern, in welchen die Klangwirkung des Klaviers aufs feinste herausgearbeitet ist, schildert er Natur-, Volks- und Menschenleben, bald in schwermütigen Weisen, wie sie der venezianische Gondolier im Mondschein hören läßt, bald in jubelnder Wald- und Jagdlust, bald wieder in träumender Melancholie oder in Frühlingswonne, in Tönen tiefster Sehnsucht oder höchsten Liebesglücks.

In München, wo er einen Monat verweilte, war ihm wieder sehr behaglich zu Mute unter lauter gemütlichen Menschen, die sich seiner Gegenwart freuten. Er wohnte in einem Parterrezimmer, das früher ein Laden gewesen war und eine Glastür auf die Straße hinaus hatte. Jede Woche wurde an drei Nachmittagen musiziert. Da kamen vorzügliche Sänger und Musiker, auch der Klarinettenvirtuose Bärmann, der mit Karl Maria von Weber gemeinschaftliche Kunstreisen unternommen hatte, und es wurden Opernstücke, die Mendelssohn noch nicht kannte, gespielt und gesungen. Bei einem solchen musikalischen „Picknick" fanden sich so viele Geladene und Ungeladene ein, daß das Zimmer die Herrschaften nicht zu fassen vermochte und viele bei den Wirtsleuten und auf dem Flur untergebracht werden mußten, um der musikalischen Genüsse teilhaft zu werden. Zum Schluß mußte

Mendelssohn phantasieren, wozu er nur durch ein furchtbares Gebrüll zu bewegen war; denn er hatte „nichts im Kopfe als Weingläser, Stühle, kalten Braten und Schinken". Die lustige Gesellschaft blieb, Gesundheiten ausbringend und Brüderschaften trinkend, bis nachts zwei Uhr. Am Abend des angebrochenen Tages kam das wahre Gegenstück, da mußte Mendelssohn mit seinem Katzenjammer vor der Königin und dem Hofe spielen.

Vor der größeren Öffentlichkeit trat Mendelssohn in einem Konzert zum Besten der Münchener Armen auf. Um die Mitglieder der königlichen Kapelle zur unentgeltlichen Mitwirkung zu gewinnen, mußte er sie persönlich einladen. Zu diesem Zwecke begab er sich ins Theater, während gerade eine Probe stattfand, und trug vom Souffleurkasten aus den Herren im Orchester sein Anliegen vor. Es war dies die erste Rede, die er hielt. So hatte er mit einem Schlage achtzig Musiker gewonnen.

Das Konzert war von elfhundert Personen besucht. Von seinen eigenen Kompositionen dirigierte Mendelssohn eine seiner älteren Sinfonieen und die Sommernachtstraum-Ouvertüre. Sein herrliches G-moll-Konzert spielte er bei dieser Gelegenheit zum ersten Male; es hat seitdem den Weg durch die ganze musikalische Welt gemacht. Er widmete es Fräulein Delphine von Schauroth, einer jungen Klaviervirtuosin, die er schon während seines ersten Münchener Aufenthalts kennen und schätzen gelernt hatte. Als greise Künstlerin spielte sie das Konzert im Jahre 1870 im Gewandhaussaale zu Leipzig. Wie tief mag sie sich durch die Erinnerung an den längst heimgegangenen Meister bewegt gefühlt haben, der an dieser Stätte seinen letzten und bedeutendsten Wirkungskreis gefunden hatte.

Durch den Intendanten des Münchener Hoftheaters wurde Mendelssohn aufgefordert, eine Oper zu komponieren. Aber es kam nicht dazu. Er stellte zu hohe Anforderungen an einen Text. Selbst sein bühnenkundiger und geistvoller Freund Devrient, welcher für Marschner den „Hans Heiling" und für Taubert den „Zigeuner" geschrieben hat, vermochte ihn nicht zu befriedigen. Im Briefwechsel zwischen beiden ist zu verschiedenen Zeiten von diesem Thema die Rede. „Gib mir einen guten Text zu einer Oper, und ich will sie auf der Stelle komponieren," schrieb Mendelssohn, „ich verlange nichts sehnlicher. Was mich aber nicht in Feuer und Flammen setzt, komponiere ich nun und nimmermehr ... Deutsch müßte er sein, und edel und heiter, sei es eine rheinische Volkssage oder sonst ein nationales Ereignis oder Märchen oder ein rechter Grundcharakter, wie im «Fidelio»." Vergebens wandte sich Mendelssohn an Immermann, der Shakespeares „Sturm" für ihn bearbeiten wollte, — die Verse waren dem Komponisten nicht musikalisch genug. Auch mit dem englischen Dichter Planché, der den Text zu Webers „Oberon" verfaßt hatte, knüpfte er an und erhielt von diesem zwei Opernakte, welche ihm zusagten. Mit dem dritten Akte war er jedoch nicht zufrieden, er verlangte Änderungen, und als der Dichter nicht einwilligte, gab Mendelssohn die Sache auf. „Er wird niemals einen Opernstoff finden," sagte Karl von Holtei, mit dem Mendelssohn ebenfalls einmal wegen eines Textes in Verbindung trat, „er ist zu gescheit dazu."

Schwer wurde Mendelssohn der Abschied von München. Über Stuttgart, Frankfurt und Düsseldorf begab er sich nach Paris, wo er vom Dezember 1831 bis zum April 1832 blieb. Er fand dort seinen Frankfurter Jugendfreund Ferdinand Hiller, der sich in der damaligen „Hauptstadt der Welt" auf längere Zeit niedergelassen hatte und öffentlich als Klaviervirtuos auftrat. „Jetzt erst fange ich an, mich hier einzuwohnen und Paris zu kennen," schrieb Mendelssohn nach Hause; „freilich ist es das tollste, lustigste Nest, das man sich denken kann; aber für einen, der kein Politiker ist, hat's nur halbes Interesse." Die Politik spielte damals, kaum ein Jahr nach der Juli-Revolution, durch welche Karl X. vom Throne gestürzt und der Herzog Ludwig

Philipp von Orleans als König eingesetzt worden war, allerdings eine Hauptrolle in Paris, dennoch herrschte auch auf den Gebieten der Literatur und Kunst ein regsames, reiches Leben, und besonders hatte die Musik hochbedeutsame Erscheinungen aufzuweisen. Die Konzerte des Konservatoriums unter der Leitung Habenecks, Sohn eines Deutschen, welcher in der französischen Armee als Musiker gedient hatte, standen auf außerordentlicher Höhe und führten die Beethovenschen Sinfonieen mit einer Vollendung vor, die ihresgleichen suchte. Die italienische Oper vereinigte die ersten Gesangskräfte der damaligen Zeit; Rossini schrieb seinen „Wilhelm Tell"; Meyerbeer begann an der Großen Oper mit „Robert der Teufel" die Reihe seiner Triumphe; Paganini ließ in zwölf hintereinander folgenden Konzerten seine Zaubergeige erklingen; mit ihm wetteiferte Franz Liszt, sein ebenbürtiger Rivale auf dem Klavier; auch Chopin, obwohl noch nicht in seiner ganzen Bedeutung erkannt, weilte in der französischen Hauptstadt.

Mit großem Erfolge führte Habeneck den Parisern Mendelssohns Ouvertüre zum „Sommernachtstraum" vor. In der ersten Probe war der Paukenschläger ausgeblieben. Mendelssohn wußte sogleich Rat in dieser Verlegenheit. Er sprang aufs Orchester, bemächtigte sich unter allgemeiner Heiterkeit der Musiker der Schlägel und wirbelte wie ein Tambour der alten Garde. Er schuf in Paris nur wenig, sondern genoß den Augenblick und freute sich mit Hiller und einigen andern Musikern des Lebens. In dieser Gesellschaft verkehrte auch ein junger Schwede, ein Student der Theologie, der aber seinem Fache untreu geworden war. Dieser zeigte einen glühenden Enthusiasmus für Musik, ließ sich vorspielen und war darüber entzückt, gab selbst aber nicht das geringste Lebenszeichen eines Talents. Einige Jahre später tauchte er als Violinvirtuos auf, der die Welt von sich reden machte. Es war Ole Bull.

Einen guten Teil seiner Zeit widmete Mendelssohn dem

Schachspiel, worin er Meister war. Sein Mitspieler war gewöhnlich der Dichter Michael Beer, Meyerbeers jüngerer Bruder, der ihm nur selten eine Partie abgewinnen konnte, jedoch nicht zugestehen wollte, daß er der Schwächere sei. Daraufhin hatte Mendelssohn ein Schlagwort erfunden, welches er nach jedem neuen Siege wiederholte: "Wir spielen ganz gleich gut — ganz gleich gut — nur spiele ich ein bißchen besser." Von Meyerbeer selbst hielt Mendelssohn sich möglichst fern, obwohl jener eine ungeheuchelte Verehrung für sein Talent an den Tag legte. Beide hatten eine gewisse Ähnlichkeit in Gestalt und Haltung und trugen auch ihre Haare in gleicher Weise. Als Mendelssohn von verschiedenen Seiten hörte, daß er in seiner äußern Erscheinung an den Komponisten des "Robert der Teufel" erinnere, ward er hierüber so ärgerlich, daß er sich in greulichster Weise die Haare verschneiden ließ. Meyerbeer erfuhr hiervon und nahm die Sache, die viel Heiterkeit erregte, in seiner Liebenswürdigkeit für einen harmlosen Scherz.

Eines Tages erschien Mendelssohn freudestrahlend bei Freund Hiller. "Da habe ich eben ein Wunder erlebt, ein wahres Wunder!" rief er. "Ich war mit Liszt bei Erard und legte ihm das Manuskript meines G-moll-Konzerts vor — und er spielte es, obwohl es kaum leserlich ist, mit der größten Vollendung vom Blatt. Man kann es gar nicht schöner spielen, als er es gespielt hat — es war wunderbar!"

Aber auch tiefbetrübt, ja fassungslos kam er ein anderes Mal zu Hiller, um ihm mitzuteilen, daß sein Freund und ehemaliger Lehrer, der Geiger Eduard Rietz, gestorben sei. Bald darauf traf die Nachricht vom Tode Goethes ein. In einem Briefe an die Seinigen spricht er sich hierüber mit den Worten aus: "Goethes Verlust ist eine Nachricht, die einen wieder so arm macht! Wie anders sieht das Land aus! Es ist so eine von den Botschaften, deren ich manche schon hier bekommen habe, die mir nun beim Namen von Paris immer einfallen werden und deren Eindruck mir durch alle Freundlichkeit, alles Sausen und Brausen und das ganze lustige Leben hier nicht verlöschen wird."

Paris wurde während Mendelssohns Aufenthalt von der Cholera heimgesucht. Auch er hatte einen leichten Anfall dieser Krankheit zu überstehen, ehe er die Stadt verließ, um nach London zu gehen. Hier traf er am 22. April 1832 ein, von Moscheles, Klingemann und andern alten Freunden aufs herzlichste aufgenommen. Als er eine Probe der „Philharmonie" besuchte und den Saal betrat, bereiteten ihm die Musiker einen enthusiastischen Empfang. In den Konzerten, die er gab, spielte er u. a. sein G-moll-Konzert und führte zum ersten Male die „Hebriden=Ouvertüre" vor, zu der er in Schottland die erste Anregung empfangen hatte. Mitten in dieser Tätigkeit traf ihn die Trauer=botschaft vom Tode seines alten Lehrers Zelter, wodurch er tief erschüttert wurde. Schon bei Goethes Hingange hatte er sich der bangen Ahnung nicht verschließen können, daß Zelter ihn nicht lange überleben werde, und in der Tat war der greise Gesangs=meister schon nach kaum zwei Monaten dem großen Dichter gefolgt, der ihn seiner dauernden Freundschaft gewürdigt hatte.

VI.

Am Rhein.

Nach mehr als zweijähriger Abwesenheit kehrte Mendelssohn am 23. Juni 1832 wieder zu den Seinigen in Berlin zurück. Durch Zelters Tod war die Direktion der „Singakademie" erledigt, und kaum hätte sich ein würdigerer Nachfolger dafür finden lassen als Mendelssohn, der genialste Schüler Zelters, der diesen Wunsch auch vor seinem Tode wiederholt ausgesprochen hatte. Mendelsohn wurde allerdings in Vorschlag gebracht, dennoch fiel die Wahl auf einen andern. Einige ältere, sehr einflußreiche Damen hatten hierbei die Hand im Spiele: sie nahmen an Mendelsohns jüdischer Abstammung Anstoß. Es war dies ein um so erbärmlicheres Vorurteil, als er, wie man allgemein wußte, christlich-evangelisch getauft und in diesem Bekenntnis erzogen war. Es war aber zugleich auch ein Akt schnöden Undanks dem Manne gegenüber, welcher die Bachsche Matthäuspassion, eines der größten religiösen Musikwerke, die christliche Gemüter erheben können, der Vergessenheit entrissen, der christlichen Welt zurückgegeben und vor vier Jahren durch dieselbe Singakademie aufgeführt hatte, die ihn jetzt verwarf.

Diese bittere Erfahrung verschmerzend, verlebte Mendelsohn den Winter von 1832 auf 1833 im Kreise der Familie und seiner zahlreichen Freunde sehr angenehm. Er gab im Saale des Königlichen Schauspielhauses mehrere Konzerte, in denen er unter andern seiner Kompositionen die „Hebriden-Ouvertüre" und die „Walpurgisnacht" zur Aufführung brachte und auch als Klavierspieler auftrat. In dieser Kunst stand er damals auf dem Höhepunkte. Die Technik und Präzision seines Spiels war staunenswert, aber sie diente ihm nur als Mittel zum Zweck. Die Hauptsache war ihm das tiefe Eindringen in den Geist der Komposition. Er spielte nur bedeutende Musik und ging darauf aus, den Charakter wertvoller Tonstücke aus verschiedenen Zeitaltern zur vollendeten Darstellung zu bringen. Selbst dem wirklich schon Veralteten wußte er durch seinen Vortrag neuen Reiz zu verleihen; das Unzulängliche verstand er durch Verzierungen eigener Erfindung, die er einlegte (Kadenzen), geschmackvoll zu verdecken. Er spielte mit großer Sicherheit; sein Anschlag war elastisch, Kraft und Zartheit standen ihm in gleichem Maße zu Gebote. In seinem Piano war er unerreicht. Beethoven bevorzugte er vor allen, die Adagiosätze spielte er mit hinreißendem Schmelz und unaussprechlicher Innigkeit.

Zur Frühjahrssaison reiste Mendelssohn wieder nach London und dirigierte in einem Konzert eine neue Sinfonie in A-dur, die er in Berlin vollendet, aber bereits in Italien begonnen hatte. Er selbst nannte sie die „italienische Sinfonie", denn Italiens lachender Himmel spiegelt sich darin wieder; der letzte Satz, „Saltarello" überschrieben, atmet die ganze südliche Glut und Lebendigkeit dieses neapolitanischen Nationaltanzes. Die Londoner nahmen das Werk mit stürmischem Beifall auf, der Komponist selbst bekam es aber nie wieder zu hören. In einem von Moscheles gegebenen Konzert spielte er mit diesem zusammen die Variationen über den Zigeunermarsch aus Preziosa für zwei Klaviere; die Komposition war gleich nach seiner Ankunft in London innerhalb zweier Tage entstanden. In vertrauten Kreisen improvisierten beide vierhändig, wobei der eine des andern musikalische Gedanken erraten und ihm die Themata gleichsam aus der Hand spielen mußte, ähnlich wie Weber und Meyerbeer es in jüngeren Jahren gemacht hatten.

Im Mai folgte Mendelssohn einem Rufe nach Düsseldorf, um das zu Pfingsten dort stattfindende Musikfest zu leiten. Die großen Niederrheinischen Musikfeste wurden abwechselnd in Düsseldorf, Köln und Aachen abgehalten und hießen auch Pfingstfeste. Durch die Vereinigung der drei Städte zu diesem gemeinsamen Zweck wurde die Aufführung der bedeutendsten und schwierigsten Orchester- und Chorwerke ermöglicht, für welche eine Stadt allein die erforderlichen Kräfte nicht hätte aufbringen können. Auch aus andern naheliegenden Orten kamen Teilnehmer, die mit sangesfrohen Kehlen die Chöre verstärkten. Das Publikum strömte von allen Seiten aus der ganzen Provinz herbei. Es war natürlich, daß durch diese Kunstfeste die allgemeine Musikpflege der Rheinprovinz eine Anregung und Förderung erfuhr, wie sich deren kein anderes deutsches Land rühmen konnte. Händels Oratorium „Israel in Ägypten" bildete den Gipfelpunkt des zweitägigen Festes, welches sich unter Mendelssohns Leitung besonders glanzvoll gestaltete. Als er nach Beendigung des ersten Konzerts vom Podium steigen wollte, wurde er mit einem Blumenregen überschüttet, und eine junge Dame überreichte ihm auf einem Sammetkissen einen Lorbeerkranz, mit dem er sich krönen lassen mußte. Am Abend gab Meister Schadow, der Direktor der Düsseldorfer Malerakademie, mit dem er schon in Rom in freundschaftlichem Verkehr gestanden, ein Fest, wobei Mendelssohn Gegenstand neuer Huldigungen wurde. Er mußte seinen Lorbeerkranz wieder aufsetzen und wurde unter dem Gesange: „Seht, er kommt mit Preis gekrönt," im Triumph durch das Zimmer geführt. Dann begann der Tanz, zu welchem der Gefeierte aufspielte, bis er abgelöst wurde, um selbst lustig mitzuwalzen. Es gelang dem Magistrate, den großen Künstler an Düsseldorf zu fesseln, indem er für ihn die Stelle eines städtischen Musikdirektors schuf, zur Leitung der Musik in den katholischen Kirchen, der Winterkonzerte und des Düsseldorfer Gesang- und Instrumentalvereins. Zunächst machte Mendelssohn wieder einen Abstecher nach London, um Moscheles ein neues Orchesterwerk zu überbringen und es ihm aus der Partitur vorzuspielen. Es war die Ouvertüre zur „Schönen Melusine". In Berlin hatte er eine Oper „Melusine" von Konradin Kreutzer gesehen; die Komposition gefiel ihm nicht, aber der Gegenstand, den sie behandelte, um so mehr. So entstand die Ouvertüre. Ein Motiv, wie eine zarte wellenförmige Bewegung, zieht sich durch das Ganze, die schöne Wasserfee schwebt aus ihrem nassen Zauberreich empor und beglückt den tapfern Ritter mit ihrer Liebe; aber neugierig, wie alle Sterblichen, forscht er nach ihrem Ursprung und scheucht sie dadurch zu ihrem eigenen Weh in die Flucht auf Nimmerwiedersehen. Das Tongemälde gehört zu Mendelssohns vorzüglichsten Kompositionen. Lustig macht er sich über das, was die Musikkritiker hineingedeutet haben: „Was man von roten Korallen fabelt und grünen Seetieren und Zauberschlössern und tiefen Meeren, das geht ins Aschgraue und setzt mich in besonderes Staunen!" Moscheles führte die Ouvertüre in zwei Konzerten vor und erzielte damit einen großen Erfolg.

Anfang Oktober trat Mendelssohn sein Amt in Düsseldorf an. Er bewohnte ein paar hübsche Zimmer im Parterre des Schadowschen Hauses, trat in angenehmen Verkehr mit den Malern und hielt sich ein Reitpferd. Sein erstes war, den Kirchenmusiken eine reichere Abwechslung zu geben; unter den Musikalien, die er vorfand, gab es keine einzige Messe von den großen Italienern der älteren Schule. Daher unternahm er eine Entdeckungsreise nach Köln und einigen anderen rheinischen Städten, in deren Bibliotheken er reiche Beute auftrieb, darunter Palästrina, Allegri, Lotti, Pergolese und auch einiges von Händel. Über die Düsseldorfer Musiker führt er in einem Briefe an seinen Freund Hiller bittere Klage: „Ich versichere Dich, wenn man niederschlägt (mit dem Taktstock) und alle fangen einzeln an, aber keiner recht tüchtig, und beim Piano hört man, wie die Flöte zu hoch stimmt, und Triolen kann kein Düsseldorfer deutlich spielen, sondern er macht ein Achtel und zwei Sechzehntel, und jedes Allegro hört noch einmal so schnell auf, als es anfängt, und alle Saiteninstrumente werden unter den Röcken im Regen getragen, im Sonnenschein bloß, — wenn Du mich einmal dies Orchester dirigieren hörtest, Dich brächten vier Pferde nicht zum zweiten Male hin. Bei alledem sind ein paar Musiker dabei, die jedem Orchester, ja sogar Euerm Pariser Konservatorium Ehre machen würden; aber das ist eben das Elend in Deutschland, daß die Baßposaune und der Pauker und der Kontrabaß vortrefflich sind und alle übrigen höchst niederträchtig. Dazu ist ein Singverein von 120 Personen da, den ich alle Woche einmal zureiten muß und wo sie Händel recht gut und genau singen, und im Winter sind sechs Abonnements-

Konzerte, im Sommer jeden Monat ein paar Messen, und alle Dilettanten zanken sich untereinander bis aufs Blut, und keiner will Solo singen oder vielmehr alle, und sie hassen alle Prätensionen und machen doch nichts als das — Du kennst ja das Musikmachen in einer kleinen Stadt. Gott sei bei uns!"

Das hat sich freilich alles seitdem bedeutend geändert, und unter Mendelssohn und seinen Nachfolgern erhob sich die Musik in Düsseldorf auf eine sehr hohe Stufe.

Auch um die Düsseldorfer Theaterverhältnisse fand es Mendelssohn sehr schlecht bestellt. Das zahlreiche gebildete Publikum und die Malerwelt verlangten eine durchgreifende Verbesserung, und der Mann, der hierzu den besten Beruf hatte, lebte in Düsseldorf selbst. Es war der Landesgerichtsrat Immermann, ebenso hervorragend als dramatischer Dichter wie als Romanschriftsteller. Sein „Trauerspiel in Tirol", dessen Held Andreas Hofer ist, ging über die meisten deutschen Bühnen; eine Episode aus seinem satirischen Romane „Münchhausen", die als besondere Ausgabe unter dem Titel „Der Oberhof" erschien, bietet eine der meisterhaftesten Schilderungen des westfälischen Dorflebens und ist heute noch eine bevorzugte Lektüre der Gebildeten. Immermann übernahm denn auch die Aufgabe, die Düsseldorfer Bühne zu einer Musteranstalt zu erheben, und Mendelssohn, mit dem er sich innig befreundet hatte, stand ihm dabei zur Seite. Beide begannen damit, daß sie in der Zeit von Dezember 1833 bis März 1834 sogenannte Mustervorstellungen veranstalteten, um zu zeigen, was sie mit den verhältnismäßig schwachen Kräften der Düsseldorfer Bühne zu bieten vermochten. Das Gute stößt stets auf Feinde. So ging es auch hier. Ein Teil des Publikums fand den Ausdruck „Mustervorstellungen" anmaßend, ein anderer ärgerte sich über die erhöhten Eintrittspreise, und diese Mißvergnügten suchten gleich die erste Vorstellung „Don Juan" durch pöbelhaftes Pfeifen, Trommeln und Brüllen zu stören. Immermann verließ empört das Theater. Mendelssohn fand sich zwar wiederholt versucht, den Lärmmachern seinen Taktstock an den Kopf zu werfen, hielt aber tapfer aus, trotzdem der Spektakel so groß war, daß die Oper viermal durch Fallen des Vorhangs unterbrochen werden mußte, ehe sie zu Ende gespielt werden konnte. Einige Tage später wurde die Vorstellung wiederholt. Mendelssohn hatte gedroht, dieselbe beim geringsten Skandal sofort abzubrechen; das Komitee, welches an der Spitze des Unternehmens stand, wollte sich in diesem Falle sofort auflösen. Als Mendelssohn an das Pult trat, wurde er mit Applaus und dreimaligem Orchestertusch empfangen. Die Vorstellung verlief aufs glänzendste und unter lebhaftem Beifall. Es folgten „Egmont", ein Drama von Calderon und Cherubinis „Wasserträger", und da alle diese Aufführungen in der Tat musterhaft ausfielen, so wurde durch einen Aktienverein ein bedeutendes Kapital zusammengebracht und ein neues Stadttheater gegründet. Ein Verwaltungsrat leitete das Ganze. Immermann und Mendelssohn waren Mitglieder desselben und Intendanten. Am 28. Oktober 1834 wurde die neue Bühne mit Kleists „Prinz von Homburg" eröffnet.

Immermann hatte ein Nationaltheater vor Augen und wollte die vornehmsten Erscheinungen der dramatischen Literatur vorführen, wobei ihm die Oper Nebensache war. Mendelssohn dagegen wollte die Oper nicht als Stiefkind behandelt wissen; infolge dieser Meinungsverschiedenheiten kam es zwischen den beiden Intendanten zu einem Zerwürfnis, und schon im November zog sich Mendelssohn gänzlich vom Theater zurück.

Während er in Düsseldorf schöpferisch tätig war und Neues komponierte, besonders viele Lieder mit und ohne Worte, unter ersteren das allgemein bekannt gewordene: „Auf Flügeln des Gesanges", erfüllte er mit Eifer seine Amtspflichten. Gesangverein und Konzerte blühten unter seiner Leitung, auch in Elberfeld und Barmen veranstaltete er Musikaufführungen.

Im Frühjahr 1834 besuchte er, jedoch nur als Zuhörer, das Musikfest zu Aachen, um Händels Oratorium „Deborah" kennen zu lernen. Hier ward ihm die freudige Überraschung zu teil, mit seinem Freunde Hiller zusammenzutreffen, der von Paris gekommen war und Chopin mitgebracht hatte. Hiller hatte den englischen Text von „Deborah" für die Aachener Aufführung ins Deutsche übersetzt und dafür eine Einladung zu dem Feste erhalten. Mit Chopin nahe befreundet, lud er diesen ein, ihn zu begleiten. Der Künstler schüttelte melancholisch lächelnd das Haupt. Er hatte stets eine offene Hand für seine emigrierten polnischen Landsleute, die zahlreich in Paris lebten, und diese hatten seine Kasse gerade jetzt so gründlich in Anspruch genommen, daß es ihm an dem nötigen Reisegeld fehlte. Plötzlich besann er sich: „Ich denke, es wird gehen!" sagte er. Damit holte er das Manuskript seines reizenden Walzers in Es-dur hervor, eilte in die Pleyelsche Verlagshandlung und kam mit fünfhundert Franken zurück.

Nach dem Musikfeste nahm Mendelssohn die beiden Pariser Gäste mit nach Düsseldorf, wo alle drei einen angenehmen Abend bei Schadow verlebten. Auch einige hervorragende junge Maler waren anwesend. Seiner Gewohnheit gemäß verhielt sich Chopin sehr zurückhaltend und saß fast unbemerkt da. Hiller und Mendelssohn sahen voraus, daß er sich für diese Nichtbeachtung rächen werde, und freuten sich im stillen darauf. Der Flügel wurde geöffnet, Hiller spielte etwas, Mendelssohn folgte. Dann baten beide Chopin, doch auch etwas vorzutragen. Die Gesellschaft musterte den jungen Polen mit mißtrauischen Blicken. Aber er hatte kaum einige Takte gespielt, als alle Anwesenden wie verwandelt auf ihn hinschauten, — so etwas hatte man denn doch noch nie gehört. Entzückt verlangte man mehr und immer mehr.

Zu Pfingsten 1835 dirigierte Mendelssohn das Kölner Musikfest. Obwohl er nichts von seinen eigenen Kompositionen brachte, fand er doch außerordentliche Anerkennung, besonders für die glänzende Aufführung von Händels Oratorium „Salomon". Das Festkomitee verehrte ihm die große Londoner Ausgabe von Händels Werken, 23 große Folianten in englischem Practeinband. Außerdem wurde ihm auf einer Pergamentrolle eine besondere Danksagung zu teil, welche die eigenhändigen Unterschriften der 600 Festteilnehmer trug.

Düsseldorf sollte den großen Künstler bald verlieren. Bereits hatte man von Leipzig aus die Blicke auf ihn gerichtet. Nachdem er den Antrag der dortigen Universität, für ihn eine Professur der Musik zu gründen, abgelehnt hatte, weil er keinen Beruf in sich fühlte, Vorlesungen zu halten, wurde ihm die Direktion der Leipziger Gewandhaus-Konzerte angeboten. Anfang Oktober reiste er hin und wohnte einer Probe seiner „Meeresstille und glückliche Fahrt" bei, die ihn mit der Leistungsfähigkeit des trefflichen Orchesters bekannt machte. Im darauffolgenden April kamen die Unterhandlungen zum Abschluß. An seine bisherige Stellung nur auf zwei Jahre gebunden, schied er Anfang Juli 1835 von Düsseldorf, zum Leidwesen aller dortigen Musikfreunde.

VII.
Die Leipziger Gewandhaus-Konzerte. „Paulus." — Cäcilie.

Wenn Goethe dem Studenten Frosch in Auerbachs Keller die Worte in den Mund legt:

„Mein Leipzig lob' ich mir!

Es ist ein klein Paris und bildet seine Leute" —

so ist damit die geistige Atmosphäre der Stadt, in welcher Mendelssohns Genius einen Wirkungskreis finden sollte, wie er sich ihm kaum besser hätte darbieten können, sehr treffend bezeichnet. Die Bevölkerung Leipzigs ist für Kunst und Wissenschaft sehr empfänglich und verdankt dies der Einwirkung der tonangebenden Gesellschaft, die für die Pflege höherer Kulturinteressen äußerst günstig zusammengesetzt ist. Die Professoren und Hörer der Universität, die Künstler und höheren Beamten bilden einen intelligenten Kern, wie er wohl auch anderwärts anzutreffen ist; aber nicht überall finden sich unter den großen Geschäftsleuten, den Patriziern, so viele feingebildete Männer und tüchtige Kenner der Musik als in Leipzig. Das gilt von der Gegenwart wie von der Vergangenheit.

Hier hatte Sebastian Bach, der große Kantor von St. Thomas, aus den stimmbegabten Schülern des gleichnamigen Gymnasiums sich seinen Sängerchor herangebildet und mit diesem an Sonn- und Festtagen seine herrlichen Kirchenmusiken aufgeführt. Seit 1743 bestand ein sogenanntes „Großes musikalisches Konzert", welches in verschiedenen Privathäusern abgehalten wurde. Im Jahre 1781 fand es eine bleibende Stätte im Gewandhause, wie das Gebäude hieß, in welchem die Fabrikate der Tuchmacher lagerten, und aus jener Zeit stammt der Name „Gewandhaus-Konzerte". Der zu Musikzwecken eingerichtete eirunde Saal besaß eine Akustik, wie sie selten gefunden ward. Über dem Orchesterraume am Friese des Hauptgesimses stand die sinnige Devise: „Res severa est verum gaudium" (Eine ernste Sache ist die wahre Freude). Die Konzerte, welche während der Herbst- und Wintersaison jeden Donnerstag abends stattfanden, bildeten für die Leipziger stets den geistigen Höhepunkt der Woche.

Sie wurden vom städtischen Orchester ausgeführt, das außerdem bei Kirchenmusiken und im Theater mitwirkte; für große Musikaufführungen standen der Thomanerchor, eine Singakademie, der Gesangverein Ossian, der ausgezeichnete studentische Sängerchor der Pauliner und viele kunstgeübte Dilettanten zur Verfügung.

Mendelssohn zählte sechsundzwanzig Jahre, als er an die Spitze der Gewandhaus-Konzerte trat. Ende August kam er in Leipzig an, wo er eine Wohnung in einem Vordergebäude von „Lurgensteins Garten" bezog. In Leipzig behielten größere Gebäudekomplexe, die sich in ehemaligen Gärten erhoben, die Bezeichnung als Garten und den Namen des ehemaligen Besitzers bei.

Das Orchester, welches er vorfand, war gut geschult und spielte Beethovensche Sinfonieen mit ziemlicher Vollendung, ein untrüglicher Maßstab für seine Tüchtigkeit.

Kein Platz im Gewandhaussaale war leer, als der neue Dirigent am 4. Oktober das erste Konzert leitete. Mit freudigem Beifall wurde er empfangen. „Meeresstille und glückliche Fahrt" leitete den Abend ein. Die den zweiten Teil bildende Beethovensche B-dur-Sinfonie wurde mit einer, damals selbst in Leipzig unerhörten Präzision gespielt. Aufmerksamkeit und Spannung herrschten im Orchester, mit jubelndem Applaus lohnte das Publikum. Nach dem Konzert empfing Mendelssohn eine Menge Gratulationen. Unter den Glückwünschenden befand sich auch Moscheles, der aus London gekommen war und in Leipzig an mehreren Abenden als Klaviervirtuos auftrat.

In den ersten sechs Konzerten, welche Mendelssohn dirigierte, waren Mozart, Haydn, Gluck und Beethoven mit großen Orchesterwerken vertreten; als Pianist führte er sich durch sein G-moll-Konzert ein.

Inmitten seiner erfolgreich begonnenen Tätigkeit wurde er von einem schweren Schlage getroffen. Sein Vater erlag am 19. November plötzlich einer scheinbar unbedeutenden Krankheit. Hensel fuhr sogleich selbst nach Leipzig, um Mendelssohn schonend vorzubereiten, und brachte ihn mit nach Berlin. Mendelssohn war über den schmerzlichen Verlust nahezu fassungslos. Wie tief er ihn empfand, spricht sich in folgenden Worten an einen Freund aus: „Der Wunsch, den ich mir vor allem jeden Abend wieder gewünscht hatte, war der, diesen Verlust nicht zu erleben, weil ich an meinem Vater so ganz und gar gehangen hatte, daß ich nicht weiß, wie ich mein Leben nun fortsetzen werde."

Er blieb zehn Tage in Berlin. Unter den Besuchern des Trauerhauses befand sich auch einer seiner Jugendfreunde: Ferdinand David, ein ausgezeichneter Violinist, der den Unterricht des großen Meisters Spohr genossen hatte und zuletzt in Dorpat angestellt war. Mendelssohn veranlaßte ihn, mit nach Leipzig zu kommen. Dort trat David mit großem Beifall auf, und als bald nachher der Konzertmeister der Gewandhaus-Kapelle starb, wurde er dessen Nachfolger. Mendelssohn fand eine treffliche Stütze an David, der als einer der ersten Meister seines Instruments bis zu seinem Tode 1873 in Leipzig wirkte.

Schon in Düsseldorf hatte Mendelssohn das Oratorium „Paulus" begonnen, welches nun nach zweijähriger Arbeit vollendet vor ihm lag. Wie kein anderer war er unter den neueren Komponisten auserwählt, in der geistlichen Musik der Nachfolger Bachs und Händels zu werden. Er hatte nicht nur deren Werke gründlich studiert, sondern er war auch von dem tiefreligiösen Gefühle durchdrungen, welches der kirchlichen Musik die echte Weihe gibt. Mit dieser Arbeit paßte Mendelssohn, die Strenge der alten Schule vermeidend, das Oratorium dem veränderten Geschmack der neueren Zeit an, ohne daß es an Würde und Erhabenheit verlor. Zwei ihm befreundete Theologen, Beuer und Schubring, hatten aus Bibel und Gesangbuch den Text zusammengestellt.

Kampf und Sieg des Christentums in seinem Fortschreiten zur Weltreligion, dargestellt in der Person des großen Heidenapostels, ist der Grundgedanke, von dem Mendelssohn sich leiten ließ. Der erste Teil des Oratoriums faßt den Tod des Stephanus und die Bekehrung des Saulus zusammen; der zweite bringt den Abschied des Apostels von der Gemeinde zu Ephesus und schließt mit dem Hinweis auf seinen bevorstehenden Märtyrertod. Der

Beginn der Ouvertüre mit dem Choral: „Wachet auf, ruft uns die Stimme", deutet auf die Erweckung des verblendeten Christenverfolgers zum höheren Licht. Die Worte Christi werden von einem Frauenchor gesungen, wodurch sie den überirdischen Eindruck von Engelsstimmen machen und eine überwältigende Wirkung hervorbringen.

Die erste Aufführung des großartigen Werkes fand zum Musikfest in Düsseldorf am 22. Mai 1836 statt. Noch vor Mendelssohns Hinkunft wurden die vorbereitenden Proben abgehalten. Julius Rietz leitete sie. Er war der Sohn eines Hofmusikers in Berlin, wo Mendelssohn ihn kennen gelernt und ihm eine Zeitlang Klavierunterricht erteilt hatte. Schon 1834 hatte er ihn nach Düsseldorf berufen, um am Stadttheater als Musikdirektor zu wirken. Nach Mendelssohns Abgang rückte Rietz ganz in dessen Stelle ein.

Als Mendelssohn in Düsseldorf eintraf, fand er das Werk, welches bereits während der Proben die größte Bewunderung erregte, schon fast völlig einstudiert.

Schwester Fanny war von Berlin, Klingemann von London gekommen, um der Aufführung beizuwohnen. Mendelssohn hatte nur den einen Schmerz, daß es seinem Vater nicht mehr vergönnt war, das Werk zu hören, an dessen Fortschreiten er stets warmen Anteil genommen.

Der Erfolg war ein großartiger. Alle Zuhörer fühlten sich erhoben durch diese glückliche Darstellung des religiösen Gefühls im Gewande des Schönen.

Das Komitee des Musikfestes dankte dem Komponisten durch Überreichung eines Prachtexemplars der Paulus-Partitur, worin die Hauptmomente des Oratoriums durch Zeichnungen von Schrötter, Hübner und anderer hervorragender Düsseldorfer Künstler wiedergegeben waren. Wie der gewaltige Apostel auf weiten Reisen das Licht der neuen Lehre von Land zu Land verbreitete, so fand das Oratorium, das seinen Namen trägt, den Weg durch die ganze gebildete Welt, durch Deutschland, die Schweiz, Dänemark, Holland, Polen, Rußland und Amerika und erlebte schon in den ersten anderthalb Jahren nach seinem Erscheinen über fünfzig Aufführungen.

Von Düsseldorf begab sich Mendelssohn nach Frankfurt am Main, um an Stelle seines erkrankten Freundes Schelble den dortigen „Cäcilien-Verein" zu leiten, der trefflich geschult war und über viele schöne Stimmen verfügte. Dort hielt sich als Gast des Frankfurter Krösus James Rothschild damals der gefeierte Rossini auf, welcher seit seinem „Wilhelm Tell" auf der höchsten Stufe des Ruhmes stand. Bei Hiller, der ebenfalls anwesend war, traf Mendelssohn häufig mit dem italienischen Maestro zusammen, der sich von ihm vorspielen ließ und mit aufrichtigem Interesse zuhörte. Auf die ganze Frankfurter Musikerkolonie machte Rossinis Gegenwart einen wahrhaft berauschenden Eindruck, so sehr ihm auch die überschwenglichen Erfolge seiner Opern mißgönnt wurden. „Gleich am zweiten Tage nach seiner Ankunft", erzählt Hiller, „mußte ich mit ihm zu allen bedeutenden Kunstgenossen fahren, wobei ich mehrfach die Rolle des Dolmetschers zu machen hatte. Der eine und der andere wollte vor Schreck und Überraschung fast ohnmächtig werden, als Rossini bei ihm eintrat. . . Man hatte Rossini zu Ehren auch ein Festessen auf der Mainlust veranstaltet, an welchem sich so viele Notabilitäten aller Art beteiligten, als der Raum es erlaubte. Nach Ende der Tafel ging der Held des Tages im Garten plaudernd auf und ab, wie er es überhaupt nach Tische zu halten pflegte. Alle Wege und Grasplätze waren mit Menschen angefüllt, die den Wundermann sehen wollten; man reckte sich die Hälse aus, man drückte sich nach allen Himmelszonen, um ihm mit dem Blicke zu begegnen, — aber er tat, als ob er von alledem nichts merkte."

Für Mendelssohn sollte sein Frankfurter Aufenthalt sehr bedeutungsvoll werden. Dort lebte die Witwe des früh verstorbenen Pastors der reformierten französischen Gemeinde Frau Jeannerenaud im Hause ihres Vaters, eines hochangesehenen, reichen Patriziers. Sie besaß zwei Töchter, von denen Cäcilie, die jüngere, eine besondere Anziehungskraft auf Mendelssohn ausübte. Von schlanker Gestalt, nahm sie durch die auffallende Schönheit und Feinheit ihrer Gesichtszüge, die an Raffaelsche Madonnenbilder erinnerten, sogleich für sich ein. Sie sprach wenig und niemals lebhaft, sondern immer mit leiser, sanfter Stimme. Mendelssohn war durch einen Freund bei der Familie eingeführt worden und fand sich sehr oft ein. Eine Zeitlang glaubte Cäcilie, seine Besuche gälten ihrer Mutter, welche noch in hohem Grade anziehend und jugendlich lebhaft war; denn Mendelssohn benahm sich gegen Cäcilie sehr zurückhaltend und sprach nur wenig mit ihr. Um so mehr sprach er von ihr, und auf Spaziergängen mit Freund Hiller in milden Sommernächten schwärmte er von der Schönheit und Anmut der Auserkorenen. Dennoch wollte er sich erst prüfen, ob seine Neigung eine beständige sei, auch wenn er den Gegenstand derselben nicht mehr vor Augen habe, und nahm daher einen längern Aufenthalt in dem Seebade Scheveningen. In allen seinen Briefen an Hiller sprach er von Cäcilie, wenn er auch seinen Trennungsschmerz und seine Sehnsucht nach ihr in eine humoristische Form kleidete. Schon im ersten Briefe schrieb er: „Wenn Du mir auf diesen Brief nicht umgehend antwortest und mir nicht wenigstens acht Seiten über Frankfurt schreibst und übers Fahrtor" (in dessen Nähe die Familie Jeannerenaud wohnte) „und über Dich und die Deinigen und Musik und die ganze lebendige Welt, so ist es möglich, daß ich hier ein Käsehändler werde und gar nicht wiederkomme!"

Am 9. September feierte er seine Verlobung mit Cäcilie Jeannerenaud.

Nachdem er mit Beginn der Wintersaison von 1836 auf 1837 seine Tätigkeit im Gewandhause wieder aufgenommen hatte, vereinigte er die gesamten musikalischen Kräfte Leipzigs und führte in der Paulinerkirche Händels großartiges Oratorium „Israel in Ägypten" auf, dessen Hauptstärke in seinen Chören besteht. Das Weihnachtsfest verlebte er in Frankfurt in der Familie seiner Braut. In das Programm des letzten Gewandhaus-Konzerts vor seiner Reise hatte der Konzertvorstand absichtlich das zweite Finale aus „Fidelio" aufgenommen mit dem Schlußchor: „Wer ein holdes Weib errungen, stimm' in unsern Jubel ein." Als der Applaus, der dem Chore folgte, kein Ende nehmen wollte, setzte sich Mendelssohn an den Flügel und ließ in hinreißenden Phantasieen über das Thema seinen Jubel austönen, an welchem die ganze Versammlung freudigen Anteil nahm. Im Februar führte er den Leipzigern seinen „Paulus" vor, und geschmückt mit diesem neuen Lorbeer beging er am 28. März 1837 in der reformierten Kirche zu Frankfurt seine Vermählung mit Cäcilie. Die Hochzeitsreise währte fast den ganzen Frühling und Sommer. Freiburg im Breisgau und die benachbarte Schwarzwaldgegend, wo man im Tale das erste Grün, auf den Bergen den letzten Schnee sah, bildeten das nächste Reiseziel. Dann ging es mit längeren Aufenthaltspausen den Rhein hinunter bis nach Düsseldorf, wo dem Meister zu Ehren sein „Paulus" wieder aufgeführt wurde. Die junge Gattin in Frankfurt zurücklassend, begab sich Mendelssohn nach Birmingham, um dort vom 19. bis 22. September das große Musikfest zu leiten. Das überaus reichhaltige Programm dieser vier Tage, an welchen „Paulus", Händels „Messias", Teile der Bachschen Passion, mehrere Sinfonieen und Ouvertüren zu Gehör gebracht wurden und Mendelssohn außerdem auch noch als Solist auf Orgel und Klavier sich produzierte, stellte große geistige und physische Anforderungen an ihn; dafür wurde er aber auch sehr gefeiert, worüber er seiner

Mutter schrieb: „Der Applaus und das Zurufen, wenn ich mich nur sehen ließ, wollte gar nicht aufhören und machte mich zuweilen wirklich lachen, weil ich z. B. bei einem Klavierkonzert gar nicht dazu kommen konnte, mich vors Instrument zu setzen." Größer noch als die Anstrengungen während des Musikfestes waren die Strapazen der Heimreise. Kaum hatte er auf der herrlichen Birminghamer Orgel den letzten Akkord verklingen lassen, als er auch schon den Postwagen nach London bestieg, wo er nach Mitternacht eintraf, um einige Stunden später nach Dover weiterzureisen und sich hier um neun Uhr morgens nach Calais einzuschiffen. Infolge stürmischen Wetters wurde das Dampfboot nach Boulogne verschlagen; von hier aus fuhr er wieder die Nacht durch im Postwagen nach Lille und von da nach Köln, das er am Morgen gegen zehn Uhr erreichte; eine Stunde später dampfte er bereits den Rhein hinauf, bis sich das Schiff in der zweiten Morgenstunde im Nebel festfuhr, worauf der eilige Reisende den Weg zu Fuß über Horchheim nach Koblenz fortsetzte und von da mit der Post nach Frankfurt fuhr. Sechs Tage und sechs Nächte war er ununterbrochen unterwegs gewesen. Nun hatte er noch mit seiner Gattin eine dreitägige Postfahrt nach Leipzig zurückzulegen. Am Sonntag den 2. Oktober langte er nachmittags zwei Uhr dort an, und vier Stunden später stand er bereits am Dirigentenpulte, um das erste Gewandhaus=Konzert dieser Saison zu leiten. Mit freudigem Applaus begrüßten ihn seine Leipziger.

VIII.

Mensch und Künstler.
Robert und Klara Schumann. — Gäste und Feste.
Ruf nach Berlin.

Cäcilie vermochte dem genialen Gatten gegenüber keine hervorragende geistige Begabung in die Wagschale zu legen, aber die wohltuende Ruhe in ihrem Umgang und ihre milde Heiterkeit wirkten auf seine nervös reizbare Natur sehr besänftigend, so daß er eine bessere Wahl nicht hätte treffen können.

Wie Cäciliens Liebe ihn beglückte, so hegte und pflegte er die ihm über alles teuere Gattin mit inniger Zärtlichkeit und sorgsamster Rücksicht. Trotzdem gab es Leute, die das Gegenteil behaupten wollten. So hörte Cäcilie in einem Konzert ein paar in ihrer Nähe sitzende Damen, die sie nicht kannten, erzählen, daß Mendelssohn seine Frau grausam, unmenschlich, barbarisch behandle. Lachend teilte sie dem Gatten das Gespräch mit, worüber dieser nicht wenig belustigt war. Große Freude machte ihm sein Erstgeborener. „Du magst spotten, soviel Du willst," schreibt er an seinen noch ledigen Freund Hiller, „so kann ich mir nicht helfen, es ist gar zu wohlig und lieb, so einen winzig kleinen Kerl anzusehen, der seiner Mutter blaue Augen und Stumpfnäschen mit auf die Welt gebracht hat und sie so gut kennt, daß er sie anlacht, wenn sie ins Zimmer tritt. Es ist überglücklich! Dafür dekliniere ich mensa, solange einer will, und mache Fingerübungen mit ihm und lasse mich von Dir auslachen mit Freuden." Nach und nach blühten dem Elternpaare fünf Kinder heran, und im Umgang mit ihnen, in der Beobachtung ihrer Eigentümlichkeiten, in der Pflege ihrer Fähigkeiten fand der glückliche Vater seine reinste Freude.

Aus der Zeit, wo Mendelssohn selbst noch Kind war, kennen wir bereits seine äußere Erscheinung; jetzt, in seinem Mannesalter, steht er vor uns als eine Figur unter Mittelgröße, in Haltung und Gang etwas nachlässig, aber der Grazie nicht entbehrend. Glänzend schwarzes, leicht gelocktes Haar umgibt das Haupt, dessen untere Partie ein Backenbart einsäumt; die Stirn ist hoch und gewölbt; in dem Antlitz mit der leicht gebogenen Nase drückt sich nicht nur hohe geistige Bedeutsamkeit, sondern auch eine edle Gesinnung aus. Der Mund ist fest und gebietend, kann aber auch sehr anmutig lächeln; das ungemein ausdrucksfähige Auge ist kaum zu ertragen, wenn es zürnt oder befremdend forscht, unendlich gewinnend jedoch, wenn es freundlich blickt.

Infolge seiner Erziehung und der Umgebung, in der er aufgewachsen, besaß Mendelssohn ganz den Ton und die feinen Sitten der vornehmen Welt. Vorsichtig vermied er jede fremde Berührung und hielt jeden störenden Einfluß von sich fern, daher war eine Annäherung an ihn nicht so leicht; wer ihn aber Freund nennen durfte — und solcher gab es sehr viele —, der konnte seiner innigsten Anteilnahme sicher sein. Seine universale Bildung ragte über die Grenzen gewöhnlichen Wissens weit hinaus, und da er sehr schnell sprach, so war große Aufmerksamkeit erforderlich, um den zündenden Blitzen seines Geistes folgen zu können, wenn er sich in anregendem Kreise befand. In großer Gesellschaft war er zurückhaltend; unter seinen näheren Freunden, wo er nicht fürchten mußte, falsch beurteilt zu werden, konnte er lustig bis zur Ausgelassenheit sein. Als Hiller ihm einst eine Komposition vorspielte, die ihm mißraten war, kugelte sich Mendelssohn eine ganze Weile auf dem Boden des Zimmers umher, der glücklicherweise mit einem weichen Teppich belegt war. Vor der Öffentlichkeit hegte er eine unüberwindliche Scheu, soweit es seine Person und nicht seine Kunst betraf.

Bei seinem zart besaiteten Gemüt war er durch Tadel leicht zu verstimmen, enthusiastische Bewunderung stieß ihn ab, um so mehr erfreute ihn ein feines Lob.

Abgesehen von den bedeutenden Honoraren, die ihm seine Arbeiten einbrachten, war Mendelssohn durch das väterliche Vermögen und das seiner Frau reich mit Glücksgütern gesegnet. Er machte davon in edler Weise Gebrauch. Bedürftige aller Art fanden in ihm einen Helfer, und das Zartgefühl, womit er seine oft sehr beträchtliche Hilfe spendete, erhöhte noch den Wert derselben. Die Mitglieder des Orchesters waren auf ein sehr dürftiges Einkommen beschränkt, und gern verhalf er wackeren Musikern zu einer Verbesserung desselben, sei es durch seine wirksame Fürsprache, oder sei es, daß er es aus eigener Tasche tat.

Gegen andere Künstler war er nicht nur neidlos, sondern er förderte sie in ihren Bestrebungen nach besten Kräften. So wandte er sich an den Verleger Simrock in Bonn und veranlaßte ihn, einige Kompositionen seines Freundes Hiller in Verlag zu nehmen. Er erreichte diesen Zweck auch; aber erst zwanzig Jahre später, als lange nach Mendelssohns Tode dessen Briefwechsel veröffentlicht wurde, erfuhr Hiller diese Freundestat.

Als Komponist ging Mendelssohn äußerst gewissenhaft zu Werke. So leicht er arbeitete, so konnte er doch auch stundenlang über ein paar Takten sitzen und sie unzählige Male abändern, wenn sie ihm nicht genügten. Im Besitz eines wunderbaren geistigen Gleichmuts und stets Herr seiner Kraft, vermochte er selbst unter störenden oder zerstreuenden Verhältnissen zu schaffen. So war ihm auch der Ort, wo er arbeitete, gleichgültig; auf seinen vielen Reisen setzte er sich sofort zum Komponieren hin, sobald er nur unter Dach und Fach war, und rückte sich ein Tischchen zurecht. Einer vorherigen Sammlung zu künstlerischer Tätigkeit bedurfte er nicht; oft saß er, wenn er zu diri=

gieren oder zu spielen hatte, bis zum letzten Moment im Konzertanzuge noch ruhig vor seinem Schreibtische. Er war ein außerordentlich fleißiger Briefschreiber; er fand eine Lust daran, sich andern auf diesem Wege mitzuteilen, und wußte, daß er damit stets Freude erweckte. Seine zahlreichen Briefe füllen Bände; wie sie ein interessantes Licht auf seine vielfachen Lebensbeziehungen werfen, so geben sie anschauliche Bilder und Schilderungen seiner weiten Reisen.

Wenn Mendelssohn ans Dirigentenpult trat, zeigte sein Antlitz stets einen feierlichen Ernst; hielt seine feste Hand einmal den Taktstock, so schien sich diesem sogleich das elektrische Feuer seiner Natur mitzuteilen und auf Orchester und Publikum überzugehen. Seine feinen Züge wurden durch ein eigentümliches Mienenspiel belebt, welches das ganze Musikstück begleitete. Sein feuriges Auge übersah und beherrschte alles, aber auch aller Blicke hingen an der Spitze seines Dirigentenstabes. Daher vermochte er mit souveräner Freiheit die Massen in jedem Augenblick zu leiten. Von der stürmischsten Kraftentfaltung bis zum zartesten Verschweben der Töne trat jede Nuance klar, innig und seelenvoll hervor. Er behandelte das Orchester wie ein Rieseninstrument, welches dem Hauche seines Geistes gehorchte. Über die Unachtsamkeit eines Musikers, der nicht zur rechten Zeit einsetzte, konnte er sich sehr erzürnen. Sein unendlich feines Gehör, von dem er schon in früher Kindheit erstaunliche Proben gegeben hatte, ließ ihn auch in der größten Tonmasse sofort jeden falschen Ton erkennen, er wußte auch sogleich, von wem er kam. „Das Orchester, welches sehr tüchtige Männer enthält, sucht mir jeden Wunsch an den Augen abzusehen," sprach er sich gegen Schwester Fanny aus, „es hat die merklichsten Fortschritte gemacht in Feinheit und Vortrag und ist mir so zugetan, daß mich's oft rührt." Bei Einübung von großen Gesangschören, wo die Mitwirkenden meist Dilettanten waren, wußte er durch allerlei eingestreute feine Bemerkungen und heitere Scherze auch die Lässigen und Ermüdeten aufzufrischen und bei guter Laune zu erhalten. Grob wurde er nie. Die Pianos konnten ihm nicht zart genug gesungen werden, und von außerordentlicher Wirkung war es daher, wenn ein großer Chor von zwei- oder dreihundert Stimmen wie in einem Hauche dahinstarb. Seine Ausdauer in den Proben war bewundernswert.

Jene Jahre, während welcher Mendelssohn die Gewandhaus-Konzerte leitete, bedeuteten eine Glanzepoche für das musikalische Leben Leipzigs, welches durch ihn für geraume Zeit zur ersten Musikstadt Deutschlands wurde. Die treffliche Wahl der Musikstücke und ihre gediegene Vorführung im Geiste der Komponisten weckte den Sinn des Publikums für die großen Tondichter und veredelte dessen Geschmack. Zur Aufführung selten gehörter großer Werke, wo Orchester und Chöre zusammenwirken, wußte er sich die gesamten Musikkräfte Leipzigs dienstbar zu machen. Auf seinen „Paulus" und Händels „Israel in Ägypten" folgten dessen „Messias" und Beethovens gewaltige neunte Sinfonie mit ihren Chören über Schillers „Lied an die Freude", eine Aufgabe, an welche sich damals nur selten ein Dirigent heranwagte.

Indem er durch historische Konzerte die großen Geister vergangener Zeiten heraufbeschwor, erweckte er das Interesse für den geschichtlichen Entwicklungsgang der Musik. In einem Konzerte brachte er sämtliche vier Ouvertüren zu Beethovens „Fidelio" zum Vortrag und gab dadurch Gelegenheit, dem größten aller Tonmeister bis in seine geheimste Geisteswerkstätte zu folgen und zu beobachten, wie er sich nimmer genug getan, bis er das erreichte, was ihm vorschwebte. Einem anderen Publikum wäre das Anhören dieser unmittelbar aufeinanderfolgenden Ouvertüren vielleicht zu viel gewesen, die Leipziger nahmen es mit demselben freudigen Danke auf, den sie allen Darbietungen Mendelssohns entgegenbrachten, und stellten dadurch ihrem Kunstsinn ein schönes Zeugnis aus. Zu den historischen Vorführungen gehörte auch Haydns nur selten noch gespielte Gelegenheits-Komposition, die sogenannte „Abschieds-Sinfonie", durch welche der Altmeister den Fürsten Esterhazy bestimmte, die beabsichtigte Auflösung seiner Kapelle zu unterlassen. Über diese Aufführung im Februar 1838 schrieb Mendelssohn an seine Schwester Rebekka: „Zum Schluß die Haydnsche Abschieds-Sinfonie, in welcher zum großen Jubel des Publikums die Musiker wirklich ihre Lichter ausbliesen und abgingen, bis die Violinisten am ersten Pult allein übrig blieben und in Fis-dur abschlossen. Es ist ein kurios melancholisches Stückchen" ...

Auch ältere Opern, die entweder nur sehr selten gegeben wurden oder gänzlich von der Bühne verschwunden waren, entriß Mendelssohn der Vergessenheit, indem er hervorragende Ensemblesätze daraus als Konzertaufführungen brachte. Neben den klassischen Meistern kam er allen neueren Komponisten entgegen, deren Werke Berücksichtigung verdienten. Ihm verdankte Schuberts C-dur-Sinfonie, die Robert Schumann zehn Jahre nach dem Tode des Komponisten in Wien aufgefunden hatte, ihre Auferweckung zum Leben, indem er das geniale Werk den Leipzigern vorführte. Auch die Sinfonieen Robert Schumanns gelangten unter Mendelssohns Dirigentenstab zur Geltung und Anerkennung. Die beiden einander ebenbürtigen Künstler verkehrten während Schumanns Aufenthalt in Leipzig oft zusammen und trafen sich, als Mendelssohn noch unverheiratet war, fast täglich am Mittagstische im Hotel de Bavière. So grundverschieden beide waren, so übte Mendelssohn doch eine seltsame, magische Anziehungskraft auf Schumann aus. „Mendelssohn ist der beste Musiker der Zeit," sagte er, „zu dem ich aufschaue wie zu einem hohen Gebirge... Mir ist immer, als hätte ich doch gegen Mendelssohn noch nicht genug auf der Welt geleistet, und das drängt und peinigt mich manchmal." Mendelssohn schätzte ihn als Menschen hoch, hat jedoch leider seine künstlerische Bedeutung nie begriffen. Dagegen durfte es in Schumanns Gegenwart niemand wagen, ein abfälliges Urteil über Mendelssohn zu fällen. Das konnte den sonst so stillen, wortkargen Musiker in die größte Erregung versetzen. Schumann hatte in früheren Jahren den Unterricht des berühmten Klavierlehrers Friedrich Wieck genossen und dessen neunjähriges Töchterchen Klara als virtuose Klavierspielerin bewundert. Zu der Bewunderung hatte sich, als Klara zur Jungfrau herangereift war, eine tiefe Herzensneigung gesellt. Der alte Wieck war jedoch durchaus nicht geneigt, hierzu seinen Segen zu geben; seine Klara, die Verkörperung seiner ausgezeichneten Klaviermethode, schien ihm zu Höherem bestimmt, als die Gattin eines ziemlich unbekannten und unbemittelten Komponisten zu werden, so sehr er diesem auch im übrigen wohlwollte. Wiederholt hielt Schumann um Klaras Hand an; Vater Wieck blieb unerbittlich, so daß dem jungen Paare nichts übrig blieb, als den Heiratskonsens auf gerichtlichem Wege zu erzwingen. Sehr treffend äußerte sich Liszt über diesen Ehebund: „Keine glücklichere, keine harmonischere Vereinigung war in der Kunstwelt denkbar, als die des erfindenden Mannes mit der ausführenden Gattin, des die Idee vertretenden Komponisten mit der sie verwirklichenden Virtuosin." Ein ähnlicher Gedanke schwebte auch dem genialen Bildhauer Rietschel vor, indem er beider Profile auf einem sehr bekannt gewordenen Medaillonporträt vereinigt hat. Durch ihre weiten Kunstreisen hatte Klara sich einen glänzenden Ruf erworben, während Schumanns tiefsinnige Schöpfungen sich nur langsam Bahn brachen. Daher kannte ihn die große Menge nur als den Mann der Klara Wieck. Bei einem auswärtigen Hofkonzert, in welchem Klara mitwirkte, wandte sich Serenissimus, nachdem er der Künstlerin viele Artigkeiten erwiesen, an Schumann mit der huldreichen Frage: „Sind Sie auch musikalisch?" Heute ist alle Welt über die hohe Bedeutung Robert Schumanns einig und verehrt in ihm einen Meister ersten Ranges.

Mendelssohn nahm lebhaftes Interesse an Klara, die wiederholt in den Gewandhaus-Konzerten auftrat. Einst hörte er von ihr sein Capriccioso in H-moll. „Klara spielte es wie ein Teufelchen," berichtete er seiner Schwester Fanny, „und es hat mir sehr gut gefallen. Ich war eigentlich ganz verwundert darüber; denn ich hielt es für ein sehr dummes Ding, seit Du und Marx sehr darauf geschimpft habt, aber es klingt wahrhaft lustig mit dem Orchester." Seitdem wurde das vom Komponisten selbst verkannte Werk, dem der Zauber einer jugendfrischen Romantik innewohnt, ein Lieblingsstück der musikalischen Welt. Bei einer Soiree, wo Mendelssohn vor einer großen Anzahl von Kunstfreunden, unter denen sich auch Klara als Zuhörerin befand, unter anderen Klavierstücken die große Beethovensche F-moll-Sonate spielte, ließ er am Ende des Andante den letzten verminderten Septimen-Akkord eine lange Weile fortklingen, als ob er ihn den Anwesenden recht gründlich einprägen wollte, stand dann ruhig auf und wandte sich an Klara mit den Worten: „Das Finale müssen Sie aber spielen." Klara sträubte sich, alles horchte gespannt auf den Ausgang, während der verminderte Septimen-Akkord wie ein Damoklesschwert über der ganzen Gesellschaft schwebte. Das bange Gefühl dieser ungelösten Dissonanz bewog schließlich die Künstlerin, dem Drängen Mendelssohns nachzugeben und statt seiner die Sonate zu Ende zu spielen.

Nächst den Orchesterwerken alter und neuer Meister ließ Mendelssohn in den Gewandhaus-Konzerten auch die gefeierten Virtuosen und Gesangskünstler der damaligen Zeit zu Worte kommen. Keiner dieser Gäste feierte so unerhörte Triumphe wie Franz Liszt. Als er Schuberts Erlkönig spielte, den er selbst für Klavier arrangiert hatte, stieg das halbe Publikum auf die Stühle; die Phantasie über „Lucia" verdrehte den Leuten die Köpfe. Weniger glückte es ihm mit Mendelssohns D-moll-Konzert, das eben erst erschienen war. Man fand, daß der Komponist es besser spiele. „Das ist doch eine neue Erscheinung, der echte Virtuose des neunzehnten Jahrhunderts!" flüsterte Mendelssohn seinem anwesenden Freunde Hiller zu, als Liszt, aufs eleganteste gekleidet, schmal und schlank wie eine Tigerkatze, an der Rampe des Orchesters sich hinwindend, ans Klavier schlich. Auf Schumann machte der geniale König des Klaviers einen tiefen Eindruck. „Liszt erscheint mir alle Tage gewaltiger," schrieb er; „ich bin mit ihm fast den ganzen Tag beisammen. Er sagte mir gestern: «Mir ist's, als kennte ich Sie schon zwanzig Jahre» — mir geht's auch so. Wir sind schon recht grob gegeneinander. — Wie er doch außerordentlich spielt und kühn und toll und wieder zart und duftig, daß wir alle zitterten und jubelten!" Zu Ehren Liszts veranstaltete Mendelssohn ein großes Fest im Gewandhaussaale, dessen geistige und materielle Genüsse er in die Worte zusammenfaßte: „350 Personen, Orchester, Chor, Bischof (kaltes Getränk), Kuchen, Meeresstille, Trippelkonzert von Bach (Liszt, Hiller und ich), Chöre aus Paulus, Fantaisie sur la Lucia di Lammermoor, Erlkönig, Teufel und seine Groß=mutter." Alle Teilnehmer waren so vergnügt, daß sie schwuren, noch keinen lustigeren Abend erlebt zu haben.

In einem späteren Gewandhaus=Konzert erschien Jenny Lind, die Königin des Gesangs, die schwedische Nachtigall, welche in ihren Glockentönen mit der Keuschheit und Zartheit des Nor= dens die Glut und Innigkeit des Südens verschmolz. Unter andern Gesangsstücken trug sie Heines von Mendelssohn in Musik gesetztes Frühlingslied: „Leise zieht durch mein Gemüt" mit hinreißendem Zauber vor. In demselben Konzert trat der vierzehnjährige Geiger Joachim auf und gewann sich Mendels=

sohns lebhafte Teilnahme in solchem Maße, daß dieser von nun an seine Studien leitete.

Zu keiner Zeit ruhte Mendelssohns schöpferischer Genius, während er als Dirigent eine rastlose Tätigkeit entfaltete. Die geistliche Musik bereicherte er in jener Periode durch die Komposition des 42. Psalms: „Wie der Hirsch schreit nach Wasser, so schreit meine Seele, Gott, zu Dir", und tiefer als in diesem Chor mit Sopransolo ist wohl nie die fromme Sehnsucht, Gott zu schauen, durch die Sprache der Töne ausgedrückt worden. Zum Besten des Leipziger Theaterpensionsfonds sollte Victor Hugos Drama „Ruy=Blas" gegeben werden. Mendelssohn wurde gebeten, eine Ouvertüre dazu zu schreiben und die in dem Stück vorkommende Romanze zu komponieren, da man sich eine größere Einnahme versprach, wenn sein Name auf dem Theaterzettel stände. Er las die Dichtung, die ihm durchaus nicht gefiel, und komponierte nur die Romanze. Die Bittsteller bedankten sich dafür; sie sahen ein, daß für eine Ouvertüre der Termin zu kurz bemessen war, da eine solche längere Zeit in Anspruch nähme. Über diese Unterschätzung seiner Fixigkeit ärgerte sich Mendelssohn, und trotzdem er gerade durch Konzertproben sehr in Anspruch genommen war, schrieb er dennoch in Zeit von zwei Tagen die Ouvertüre, die ein sehr schwungvolles, prächtig instrumentiertes Tonstück voll reizender Melodieen ist und heute noch sehr gern in Konzerten gehört wird.

Unter den Gesangskünstlerinnen, die im Gewandhaus auftraten, fehlte natürlich Sophie Schröder=Devrient nicht. Bei dieser Gelegenheit hörten die Leipziger zum ersten Male Mendelssohns wunderbares Lied: „Es ist bestimmt in Gottes Rat". Wo gäbe es wohl eine weihevolle Abschiedsfeier, sei es zwischen scheidenden Freunden oder an einem offenen Grabe, bei welcher dieser die Herzen aufs tiefste ergreifende Gesang nicht ertönte? In einem der Konzerte mußte plötzlich eine heiser gewordene Sängerin absagen, — da füllte die ausfallende Programmnummer der Pauliner Sängerchor mit Jägers Abschiedslied: „Wer hat dich, du schöner Wald, aufgebaut so hoch da droben," aus, von allen Mendelssohnschen Männerchören derjenige, der die größte Popularität erlangt und die Runde durch die halbe Welt gemacht hat.

Mendelssohn hat im ganzen 79 Lieder komponiert. Bei der Wahl des Textes kam es ihm nicht allein darauf an, ob derselbe musikalisch geeignet war, sondern er mußte auch von wahrhaft poetischem Gehalt sein. Fand er eine solche Dichtung, so verlieh er ihr den tiefsinnigsten Ausdruck der von dem Gefühle der Sehnsucht, der Dankbarkeit, der Freude oder der Leidenschaft bewegten Menschenbrust.

Im Frühjahr 1839 wurde Mendelssohn wieder nach Düsseldorf zur Leitung des Musikfestes berufen. Von seinen eigenen Kompositionen kam der 42. Psalm zur Aufführung, außerdem spielte er sein D-moll-Konzert. Von Düsseldorf ging die Reise nach Frankfurt, wo man ihm zu Ehren zwei Feste veranstaltete. Das erste fand tief im Walde statt, an einer von einzelnen hohen Buchen bewachsenen Stelle, die ein schattiges Dach bildeten. Alles war im Festgewand erschienen und befand sich in glücklichster Stimmung, besonders der Gefeierte selbst, der seine Gattin bei sich hatte. Hier hörte er zum ersten Male in tiefer Waldesstille seine Quartette singen. Sein Antlitz leuchtete, seine Augen sprühten vor Freude, dabei schlug er förmlich aus, sprang auf einem Beine herum und rief nach jedem Liede: „O nochmal, bitte, nochmal!" Der „Lerchengesang" mußte dreimal nacheinander gesungen werden, das letzte Mal wurde er kaum gesungen, sondern nur gejubelt.

Beim andern Feste, das in einem Privatzirkel begangen wurde, stellte man lebende Bilder, jedes zu einer Mendelssohnschen Komposition passend. Das erste war die Sommernachtstraum-Ouvertüre, versinnbildlicht durch Titania, welche, von Elfen=

gestalten umgeben, in einer Blume schlummerte. Im letzten Bilde erblickte Mendelssohn sich selbst, in Kleidung und Maske lebenstreu nachgeahmt, wie er in begeisterter Stellung Noten aufs Papier wirft und dabei, einer alten Gewohnheit gemäß, am Zipfel seines Taschentuchs kaut, neben sich eine schöne heilige Cäcilie mit einem Lorbeerkranze...

Am 25. Juni 1840 beging Deutschland das vierhundertjährige Jubelfest der Erfindung der Buchdruckerkunst. Als Mittelpunkt des Buchdrucks zeichnete sich Leipzig bei dieser Feier besonders aus, deren musikalischer Teil Mendelssohn übertragen wurde. Zu der Enthüllungsfeierlichkeit der auf dem Marktplatze errichteten Gutenberg=Statue komponierte er einen Choral und ein von dem Freiberger Gymnasiallehrer Prölß gedichtetes Lied: „Vaterland, in deinen Gauen brach der lichte Morgen an." Beide Musikstücke waren für Männerchor mit Posaunenbegleitung gesetzt. Als das Lied zum ersten Male im Gewandhaussaale probiert wurde, brachen Mitwirkende wie Zuhörer in stürmischen Jubel aus; denn schon lange hatte man keine Musik von solcher Volkstümlichkeit und Frische gehört. Die Proben wurden dann im Garten des Schützenhauses fortgesetzt, um zu prüfen, wie sich das Ganze im Freien ausnähme und wie Sänger und Posaunisten zu verteilen seien, wobei Mendelssohn und David zur Entscheidung dieser Frage bald hier, bald dort ihren Standpunkt nahmen und wacker auf Tischen und Bänken herumkletterten. Die Feier selbst begann mit dem Choral, dem das Gutenberglied und noch zwei andere Gesänge folgten. Leider verlor sich der Schall auf dem weiten Marktplatze, so daß das Gutenberglied nicht den erwarteten mächtigen Eindruck hervorbrachte. Es wären mindestens tausend Sänger erforderlich gewesen, um neben den Posaunen zur Geltung zu kommen. Den Haupttrumpf spielte Mendelssohn erst in der Nachmittagsfeier aus, wo in der Thomaskirche sein „Lobgesang" aufgeführt wurde, eine zu dem Feste komponierte große

Sinfonie-Kantate. Voraus gingen Webers Jubel-Ouvertüre und ein Tedeum von Händel. So groß auch der Eindruck dieser beiden Werke war, so wurde er doch vom „Lobgesang" überboten. Die Komposition ist von frischer Ursprünglichkeit und kraftvoller Einheit und besteht aus drei aneinandergefügten Sinfoniesätzen und einem Doppelchor mit Sopran- und Tenorsolo. Die dankbare Freude über den Sieg der Erfindung des Menschengeistes, welche der weitesten Verbreitung des göttlichen Lichts dient, kommt darin zu ergreifendem Ausdruck.

Im Juni des nächsten Jahres wurde Mendelssohn, der nur den Titel eines Musikdirektors führte, vom König Friedrich August zum Kapellmeister ernannt, und gern hätte ihn der König nach Dresden berufen. Aber bereits war ihm Friedrich Wilhelm IV. zuvorgekommen. Dieser geistvolle und kunstsinnige Fürst wollte alle großen Talente nach Berlin ziehen, um die bereits bestehende Akademie der Künste neu zu organisieren. Mendelssohn war zum Direktor der Abteilung für Musik ausersehen, welche als großes Konservatorium ins Leben treten und in Verbindung mit den Königlichen Theatern öffentliche Konzerte geben sollte. Das glänzende Jahresgehalt von 3000 Talern konnte den günstig situierten Künstler nicht bestechen, er fürchtete mit Recht die bureaukratische Bevormundung, welche die künstlerischen Pläne des Königs durchkreuzen könnte, und bezweifelte, daß sich bei den heruntergekommenen Berliner Musikzuständen die Gründung eines Konservatoriums werde verwirklichen lassen. Nur die angenehme Aussicht auf eine Wiedervereinigung mit seinen dort lebenden Familienangehörigen lockte ihn. Er schied jedoch nicht endgültig aus seiner Leipziger Stellung, in welche vorläufig sein treuer Kunstgenosse David eintrat, kündigte auch seine Wohnung nicht, sondern nahm nur auf ein Jahr Urlaub. Als ihm daher am Abend vor seiner Abreise von Leipzig, im Juli 1841, seine dortigen Freunde und Verehrer ein Abschiedsständchen brachten und ihm sein Lied „Es ist bestimmt in Gottes Rat" sangen, trat er mitten unter sie und wiederholte mit kräftigem Nachdruck den Refrain: „Auf Wiederseh'n!"

IX.
„Antigone." — „Die erste Walpurgisnacht." Das Leipziger Konservatorium. — Die Sommernachtstraum-Musik.

Mendelssohn brachte, wie wir wissen, keine großen Hoffnungen nach Berlin mit, und in der Tat gestaltete sich seine dortige Stellung weder nach seinen noch nach des Königs Wünschen, der so große Kunstziele vor Augen gehabt hatte. Doch sollte er diesem hochsinnigen Fürsten die Anregung zu mehreren neuen Schöpfungen verdanken, welche frische Lorbeeren in den Kranz seines Künstlerruhms flochten. Auf den Vorschlag Ludwig Tiecks beauftragte ihn der König, Ouvertüre und Chöre zu Sophokles' „Antigone" zu komponieren, jener gewaltigen altgriechischen Tragödie, worin das Walten des „großen gigantischen Schicksals, welches den Menschen erhebt, wenn es den Menschen zermalmt", geschildert wird. Schon von Jugend auf durch seine klassische Bildung mit dem Geiste der griechischen Poesie vertraut, war Mendelssohn, wie nur wenige Komponisten, befähigt, diese erhabene Aufgabe zu lösen, und obwohl er die Musik der Neuzeit anpaßte, so traf er dennoch den Charakter der Antike. Er vollendete die Komposition, welcher die Übersetzung von Donner zu Grunde lag, in der kurzen Zeit von elf Tagen. Die erste Aufführung fand auf der Königlichen Privatbühne im Neuen Palais zu Potsdam statt vor einem eingeladenen zahlreichen

Publikum aus den gebildetsten und vornehmsten Kreisen Berlins. Die attische Bühne war nachgebildet, und Frau Crelinger, die damals bedeutendste Berliner Schauspielerin, spielte die Antigone und brachte den hohen Geist und die edle Würde dieser idealen Frauengestalt zu großartiger Erscheinung. Der Eindruck war ein um so tieferer und nachhaltigerer, als die Musik sehr viel beitrug, die herrliche Dichtung aus dem fünften Jahrhundert v. Chr. dem allgemeinen Verständnis näher zu führen. Leipzig war die erste Bühne, die das Werk sechs Monate später unter Mendelssohns Leitung aufführte, während Berlin im nächsten Monat nachfolgte.

Mendelssohns Musik gebührt das Verdienst, das Interesse an der griechischen Tragödie neu belebt zu haben, was auch die deutsche Philologenversammlung in Kassel 1843 aussprach. Auch in Athen ging „Antigone" in der Ursprache mit Mendelssohns Musik in Szene, und in Berlin schlossen sich die Schüler des Friedrich-Wilhelms-Gymnasiums diesem Beispiele an.

Seine übrige Tätigkeit in Berlin beschränkte sich auf die Leitung mehrerer Konzerte. Auch in Leipzig erschien er wiederholt an seinem alten Platze am Dirigentenpult, und im März 1842 leitete er dort die erste Aufführung seiner Schottischen Sinfonie, zu welcher er dreizehn Jahre vorher, während seines Aufenthalts in Edinburgh, im düstern Residenzschlosse Maria Stuarts den ersten Gedanken gefaßt hatte, um später in Rom daran weiterzuarbeiten und sie erst Anfang 1842 in Berlin zu vollenden.

Das Pfingstfest fand ihn wieder an der Stätte seines ersten Wirkens, wo er so gern weilte, in Düsseldorf, gemeinsam mit Julius Rietz das Musikfest leitend. Von hier reiste er in Begleitung Cäciliens nach London und trat dort in mehreren Konzerten auf, am Dirigentenpult wie am Klavier. Wie hoch er bei den Engländern in Ehren stand, zeigt folgende Stelle in einem Briefe an seine Mutter: „Neulich komme ich in ein Konzert in

Exeter-Hall, wo ich gar nichts zu tun hatte, schlendere ganz pomadig mit Klingemann hinein — es war schon in der Mitte des ersten Teils — ein Stücker 3000 Personen gegenwärtig, und wie ich eben in die Tür trete, fängt ein Lärmen und Klatschen und Rufen und Aufstehen an, daß ich erst gar nicht glaubte, es gälte mir, dann aber merkte ich es, als ich an meinen Platz kam und Sir Robert Peel und Lord Wharncliffe ganz nahe bei mir hatte und sie mit applaudierten, bis ich Diener machte und mich bedanken mußte. — Ich war höllisch stolz auf meine Popularität in Peels Gegenwart; als ich nach dem Konzerte wegging, brachten sie mir wieder ein Hurra."

Die Königin lud ihn in den Buckingham-Palast und empfing ihn in Gegenwart ihres Gemahls und eines gothaischen Prinzen. Mendelssohn trug einige Klavierstücke vor, und die Königin, die eine hervorragende musikalische Bildung besaß, sang ihm einige Lieder. Nach den vielerlei Anstrengungen im Dienste der Muse ruhte sich der ermüdete Künstler mit Frau und Kindern in der Schweiz aus. Ein Brief aus Interlaken gibt Zeugnis von seiner glücklichen Stimmung: „Liebes Mütterchen! Weißt Du noch, wie wir vor zwanzig Jahren in dem hübschen Wirtshause hier wohnten, unter den großen Nußbäumen (ich zeichnete einen davon) und bei der jungen schönen Wirtin? Vor zehn Jahren, als ich hier war, wollten sie mir kein Quartier geben — ich sah zu ruppig aus von der Fußreise, und ich glaube, das war der einzige Ärger, den ich damals auf dieser Reise hatte. Jetzt wohnen wir wieder hier, als gemachte Leute, — die Jungfrau mit ihren Silberhörnern ist noch gerade so zart und zierlich und zackicht in die Luft gezeichnet, und sieht frisch aus, — die Wirtin ist aber recht alt geworden, und nur an ihrer Haltung erkannte ich sie noch gleich für dieselbe. Auch habe ich wieder Nußbäume gezeichnet, viel besser wie damals, viel schlechter als ich weiß, daß es eigentlich sein müßte, und die Post in Unterseen bringt uns aus dem=

selben Hause die Briefe, wie damals, und viel neue Häuser sind gebaut, und die Aar schluchzt und schlupft mit derselben Eile, Stille und Grüne, wie damals." —

Auf der Rückreise hielt er sich vierzehn Tage in Frankfurt auf, die ihm unter musikalischen Genüssen und heitern Festlichkeiten vergingen. Seinen Freund Hiller fand er mit einer anmutigen Italienerin verheiratet, die eine sehr schöne Stimme hatte. Das junge Paar wollte durchaus ein Porträt von ihm besitzen, und ein anwesender Maler erklärte sich bereit, eine Bleistiftzeichnung anzufertigen. Mendelssohn, der nicht gern stille hielt, stellte die Bedingung, daß Frau Hiller ihm vorsingen müsse, solange die Sitzung dauerte. Das geschah, und nicht weniger als sechzehn längere und kürzere Lieder mußte die junge Italienerin vortragen, bis das Bild vollendet war, welches das Hillersche Paar wie ein Heiligtum bewahrte.

Im Herbst war Mendelssohn wieder in Berlin, aber nur für wenige Wochen. Er fühlte sich in seiner Vaterstadt sehr unbehaglich. Sein „Paulus", den er in der ersten Zeit seines dortigen Wirkens aufgeführt hatte, war ziemlich lau aufgenommen worden. Der Mann des Tages war damals Liszt, der ganz Berlin in einen Taumel versetzte. In den Proben zu „Paulus" und „Antigone" hatten sich die Orchestermusiker sehr unwürdig gegen Mendelssohn benommen, seinen Anordnungen widersprochen und sich sogar Spöttereien erlaubt, wodurch ihm der weite Abstand gegen seine ihn hochverehrenden Leipziger Musiker recht fühlbar wurde. Mit den vom König geplanten künstlerischen Unternehmungen ging es ganz so, wie Mendelssohn gefürchtet hatte. Er hatte kein selbständiges Wirkungsgebiet; die Personen, die ihm dieses hätten zuweisen sollen, waren Beamte, welche von der künstlerischen Praxis nichts verstanden, und bereiteten ihm so vielen Verdruß, daß er fühlte, er würde krank werden, wenn er in Berlin bliebe. Auf die Hälfte seines Gehalts verzichtend, bat er um seine Entlassung, die ihm bewilligt wurde. Der König empfing ihn in einer Abschiedsaudienz sehr gnädig und nahm ihm das Versprechen ab, nach Berlin zurückzukehren, wenn er ihn rufen werde. Schon früher hatte ihn der König beauftragt, die Musik zu Sophokles' „König Ödipus" und zu Racines „Athalia" zu komponieren und zu der bereits vorhandenen Ouvertüre noch einige andere Teile des „Sommernachtstraums" in Musik zu setzen. Mendelssohn wiederholte seine Zusage, diesen ehrenvollen Verpflichtungen nachzukommen. Noch vor Mitte November kehrte er nach Leipzig zurück und richtete sich mit seiner Familie in seiner alten Wohnung wieder häuslich ein.

Der Saal des Gewandhauses, der für die stets wachsende Zuhörerzahl längst nicht mehr ausreichte, war inzwischen durch Galerieen vergrößert, neu aufgefrischt und statt der bisherigen Ölbeleuchtung mit Gaslicht versehen worden. Während der Wintersaison vom 12. November 1842 bis zum nächsten Frühjahr dirigierte nun Mendelssohn die Konzerte wieder ununterbrochen. Ein sehr trauriger Zwischenfall rief ihn nach Berlin. Am 12. Dezember starb seine Mutter, ihr Tod war ebenso plötzlich und sanft erfolgt wie sieben Jahre vorher der des Vaters. Mit männlicher Fassung ertrug Mendelssohn den Verlust, so tief er auch in seine Seele schnitt.

Am Vorabende seines vierunddreißigjährigen Geburtstages brachte er eines seiner Meisterwerke in Leipzig zur erstmaligen Aufführung: „Die erste Walpurgisnacht". Er hatte es, wie wir uns erinnern, 1830 in Rom begonnen und seitdem vielfach umgearbeitet. Ein bedeutender französischer Komponist, Hektor Berlioz, der gerade in Leipzig weilte, erklärte dieses Werk für Mendelssohns bedeutendste Schöpfung. „Man muß Mendelssohns Töne hören", urteilte er darüber, „um zu ermessen, was alles ein so reichhaltiger Stoff der Goetheschen Dichtung einem geschickten Komponisten darbietet. Er hat ihn wunderbar benutzt. Stimmen und Instrumentaleffekte durchkreuzen sich nach allen Richtungen in mächtigem Widerspiel und in einer scheinbaren Verwirrung, die den höchsten Gipfel der Kunst erreicht. Ganz vorzüglich muß ich als herrliche Kunsterzeugnisse entgegengesetzter Gattung preisen den geheimnisvollen Gesang während der Aufstellung der Wächter und das Finale, wo in Tönen ruhiger Andacht die Stimme des Priesters sich erhebt über den teuflisch tobenden Chor der falschen Hexen und Höllengeister. Man weiß nicht, was man am meisten darin bewundern muß, ob das Orchester, ob den Chor, oder den mächtigen Wirbel, der das Ganze bewegt. Ein wahres Meisterstück!" — Das war das Urteil eines von seinen Landsleuten als Kritiker sehr gefürchteten Franzosen, welcher bereits durch mehrere Sinfonieen und durch seine Oper „Benvenuto Cellini" zu europäischem Rufe gelangt war. Den Ruf eines andern Ausländers half Mendelssohn begründen, indem er dessen erstes größeres Werk dem Gewandhaus-Publikum vorführte. „Eine neue Sinfonie von einem Dänen Namens Gade bringen wir demnächst zur Aufführung", teilte er nach der ersten Probe seiner Schwester Fanny mit, „sie hat mir so viel Freude gemacht, wie seit langer Zeit kein anderes Stück. — Der hat ein großes, bedeutendes Talent, und ich möchte, Du hörtest diese ganz eigentümliche, sehr ernsthafte und wohlklingende Sinfonie. Ich schreibe ihm heute ein paar Zeilen, obgleich ich gar nichts weiter von ihm weiß, als daß er in Kopenhagen lebt und sechsundzwanzig Jahre alt ist. Doch muß ich ihm für die Freude danken, es gibt wirklich kaum eine bessere, als schöne Musik zu hören und sich mit jedem Takt mehr zu verwundern und doch mehr zu Hause zu fühlen. — Käme es nur nicht so selten!"

An dem Erfolge, von welchem der junge Komponist persönlich Zeuge war, hatte Mendelssohn die reinste, herzlichste Freude, wie er jedes emporstrebende bedeutende Talent neidlos anerkannte.

Was dem König von Preußen in Berlin nicht gelungen

war, hatte Mendelssohn in Leipzig durchgesetzt: die Gründung eines Konservatoriums, welches am 3. April 1843 eröffnet wurde. Schon vier Jahre vorher hatte er sich bei dem damaligen Kreisdirektor von Falkenstein verwendet, daß ein von dem Hofkriegsrat Blümner hinterlassenes Legat, welches für Kunstzwecke bestimmt war, zur Errichtung eines Konservatoriums angelegt werden möchte. Auf Falkensteins Fürsprache hin war dies nun vom König Friedrich August bewilligt worden, und das neue Kunstinstitut trat ins Leben. Der König hatte sechs Freistellen für Inländer gegründet, mehrere Gönner und Freunde beteiligten sich durch wertvolle Gaben. Mendelssohn übernahm die Oberleitung, ihm zur Seite wirkten als Lehrer Robert Schumann, Ferdinand David, Moritz Hauptmann und andere. Bereits im Juli zählte die Anstalt 42 Schüler, worunter mehrere Ausländer. Schumanns Lehrtätigkeit blieb ohne sonderliche Erfolge. Er eignete sich wenig für das Unterrichtgeben. Viel zu sprechen war nicht seine Sache. Gewöhnlich setzte er sich mit der Arbeit eines Schülers an den Flügel, sah sie durch, und wenn etwas darin falsch war, so griff er es auf dem Klavier und sah den Schüler dabei nur mit einem mißbilligenden Blicke an. Er legte auch sein Amt bald wieder nieder. Um so erfolgreicher wirkte David als Lehrer des Violinspiels. Seine vorgeschritteneren Schüler spielten in den Gewandhaus-Konzerten mit, wodurch dem Orchester viele tüchtige Kräfte zugeführt wurden. Es war Mendelssohns Wunsch, auch dem Klavierspiel in Moscheles eine Autorität zu gewinnen und dessen treffliche Schule nach Leipzig zu verpflanzen, wohin der Meister 1846 von London übersiedelte, um bis zu seinem Tode 1870 eine segensreiche Lehrtätigkeit zu entfalten. Unmittelbar nach der Eröffnung des Konservatoriums, welches bald einen Weltruf erlangte, erreichte auch ein anderer Plan Mendelssohns, den er einige Jahre mit sich herumgetragen hatte, seine Verwirklichung. Er wollte dem Andenken Sebastian Bachs, seines größten Vorbilds, ein sichtbares Zeichen errichten und hatte, um die Kosten für ein Denkmal zusammenzubringen, bereits im Jahre 1840 ohne jede Mithilfe mehrere Orgelkonzerte gegeben, was eine um so anerkennenswertere Leistung war, als er dieses Instrument längere Zeit nicht mehr berührt hatte. Damals schrieb er seiner Mutter: „Ich habe mich aber auch acht Tage lang vorher geübt, daß ich kaum mehr auf meinen Füßen gerade stehen konnte und nichts als Orgelpassagen auf der Straße ging." Eine Aufführung der Matthäuspassion in der Thomaskirche, wo sie zuletzt von Bach selbst dirigiert worden war, brachte die noch erforderlichen Geldmittel, und am 23. April konnte die Enthüllung des Denkmals stattfinden, welche durch ein Vormittags-Konzert im Gewandhause, wo nur Bachsche Meisterwerke zur Aufführung kamen, noch eine besondere Weihe erhielt. Ein Enkel des großen Meisters der Kirchenmusik, der 83 jährige Kapellmeister Bach aus Berlin, wohnte der Feier bei. An der Promenade erhebt sich unweit der Thomasschule das aus Sandstein gemeißelte Denkmal als ein Erinnerungszeichen dankbarer Verehrung, wenn es in seiner schmucklosen Einfachheit auch nicht als ein geniales Kunstwerk gelten kann.

Eine ganz besondere Anerkennung seiner Verdienste um das musikalische Leben Leipzigs wurde Mendelssohn durch die Verleihung des Ehrenbürgerrechts zu teil, nachdem ihn schon früher die philosophische Fakultät der Leipziger Universität zum Doctor honoris causa ernannt hatte. In dem Schreiben, womit er für diese Auszeichnung dankte, drückt sich in folgenden Worten die edle Bescheidenheit des großen Künstlers aus: „Je mehr ich fühle, wie selten es mir gelungen ist, etwas zu leisten, worauf ich mit Befriedigung zurückblicken könnte, wie viel mir noch dazu fehlt, um mich auf mehr als auf die gute Absicht berufen zu können, um so dankbarer bin ich für eine Ehre, die ich eben deshalb nicht als eine Belohnung für ein Erreichtes, sondern nur wie eine Aufmunterung zu fortgesetztem Streben betrachten kann. Als solche ist sie mir doppelt wert, weil sie, mich weiterführend, von neuem mich ermutigen wird, den Weg zu verfolgen, auf dem ich meiner Kunst einmal nützlich zu sein hoffe; und da ich ihn schon in manchen Zeiten durch Widersprüche und Hindernisse hindurch habe fortsetzen müssen, so ist es mir wohl die größte Freude, dann wieder einmal bestätigt zu finden, daß es wenigstens kein Irrweg sei."

Während der folgenden Sommermonate führte er die Musik zum „Sommernachtstraum" aus; es war die weitere Ausgestaltung der schon in der Ouvertüre gegebenen Motive: Elfengesänge, Tänze und Zwischenakte, dazu der prachtvolle Hochzeitsmarsch, welcher eine wahrhafte Feststimmung atmet, und als Gegenstück der komisch-burleske Trauermarsch beim Tode Thisbes für Fagott, Klarinette und Pauke. Durch die Musik, welche diesem phantastischen Gebilde einer Sommernacht Töne gab, hat die Dichtung selbst gewonnen, so daß man wohl behaupten darf, daß hier der Komponist mit Shakespeare auf gleicher Höhe steht. Am 14. Oktober fand im Neuen Palais unter Mendelssohns Leitung die erste Aufführung statt, die außerordentlichen Beifall fand. Ludwig Tieck hatte die Inszenierung besorgt, die Einrichtung der Bühne war dem altenglischen Theater nachgeahmt. Hiller, welcher mit David und Gade der Aufführung beiwohnte, schreibt darüber: „Die komischen Szenen waren unwiderstehlich heiter und die Inszenesetzung war teilweise, namentlich durch die Mitwirkung des Kinderballetts, wahrhaft poetisch. Über allem, auch über des großen Shakespeares Versen, stand mir aber die wunderbar reizende Musik; sie würde hinreichen, um Mendelssohn auf immer als einen der genialsten Tonmeister hinzustellen. Die Ausführung seitens der Kapelle war vollendet schön. Felix hatte elf Proben gehalten, und man sah, was mit diesen Kräften unter der Leitung eines solchen Dirigenten zu leisten war."

Vor die größere Öffentlichkeit trat der „Sommernachtstraum"

in seiner musikalischen Gestaltung einige Tage später im Königlichen Schauspielhause, das ihn häufig wiederholte; zu Ende des Jahres folgte Leipzig.

König Friedrich Wilhelm IV. hatte dem Komponisten inzwischen den Titel eines Generalmusikdirektors verliehen und ihm die Oberleitung der gesamten Kirchenmusik in Preußen, insbesondere auch bei den Berliner Domgottesdiensten übertragen. Außerdem sollte er sechs große Konzerte in der Singakademie und die Sinfonie-Aufführungen der Königlichen Kapelle dirigieren. Zur großen Betrübnis der Leipziger mußte Mendelssohn nun wieder nach Berlin übersiedeln. An seiner Stelle übernahm Hiller die Leitung der Gewandhaus-Konzerte. Ihm gebührt das Verdienst, das Leipziger Publikum mit Robert Schumanns groß angelegtem Chorwerk „Das Paradies und die Peri" bekannt gemacht zu haben, welchem eine hochpoetische Dichtung Thomas Moores zu Grunde liegt. Das farbenprächtige morgenländische Gewand dieses Stoffes bot dem Komponisten Gelegenheit, seine tiefe lyrische Empfindung mit bestrickendem Zauber darin niederzulegen, und die Aufführung dieser genialen Schöpfung am 4. Dezember 1843, die schon nach einigen Tagen wiederholt werden mußte, bildete ein epochemachendes Ereignis in der Geschichte des Leipziger Musiklebens.

X.
„Ödipus" und „Athalia". — Musikfeste. Das Oratorium „Elias".

Auch von seiner abermaligen Wirksamkeit in Berlin fühlte sich Mendelssohn sehr unbefriedigt. Dem Wunsche des Königs, die Berliner Musikverhältnisse neu zu gestalten und zu heben, stemmten sich Hindernisse entgegen, zu deren Besiegung ein stählerner, rücksichtsloser Charakter viel eher geeignet gewesen wäre als unser feinsinniger Komponist mit seiner nervösen Reizbarkeit. Seine Stellung war auch jetzt keine selbständige, sondern beschränkte ihn nach den verschiedensten Seiten hin in seiner Unabhängigkeit. Seine Stellung als oberster Leiter der geistlichen Musik war wenig mehr als ein leerer Titel. In diesem Sinne antwortete er auch seinem Freunde Hiller, der in einem Briefe auf diese Würde angespielt hatte: „Ist es Dein Spott, was Du mir vom Generaldirektor der geistlichen Musik schreibst, oder klingt es nur wider Deinen Willen so? Du weißt doch, daß ich nicht das mindeste davon habe, als den Titel auf dem Papier, und keiner weiß, ob ich je mehr bekomme. Ich habe über alles, was im musikalischen Berlin vorgeht und nicht vorgeht, weder ein Recht mitzusprechen, noch Lust ein Recht zu haben." Nachdem er einige Sinfonie-Konzerte dirigiert hatte, erbat er sich seinen Abschied. Er wollte auf seinen Gehalt verzichten, doch drang ihm der König einen Teil desselben auf und nahm ihm dagegen nur das Versprechen ab, zuweilen nach Berlin zu kommen und dort seine neuen Werke aufzuführen. Unter den Kompositionen, die damals in Berlin entstanden, waren es besonders das zweistimmige Lied „Maiglöckchen läutet den Frühling ein" und der Chorgesang „Wem Gott will rechte Gunst erweisen, den schickt er in die weite Welt," welche durch ihren volkstümlichen Melodieenzauber die weiteste Verbreitung gefunden haben.

Im Mai 1844 wandte sich Mendelssohn wieder nach England, wo den deutschen Musikheroen stets ihre größten Triumphe erblüht waren, wie er schon wiederholt an sich selbst erfahren hatte. In den Philharmonischen Konzerten in London dirigierte er seine Schottische Sinfonie, die Sommernachtstraum-Ouvertüre und die Walpurgisnacht und in Exeter-Hall sein Oratorium „Paulus". Dazwischen entzückte er in verschiedenen Soireen durch sein Klavierspiel, und zuletzt wirkte er in einem

Riesenkonzerte mit, worin nicht weniger als achtunddreißig Stücke zum Vortrag kamen. Die berühmtesten Gesangs= und Instrumentalkünstler beteiligten sich daran, unter anderen Julia Grisi, die Bassisten Lablache und Staudigl, der junge Geiger Joachim und der französische Harfen=Virtuos Parish=Alvars, der auf seiner Pedalharfe Beethovensche und Chopinsche Klavier=Kompositionen mit Leichtigkeit wiedergab. — Die von Mendelssohn geleiteten Orchester=Konzerte übten auf die mitwirkenden Musiker einen bedeutenden Einfluß, ihre Leistungen erreichten eine vorher nie gekannte Höhe. „Seit Mendelssohns Zauberstab die erschlafften Orchestergeister belebte," berichtete ein englischer Korrespondent an eine deutsche Musikzeitung, „donnern seine Harmonieen durch alle Räume. Es sollen sich verschiedene alte Herren der Notabilität darüber beklagt haben, weil sie dadurch in ihrem gewohnten Eckenschläfchen gestört würden." An Mendelssohns Schwester Rebekka, welche mit dem Berliner Mathematiker Professor Dirichlet vermählt war, schreibt Klingemann: „Als Künstler hat hier nie ein Fremder eine Stellung gehabt wie Felix, sie ist so nobel und rein, und sein mächtiger, stiller Wille trägt ihn so sicher und triumphierend durch allen Rauch und alle Nebel in die klaren Regionen; alle, auch die Philister, fühlen das, und alles respektiert und würdigt, jeder in seiner Art und Weise, die Kraft, die jeder erkennt... Warum sind Sie nicht einmal dabei gewesen, wie Felix empfangen wird. Es würde Ihr schwesterliches Herz erquicken und tut einem simplen Zuschauer wohl. So war es im ersten Philharmonie=Konzert, was er dirigierte. Alles, Orchester wie Zuhörer, hatte solches Leben bekommen, sie spielten seine A-moll-Sinfonie (die Schottische) schöner als je vorher, und die andern hörten andächtiger und genossen jauchzender als je... sie mögen den Propheten und Magier merken und sich mit leisem Schauder, unbewußt, zu ihm hingezogen fühlen."

Ende Juli dirigierte Mendelssohn das Pfälzische Musikfest

in Zweibrücken, wo von seinen eigenen Werken Paulus und die Walpurgisnacht zur Aufführung kamen. Die Hoffnung der Leipziger, ihn im Winter wieder an dem gewohnten Platz im Gewandhaus zu sehen, erfüllte sich nicht. Er zog sich mit seiner Familie nach Frankfurt zurück, der ihm selbst so lieb gewordenen Heimat seiner Gattin. Dort erfreute er sich auch wieder des persönlichen Verkehrs mit Hiller und dessen junger Gattin, die der Freund sich aus Italien geholt hatte. Einige Tage vor seiner Abreise schrieb er in deren Album eine Komposition des Volksliedes: „Es weiß und rät es doch keiner, wie mir so wohl ist, so wohl," und malte eine Miniaturkarte von Deutschland darunter, um ihr das neue Vaterland recht einzuprägen. Daneben malte er ein Paar gelbe Glacé=Handschuhe als Zeichen seines Bestrebens, der höchsten Eleganz genug zu tun.

Ferdinand Hiller, der später in Köln ein Konservatorium gründete, hat einen reichen Schatz kleiner, liebenswürdiger Erinnerungen an Mendelssohn aufbewahrt. Als er im Jahre 1839 bei ihm zu Besuch weilte, machte ihm Mendelssohn einst den launigen Vorschlag, daß beide ein und dasselbe Gedicht für eine kleine Gesellschaft sangeskundiger Musikfreunde, die sich die „Liedertafel" nannte, komponieren und diese dann erraten lassen wollten, ob Mendelssohn oder Hiller der Komponist sei. Die Wahl fiel auf das Eichendorffsche Gedicht „Liebe und Wein".

„Ich sehe uns noch, einander schweigend gegenübersitzend," erzählt Hiller, „aus demselben Tintenfasse den nötigen Stoff holend; nur selten unterbrach irgend ein lustiges Wort die Stille, das Klavier wurde nicht berührt. Nach einigen Stunden wurden wir, ungefähr zu gleicher Zeit, fertig und spielten uns die Dinger vor. Wir schrieben eine Anzahl Stimmen aus, in der Weise, daß jeder die Hälfte derselben von seiner, die andere Hälfte von der Komposition des andern übernahm. Die Partituren durften nicht mitgenommen und überhaupt unter keiner Bedingung das Ge=

heimnis an die Liedertäfler verraten werden. Der Abend kam heran und das Unternehmen gelang vollkommen. Die Stücke wurden vortrefflich vom Blatt gesungen, und nur einer, einer der gebildetsten Dilettanten, gab seine Meinung — es war die richtige — mit voller Überzeugung ab. Bei allen andern blieb es beim Hinundherraten. Wir lachten und — schwiegen... Die Entstehung des kleinen Stückes blieb mir stets eine reizende Erinnerung..."

Während Mendelssohn den Winter in Frankfurt verlebte, lag die Leitung der Leipziger Gewandhaus=Konzerte in den Händen Davids und des hochbegabten jungen Dänen Niels Wilhelm Gade, dem seine bereits unter Mendelssohn aufgeführte Sinfonie und seine herrliche Ouvertüre „Klänge aus Ossian" schnell zu einem bedeutenden Rufe verholfen hatten. Das letzte Konzert dieser Winter=Saison, am 13. März 1845, brachte den Leipzigern einen gar duftigen Frühlingsgruß ihres abwesenden Lieblings. An diesem Abende spielte Meister David Mendelssohns Violin=Konzert, über welches beide Freunde sich brieflich verständigt hatten. Es bildet mit Beethovens und Spohrs beiden Violin=Konzerten ein unerreichtes Kleeblatt unter allen Kompositionen für dieses Instrument und vereinigt Schönheit und Frische mit edler, dankbarer Virtuosität.

Um diese Zeit hatte Mendelssohn die beiden Werke vollendet, zu welchen König Friedrich Wilhelm IV. ihm schon früher die Anregung gegeben: die Musik zu „Ödipus" und „Athalia". An beiden hatte er an verschiedenen Orten gearbeitet. „Ödipus auf Kolonos" ist der zweite Teil der gewaltigen Sophokleschen Trilogie, welche mit König Ödipus beginnt und mit Antigone schließt. „Ödipus auf Kolonos" wurde mit der Mendelssohnschen Musik zum erstenmal am 1. November 1845 im Neuen Palais zu Potsdam vor einem engeren Zirkel und bald darauf im Berliner Schauspielhause öffentlich aufgeführt. Der hoch=

tragische Stoff ist dem modernen Empfinden fremd, bietet aber geeignete Momente für die musikalische Behandlung, und diese hat Mendelssohn mit künstlerischem Griff aufs glücklichste erfaßt.

Für Racines „Athalia" hatte der König stets eine besondere Vorliebe gehegt und deshalb schon im Jahre 1840 einen Komponisten beauftragt, die Musik dazu zu schreiben, die aber bei der Aufführung vom Publikum entschieden abgelehnt worden war. Die Dichtung des französischen Klassikers, ein religiöses Drama, spielt auf biblischem Hintergrund, der im zweiten Buche der Könige und der Chronika enthalten ist. Racine hat darin den Chor der altgriechischen Tragödie nachgebildet, sich aber nicht, wie dieser, auf den Männerchor beschränkt. Der Chor in der „Phädra" wird von frommen Israeliten beiderlei Geschlechts getragen und bietet daher dem Komponisten einen größeren und freieren Spielraum, wie die biblische Handlung auch dem menschlichen Empfinden viel näher liegt als das grause Schicksalswalten im Ödipus. Der Dichter Raupach hatte den Text der Chöre neu bearbeitet, denen Mendelssohn durch die Harfe als begleitendes Instrument einen hohen Reiz und einen Anklang an die Psalmen der Leviten beim Tempeldienst verlieh. Die Ouvertüre ist ein Meisterwerk, nicht weniger der kräftige, frische Kriegsmarsch der Priester, den ein heiliges, kriegerisches Feuer durchdringt. Über der ganzen Musik schwebt ein gewisser morgenländischer Duft. Die erste Aufführung fand am 1. Dezember 1845 in Charlottenburg statt und brachte dem Komponisten wohlverdiente Anerkennung.

Während dieses Winters bis zum Frühjahr 1846 weilte Mendelssohn wieder in Leipzig und teilte sich mit Gade in die Leitung der Gewandhaus-Konzerte. Im Sommer war er viel auf Reisen und dirigierte mehrere große Musikfeste, zunächst das Aachener; dann rief ihn eine höchst ehrenvolle Einladung nach Lüttich. Dort sollte am 11. Juni die 600 jährige Jubelfeier der ersten Einführung des Fronleichnamsfestes stattfinden. Dieses größte aller katholischen Feste verdankt seine Entstehung dem Traume einer Nonne, die zu Anfang des 13. Jahrhunderts in Lüttich lebte. Die Stiftung selbst geschah durch den Papst Urban IV. Von Lüttich aus, wo das Fest am 11. Juni 1246 zuerst gefeiert worden war, verbreitete es sich über die ganze katholische Christenheit. Man wollte nun die Jubelfeier ganz besonders weihevoll begehen und hatte sich daher an den größten zur Zeit lebenden deutschen Tonkünstler — Mendelssohn — gewendet, daß er die berühmte Sequenz des Thomas von Aquino: „Lauda Sion salvatorum" neu in Musik setze. Obwohl Protestant, schuf Mendelssohn dennoch ein Werk, worin er sich vollständig in das katholische Gefühl eingelebt hatte. Es war im strengsten Kirchenstil gehalten, aber voll harmonischer und melodischer Schönheiten und lieblich und abwechslungsreich mit seinen Chören, Soli, Quartetten und seiner Instrumentalmusik. Da es zu einer würdigen Aufführung, wie Mendelssohn sie im Sinne hatte, in Lüttich an hinreichenden musikalischen Kräften fehlte, so dirigierte er nicht selbst, sondern wohnte nur als Zuhörer bei, dennoch war die Wirkung in der Kirche auf die gläubige katholische Menge eine tief ergreifende.

Von Lüttich begab sich Mendelssohn nach Köln zur Leitung des ersten deutsch-blämischen Sängerfestes, welches im Gürzenichsaale abgehalten wurde, der größten Festhalle Deutschlands. Mehr als 2000 Sänger waren erschienen. Mendelssohn hatte für diesen Zweck Schillers „Festgesang an die Künstler" komponiert, von den Worten an: „Der Menschheit Würde ist in Eure Hand gegeben." Die Musik ist dem Gedichte ebenbürtig. Überall, wo Mendelssohn sich sehen ließ, wurde er bejubelt, mit patriotischer Freude war er Zeuge des guten Einvernehmens zwischen Blämischen und Deutschen, besonders aber fühlte er sich erhoben, als die große Sängermasse sein Volkslied „Wer hat dich, du schöner Wald" auswendig anstimmte.

Schon seit Jahren war in Mendelssohn ein Werk gereift, welches den Höhepunkt seines Schaffens bilden sollte. Als Hiller im Winter 1839/40 sich einige Zeit in Leipzig aufhielt und den Freund eines Abends besuchte, fand er ihn in der Bibel lesend. „Höre zu," sagte Mendelssohn und las dem Besucher mit bewegter Stimme aus dem ersten Buch der Könige die Stelle vor, welche mit den Worten beginnt: „Und siehe, der Herr ging vorüber..." Als er geendigt, rief er aus: „Wäre dies nicht herrlich für ein Oratorium?" Es war ein künftiges Stück des „Elias". Seitdem hatte er in aller Stille und mit längeren Zwischenpausen daran gearbeitet. Über den Text stand er in regem Briefwechsel mit seinem Freunde, dem Prediger Schubring in Dessau, der sich schon am Texte des „Paulus" beteiligt hatte. Welche Gedanken ihn beim „Elias" leiteten, spricht er in folgenden an Schubring gerichteten Zeilen aus: „Ich hatte mir eigentlich einen rechten durch und durch Propheten gedacht, wie wir ihn etwa heutzutage wieder brauchen könnten, stark, eifrig, auch wohl bös und zornig und finster, im Gegensatz zum Hofgesindel, und fast zur ganzen Welt im Gegensatz, und doch getragen wie von Engelsflügeln... Es ist mir darum recht um das Dramatische zu tun, und, wie Du sagst, epische Erzählung darf darin nicht vorkommen. Auch daß Du die allgemeine ans Herz gehende Bedeutung der Bibelworte aufsuchst, erfreut mich; nur wenn ich eins zu bemerken hätte, wär's, daß ich das dramatische Element noch prägnanter, bestimmter hier und da hervortreten sehen möchte."

Der Text ist aus dem 16., 17. und 18. Kapitel des ersten Buchs der Könige gebildet und wurde ins Englische übersetzt, da das Oratorium zunächst für das Musikfest in Birmingham bestimmt war. Schubring hat mit großem Geschick die einzelnen Teile zu einem künstlerischen Ganzen verbunden und die verbindenden Stellen mit tiefem Verständnis aus den Propheten und Psalmen ausgewählt. Das Oratorium beginnt mit des Elias verhängnisvoller Weissagung der Hungersnot, welcher die Wehklagen der davon Betroffenen folgen; daran schließt sich die Abreise des Propheten, die Lebenserweckung des Sohnes der Witwe, der Untergang der Baalspriester, das Öffnen des Himmels durch Elias' Gebet, dem ein Chor des Dankes gegen den Herrn folgt, daß jetzt die Wasserströme sich erheben. Damit endet der erste Teil. Der zweite umfaßt die Verfolgung des Elias, seine Flucht in die Wüste, seine Himmelfahrt und die Weissagung auf den Messias.

Es hätte sich kaum ein dramatischerer Stoff im alten Testamente finden lassen, wofür nicht nur der Szenenreichtum, sondern die Gestalt des Elias selbst spricht, dieses gewaltigsten der alten Propheten, der tatkräftige Verteidiger des reinen Jehovaglaubens gegen den sinnlichen Götzendienst und die Verblendung der Israeliten, der starke Gottesheld, dem es gleichwohl nicht an echt menschlichen Zügen fehlt, wie sie sich in der Szene mit der Witwe von Sarepta zeigen, deren Sohn er vom Tode erweckt, und in der Wüste, wo Elias an der Erreichung seines großen Lebenszwecks verzagen will.

Die Komposition überragt den „Paulus" und darf als Mendelssohns größte Schöpfung gelten. In keinem seiner Werke findet sich eine solche Fülle herrlicher Melodieen, die sich jedem musikalischen Ohre sofort einprägen. Die außerordentlich lebendige und dramatische Musik führt selbst den kältesten Zuhörer mitten in die Handlung hinein und eröffnet hier und da tiefe Blicke in eine höhere Welt, die so nur dem gottbegeisterten Künstler sich erschließen konnte. Mit den Chören der Israeliten und der Baalspriester wechseln Terzette, Doppelquartette und Arien. Die Instrumentierung erhebt sich oft, namentlich durch die Blasinstrumente, zu wunderbarer Majestät. Seelen- und Naturmalerei sind aufs herrlichste verbunden.

Ende des Frühjahrs 1846 war Mendelssohn mit dem Werke fertig geworden, und nach den anstrengenden Tagen von Aachen, Lüttich und Köln reiste er nach England, um auf dem großen Birminghamer Musikfeste, welches vom 25. bis 28. August stattfand, die Aufführung seines „Elias" zu leiten. Das Programm dieses Festes bot Meisterwerke von Händel, Haydn, Beethoven und Cherubini, aber keinem derselben sah man mit solcher Spannung entgegen, wie Mendelssohns neuem Oratorium. Am Vormittag des 26. August trat es in der großartigen Stadthalle vor die Öffentlichkeit. Über den ersten Eindruck spricht sich der Londoner Berichterstatter einer deutschen Musikzeitung mit folgenden Worten aus: „Wie soll man den heutigen Tag in der Musikhalle beschreiben? Nach solcher Aufregung ist es in der Tat schwer, seine Gefühle in der kalten Sprache wiederzugeben. Es war ein großer Tag für das Fest, ein großer Tag für die Künstler, ein großer Tag für Mendelssohn und ein Zeitabschnitt für die Kunst. Vier Dacapos im ersten Teil und eine gleiche Anzahl im zweiten, also acht Wiederholungen und am Schlusse des «Elias» das Hervorrufen des Komponisten sind wichtige Tatsachen, wenn man bedenkt, daß es strenge Verordnung des Komitees war, das Publikum möge seinen Beifall durchaus nicht durch Applaudieren zu erkennen geben. Aber der Enthusiasmus läßt sich nicht durch Verordnungen unterdrücken. Wenn das Herz voll ist, geht der Mund über. Es war eine zu großartige Szene, diese überall mit Menschen gefüllte Halle, deren mit Damen besetzte Galerieen Tulpenbeeten glichen, dazu der Effekt der herrlichen Musik und am Schlusse diese donnernden Bravos!"

Mendelssohn selbst war sehr zufrieden, wie folgende Stelle in einem seiner Briefe zeigt: „Noch niemals ist ein Stück von mir bei der ersten Aufführung so vortrefflich gegangen und von den Musikern und Zuhörern so begeistert aufgenommen worden, wie dies Oratorium. Es war gleich bei der ersten Probe zu sehen, daß sie es gern mochten und gern sangen und spielten, aber daß es bei der Aufführung gleich einen solchen Schwung und Zug bekommen würde, das, gestehe ich, hätte ich selbst nicht erwartet... Die ganzen dritthalb Stunden, die es dauerte, war der große Saal mit seinen 2000 Menschen und das große Orchester alles so vollkommen auf den einen Punkt, um den sich's handelte, gespannt, daß von den Zuhörern nicht das leiseste Geräusch zu hören war, und daß ich mit den ungeheuern Orchester-, Chor- und Orgelmassen vorwärts- und zurückgehen konnte, wie ich nur wollte..." Ein junger Tenorist sang seine Arie so ergreifend schön, daß Mendelssohn seine Rührung gewaltsam unterdrücken mußte, um nicht aus dem Takte zu kommen; um so weniger entsprach die erste Sopranistin seinen Wünschen. Die ganz verfehlte Art, wie sie ihre Partie ausführte, geißelt er mit folgenden Worten: „Alles war daran so niedlich, so gefällig, so elegant, so unrein, so seelenlos und kopflos dazu, und die Musik bekam eine Art von liebenswürdigem Ausdruck, über den ich noch heute toll werden möchte, wenn ich daran denke..." Daß Mendelssohn über sein musikalisches Können zu jeder Zeit und selbst unter ungünstigen oder zerstreuenden Umständen verfügte, wurde bereits bei früherer Gelegenheit gesagt. Eine Probe davon lieferte er bei diesem Musikfest. Auf dem Programm stand eine Kantate von Händel, der ein Rezitativ vorausging. Das Konzert war bereits im Gange, als man bemerkte, daß in den Noten der Sänger und Musiker das Rezitativ fehlte, während es in den Textbüchern des Publikums enthalten war. Das Festkomitee war darob in nicht geringer Verlegenheit. „Wartet, ich will Euch helfen," sagte Mendelssohn, den man in einem Foyer der Halle aufsuchte. Er setzte sich sogleich hin und komponierte das Rezitativ für Sänger und Orchester in Zeit von einer halben Stunde. Es wurde schleunigst ausgeschrieben; die Mitwirkenden erhielten die Stimmen noch naß und sangen und spielten das Rezitativ vom Blatt, und es ging so vortrefflich, daß das Publikum nicht ahnte, auf welche merkwürdige Weise das Musikstück, um das es beinahe gekommen wäre, durch Mendelssohns schlagfertige Geistesgegenwart zu stande gebracht worden war.

XI.

Königlicher Dank. — Ein schmerzlicher Verlust. Letztes Schaffen. — Das Ende vom Liede.

Bei der Leitung der Leipziger Gewandhaus-Konzerte stand unserm Meister während des Winters 1846/47 Gade wieder zur Seite. Mendelssohn fühlte sich von dem Schaffen und Wirken der letzten Zeit erschöpft; selten nur führte er eines seiner eigenen Werke auf, mit seinen jüngsten Kompositionen hielt er ganz zurück. Auch als Klavierspieler ließ er sich nicht hören; seiner Reizbarkeit wegen hatte es ihm der Arzt verboten. Oft peinigte ihn heftiges Kopfweh. Am Osterfeiertage 1847 führte er in der Paulinerkirche sein Oratorium „Paulus" auf, doch hatte es großer Überredungskünste bedurft, um ihn hierzu zu bewegen. Seinen Freunden gegenüber rechtfertigte er seine Zurückgezogenheit damit, daß er die ihm noch gegebene Zeit zu schöpferischer Tätigkeit benützen müsse, wenigstens bis zu seinem vierzigsten Jahre, dann wolle er vom Komponieren ausruhen. Ein gegebenes Versprechen nötigte ihn jedoch, im Frühjahr wieder nach England zu gehen. Die Sacred-harmonic-society in London, eine Gesellschaft für geistliche Musik, wollte nicht hinter Birmingham zurückbleiben, sondern den „Elias" unter des Komponisten persönlicher Leitung ebenfalls zur Aufführung bringen, die denn auch Ende April in Exeter-Hall dreimal nacheinander unter Stürmen des Beifalls stattfand. Der Prinz-Gemahl Albert, welcher der ersten Aufführung beiwohnte, übersandte Mendelssohn das Textbuch, dessen er sich bedient und in welches er folgende Worte geschrieben hatte:

„Dem edeln Künstler, der, umgeben von dem Baalsdienste einer falschen Kunst, durch Genius und Studium vermocht hat, den Dienst der wahren Kunst, wie ein anderer Elias, treu zu bewahren und unser Ohr aus dem Taumel eines gedankenlosen Tönegetändels wieder an den reinen Ton nachahmender Empfindung und gesetzmäßiger Harmonie zu gewöhnen, — dem großen Meister, der alles sanfte Gesäusel, wie allen mächtigen Sturm der Elemente an dem ruhigen Faden seines Gedankens vor uns aufrollt, zur dankbaren Erinnerung geschrieben.

Buckingham Palace.   Albert."

Mit dieser Anerkennung ehrte der kunstsinnige Fürst sich selbst ebenso wie den genialen Komponisten. Im Hyde-Park in London ragt jetzt das großartige Monument empor, welches die Königin Victoria ihrem 1861 verstorbenen Gatten errichten ließ. Es zeigt neben der Kolossalstatue des Prinzen mehr als zweihundert lebensgroße Figuren, die edelsten Förderer menschlicher Kultur darstellend, und unter ihnen hat auch Mendelssohn einen Platz gefunden. Wie sinnig hat damit die Herrscherin das Andenken des deutschen Künstlers, für welchen der von den edelsten Bestrebungen beseelte fürstliche Gemahl eine so warme Verehrung hegte, auf die späteren Generationen des Landes verpflanzt, das den Tönen seiner Leier stets ein volles Verständnis entgegenbrachte!

Nachdem Mendelssohn in der Philharmonie seine Musik zum „Sommernachtstraum" zu Gehör gebracht und in Manchester einer Aufführung des „Elias" beigewohnt hatte, begab er sich nach Frankfurt, wo Frau und Kinder weilten. Hier erreichte ihn, wie ein Blitz aus heiterm Himmel, eine niederschmetternde

Trauernachricht aus Berlin. Am Nachmittage des 14. Mai hatte Schwester Fanny, welche die uns wohlbekannten Hauskonzerte fortführte, eine Gesangprobe zur „Walpurgisnacht" leiten wollen. Im besten Wohlsein hatte sie sich ans Klavier gesetzt. Plötzlich fühlte sie, daß ihre Hände abstarben. Sie räumte daher ihren Platz einem andern ein, und, während sie in einem Nebenzimmer ihre Hände in Essig badete, ging die Probe weiter. Schon war sie im Begriff, in den Musiksaal zurückzukehren, als eine allgemeine Lähmung ihr das Bewußtsein raubte. Noch vor Mitternacht trat der Tod ein.

Furchtbar war die Erschütterung, welche diese Schreckensbotschaft auf Mendelssohn ausübte. Noch erfüllt von den kurz vorher gefeierten Triumphen, sah er sein Leben plötzlich in tiefe schwarze Schatten getaucht. Von frühester Jugend an war er mit Fanny durch die feinsten seelischen Fäden verbunden; auch räumlich voneinander getrennt, hatten beide noch in innigem Ideenaustausch gestanden, und auf das Urteil und den Rat der Schwester hatte Felix stets den größten Wert gelegt, — nun hatte der unerbittliche Tod diesen schönen Seelenbund jäh zerrissen. Beim Empfange der Nachricht soll Mendelssohn einen lauten Schrei ausgestoßen haben und sofort vom heftigsten Kopfschmerz befallen worden sein. Von dieser Stunde an lebte er wie unter dem erhobenen Schwert des Todesengels; wie Schwester und Eltern, war auch schon sein Großvater Moses so urplötzlich aus dem Leben gerufen worden; es schien ihm nun festzustehen, daß der Schlagfluß in seiner Familie erblich sei und daß er einem gleichen Schicksal entgegengehe.

Lange vermochte er sich über den Verlust nicht zu fassen. Nur die süßen Bande, die ihn mit Weib und Kindern verknüpften, und sein ihm heiliger Künstlerberuf hielten ihn aufrecht. Solange er noch Kraft in sich fühlte, wollte er weiterschaffen. Wenn Cäcilie ihn mahnte, sich zu schonen, so antwortete er ihr:

„Laß mich nur jetzt noch arbeiten, es wird schon auch für mich die Zeit der Ruhe kommen." Zu seinen Freunden sagte er, wie in Vorahnung seines frühen Todes: „Ich muß die Frist benutzen, die mir noch gegeben ist, ich weiß nicht, wie lange sie noch dauert."

Zu seiner Zerstreuung begab er sich mit seiner Familie nach Baden-Baden und dann nach Interlaken, wo er sich in dem alten, ihm liebgewordenen Hotel, welches die großen Nußbäume umschatteten, häuslich niederließ. Hier schweifte er umher und erfrischte sich an der großartigen Natur, aber oft auch arbeitete er ganze Tage lang ununterbrochen. Die Früchte dieses Schaffens waren zwei Streichquartette, einige Motetten und Lieder, darunter auch das herrliche Eichendorffsche Nachtlied: „Vergangen ist der lichte Tag," wobei er der verstorbenen Schwester gedachte. Außerdem trug er sich mit zwei größeren Kompositionen. Die eine davon war ein neues Oratorium: „Christus". Doch vollendete er nur ein Rezitativ, ein Terzett, einen Chor und den Choral: „Wie schön leucht' uns der Morgenstern," eine Weihnachtsmusik von edler Wirkung, die noch häufig in den protestantischen Kirchen aufgeführt wird. Die andere große Arbeit, welche ihn beschäftigte, war die Oper „Loreley", wozu Emanuel Geibel den Text gedichtet. Nie hatte Mendelssohn den Gedanken aufgegeben, die Welt mit einem dramatischen Werke zu beschenken, das einzige musikalische Gebiet, auf welchem er seinem Schaffenstriebe noch nicht genug getan. Leider blieb, wie das Oratorium, auch die Oper unvollendet. Ausgeführt sind nur ein Ave Maria, ein Chor mit Solo, ein Marsch und das große hochdramatische Finale, in welchem die Heldin, um für die Treulosigkeit des Geliebten Rache zu nehmen, sich den Wassergeistern übergibt und von diesen zur Braut des Rheines erklärt wird. Dieses Bruchstück wurde lange nach Mendelssohns Tode von einigen Bühnen — so in Leipzig und Karlsruhe — aufgeführt und übte stets eine mächtige Wirkung.

Nach Leipzig, wohin er Mitte September zurückkehrte, brachte er eine ruhige, fast heitere Stimmung mit, nur beklagte er sich, daß ihn die Leipziger Luft drücke. Ein Aufenthalt in Berlin bei seinen Geschwistern Rebekka und Paul gestaltete sich mehr zu einem Familientrauerfest als zu einer Erholung; überall verfolgte ihn hier die wehmütige Erinnerung an Fanny, und die Wunde blutete von neuem. Erst in Leipzig fand er seine alte Fassung wieder; mit ganzer Hingebung arbeitete er an der Oper weiter, auch freute ihn die Aussicht, demnächst seinen „Elias" in Wien dirigieren zu können, worauf er ihn in Leipzig zur Aufführung bringen wollte. In seinem Äußern erschien er gealtert, auch sein Gang war weniger rasch als früher. Sah man ihn aber am Klavier oder sprach er über Kunst und Künstler, so war er noch ganz Leben und Feuer. Dennoch gab es Stunden, wo er Musik nicht hören konnte, ohne zu weinen.

Am 9. Oktober begab er sich zu Frau Doktor Frege, einer ihm befreundeten Sängerin, und überbrachte ihr ein neues Heft seiner Lieder. Während sie ihm eines derselben vorsang, wurde er plötzlich von einem ohnmachtähnlichen Schwindel befallen. Er erholte sich so weit, daß er allein nach Hause zu gehen vermochte. Sein Befinden besserte sich. Am 28. Oktober hatte er mit seiner Gattin einen Spaziergang gemacht und mit gutem Appetit sein Mittagsmahl eingenommen. Aber an demselben Tage kehrte der Anfall wieder, heftiger als zuvor, und der herbeigerufene Arzt konstatierte einen Nervenschlag. Eine Zeitlang war der Kranke bewußtlos; als er wieder zu sich kam, klagte er über starken Kopfschmerz. Da eine Besserung eintrat, so gaben die Ärzte die Hoffnung noch nicht auf. Die Leipziger hörten von der ernsten Erkrankung ihres Lieblings; ihre Teilnahme gab sich in allgemeiner Besorgnis kund. Überall war die Frage zu hören, wie es ihm gehe. Die Chorproben zu „Elias", die bereits im Gange waren, wurden abgebrochen. Am 3. November hatte sich der Kranke aus einer geringfügigen Ursache aufgeregt, wie ja Nervenleidende durch den kleinsten Anlaß in eine heftige Gemütsbewegung versetzt werden können. Infolge dessen trat ein dritter Schlaganfall ein, der ihm das Bewußtsein raubte. Plötzlich wurde er emporgerissen und stieß mit weitgeöffnetem Munde einen scharfen Schrei aus, allem Anschein nach durch einen furchtbaren Schmerz im Kopfe hervorgerufen. Dann sank er ins Kissen zurück und lag im Taumelschlafe. Auf Cäciliens Frage, wie ihm sei, gab er zur Antwort: „Müde, sehr müde!" Sonst antwortete er nur noch mit Ja und Nein.

Durch die Stadt verbreiteten sich die beunruhigendsten Nachrichten. Das Gewandhaus=Konzert, welches am Abend statt= finden sollte, wurde abgesagt. Kein Musiker wollte spielen, während der Meister mit dem Tode rang, auch würde sich wohl kein wahrer Kunstfreund als Zuhörer eingefunden haben.

Bis zum nächsten Tage, den 4. November, schlief der Kranke ruhig. Am Abend, kurz nach neun Uhr, stockte sein Atem. Der Todesengel hatte die Seele des großen Tonmeisters entführt. Er war wenig über achtunddreißig Jahre alt ge= worden. Ganz Leipzig schien wie von einem allgemeinen Un= glück betroffen, so groß war die Bestürzung, so tief die Teil= nahme, als am andern Morgen die Trauerkunde von Mund zu Mund flog. Hunderte von Leidtragenden drängten sich nach dem Sterbehause, um die geliebten Züge noch einmal zu sehen. Der Tod zögerte mit seinem entstellenden Werke. Die verklärte Ruhe eines sanft Schlummernden lag auf dem Antlitz, so daß Freunde des Entschlafenen sich an die Hoffnung klammerten, er sei nur scheintot. Die Maler Bendemann und Hübner, die jetzt in Dresden wirkten, kamen herbeigeeilt, um die teuern Züge des Freundes im Bilde festzuhalten. Palmenzweige und Lorbeer= kränze breiteten sich in fast erdrückender Fülle um das Toten= lager. Am Nachmittag des 7. November wurde in der Pauliner=

kirche eine würdige Totenfeier veranstaltet. Den Wagen mit dem reichgeschmückten Sarge zogen vier schwarz verhüllte Rosse; David, Gade, Robert Schumann, Rietz, Hauptmann und Moscheles trugen die Enden des Bahrtuches. Vor dem Sarge gingen die Mitglieder des Orchesters und die männlichen Zöglinge des Konservatoriums, unmittelbar hinter dem Sarge folgten Mendelssohns Bruder Paul, seine beiden Schwäger Hensel und Dirichlet nebst anderen Verwandten, und ihnen schloß sich ein unabsehbarer Trauerzug an, worunter die Geistlichkeit und die Behörden der Stadt und Universität.

In der Kirche wurde der Sarg auf einen mit brennenden Wachskerzen umgebenen Katafalk gestellt und zu Füßen des Meisters ein silberner Lorbeerkranz niedergelegt. Vor und nach der Trauerrede, welche der Prediger der reformierten Gemeinde hielt, erklangen Chöre aus „Paulus"; mit dem Schlußchor aus der Bachschen Passionsmusik endete die tief ergreifende Feier. Als die Versammlung sich zerstreut hatte, erschien die schmerzgebeugte Gattin und verrichtete am Sarge des Entschlafenen, an dessen Seite sie zehn glückliche Jahre verlebt hatte, ein stilles Gebet.

Noch in derselben Nacht wurde die Leiche mit einem Extrazuge nach Berlin überführt. In Köthen empfing den toten Meister ein Sängerverein mit einem Chorale; in Dessau erwartete ihn der greise Organist Friedrich Schneider, der bedeutende Oratorien-Komponist. Entblößten Hauptes und unter bitteren Tränen stand er an dem Wagen, welcher die Hülle des so früh Geschiedenen barg, und ein ihn umgebender Sängerchor stimmte einen Gesang an, den der ehrwürdige Nestor der Tonkunst für diese Trauerstunde komponiert hatte.

In Berlin wurde der Sarg mit seinem ganzen Blumen- und Palmenschmuck am Anhalter Bahnhofe auf einen Leichenwagen gehoben, während ein Musikkorps den Choral „Jesus, meine Zuversicht" spielte. Von den ersten Strahlen der eben aufgehenden Sonne beleuchtet, langte der Leichenzug auf dem Dreifaltigkeits-Kirchhofe vor dem Halleschen Tore an, von dem Domchor mit einem Trauergesange begrüßt. Ein der Familie Mendelssohn befreundeter Geistlicher hielt eine ergreifende Grabrede. Gesänge des Domchors, der Singakademie und der Mitglieder der Königlichen Oper schlossen die ernste, wehmütige Feier.

Der Sarg Mendelssohns wurde neben dem seiner Schwester Fanny in der Familiengruft beigesetzt. Als er die Schwester zum letzten Male gesehen, hatte sie sich bei ihm beklagt, daß er schon lange nicht mehr ihren Geburtstag bei ihr gefeiert habe. „Verlaß Dich darauf," war seine Antwort gewesen, „das nächste Mal bin ich bei Dir." Nun hatte er Wort gehalten — am 14. November hatte Fanny Geburtstag —, er war bei ihr, und Seite an Seite ruhen die Geschwister im Tode, die das Leben so innig verband.

Nur um sechs Monate hatte er die Schwester überlebt. Es lag nahe, die Ursache seines Todes dem tiefen Schmerze über diesen Verlust zuzuschreiben. Dem war jedoch nicht so. Die vorzeitige Erschöpfung seines überaus fein organisierten Nervensystems durch geistige Überanstrengung hatte seinen frühen Tod herbeigeführt.

Das nächste Gewandhaus-Konzert in Leipzig war eine Gedächtnisfeier des Entschlafenen, dessen Genius in seinen eigenen Tönen zu der Versammlung sprach. Auch sein letztes Lied „Vergangen ist der lichte Tag" erklang, von Frau Doktor Frege mit tiefer Innigkeit gesungen. Die zahlreiche Zuhörerschaft hielt sich während des ganzen Abends in andachtsvoller Stille, niemand wagte die Hand zum Beifall zu regen.

Hiller wohnte dem Konzert bei. Die Empfindungen, die ihn dabei bewegten, schildert er mit folgenden Worten: „Das

Traurigste, sagte George Sand irgendwo, nach dem Tode eines geliebten Menschen sei das Tafeltuch, welches zur bestimmten Eßstunde wieder auf den Tisch gelegt werde. — Ich hatte während des Konzertes ein ähnliches Gefühl. Da stand das Orchester, da stand der Chor, da waren die Zuhörer, welche während so mancher Jahre durch Mendelssohn begeistert worden waren — und sie machten Musik und spielten und sangen — und wenige Tage zuvor hatte man seine Leiche zur Kirche geleitet . . . Eigentlich schien es mir unmöglich, daß man schon wieder im Gewandhaussaale Musik machen könne — aber das Tafeltuch mußte doch zur bestimmten Stunde wieder gelegt werden und die Verwaisten vereinigten sich zum gewohnten musikalischen Mahle. So ist das Leben!"

In ganz Deutschland und darüber hinaus wurden dem Verewigten zu Ehren Trauerfeierlichkeiten veranstaltet. In Berlin geschah dies in einer Sinfonie-Soiree, und die Singakademie führte als Gedächtnisfeier den „Elias" auf; dasselbe tat die Sacred-harmonie-society in London, wobei alle Anwesenden schwarz gekleidet waren. In Wien gestaltete sich die erste Aufführung des „Elias" am 15. November, zu welcher man Mendelssohn erwartet hatte, zu einer besonders großartigen Totenfeier. Die zahlreiche Menge der Sänger und Sängerinnen erschien in schwarzer Kleidung, die Damen des Chors weiß, mit einer schwarzen Atlasschleife auf der linken Seite. Das Pult, an welchem der Verewigte sein Werk hätte leiten sollen, war mit schwarzem Flor behangen. Darauf lagen eine Notenrolle und ein frischer grüner Lorbeerkranz. An einem zweiten Pulte stand der Dirigent. Nach den ersten Takten trat eine Dame vor und sprach einen von L. A. Frankl gedichteten Prolog.

Auch in Bremen, Köln, Magdeburg, Lübeck, Frankfurt a. M., Mainz, Breslau, Altenburg und vielen anderen Städten wurde durch öffentliche Musikaufführungen das Andenken an den großen

Toten gefeiert. Die Könige von Preußen und Sachsen wie die Königin Victoria von Großbritannien legten der trauernden Witwe durch Beileidsschreiben ihre innige Teilnahme und die ehrenvollste Anerkennung für die Verdienste des Verstorbenen an den Tag.

Ein Mißton in diese allgemeine Trauer kam von Kassel her. Dort wollte der Kapellmeister Ludwig Spohr ebenfalls eine Gedächtnisfeier für den dahingeschiedenen Freund und Kunstgenossen veranstalten. Aber der Kurprinz, der damals Mitregent war, hatte die Erlaubnis dazu versagt, — eine dem bekannten Charakter dieses Despoten, der als Kurfürst 1866 Land und Thron verlor, ganz entsprechende Handlungsweise.

*

Mendelssohns Witwe war nach Berlin gezogen. Dort machte ihr Hiller nach einigen Jahren einen Besuch. Einer Einladung zu Tische folgend, fand er sie von ihren reizenden Kindern umgeben. „Es war für mich eine tief ergreifende Stunde," schreibt er. „Das unbefangene, neckische Geplauder der Kinder, die anmutsvolle, weiche Weise, mit welcher Cäcilie ihr lebhaftes Treiben zu hemmen suchte — ich kam kaum zu mir selbst. Wieviel Glück war dem Dahingeschiedenen entzogen, wieviel Glück den Hinterbliebenen geraubt worden!"

Und wieder nach einigen Jahren kam er auf einige Tage nach seiner Heimatstadt Frankfurt. Er hörte, daß Cäcilie dort weile und sich in einem Gesundheitszustand befinde, der das Schlimmste fürchten ließ. „Ich ging — es war am 25. September 1853 — nach dem Hause von Cäciliens Familie," erzählt er, „klingelte an der bekannten Schelle, die mir so oft geklungen hatte, wenn ich den angenehmsten Stunden entgegenging. Nach wenigen Augenblicken stürzt die Schwiegermutter Mendelssohns, Frau Jeannerenaud, aus dem Zimmer und öffnet die Tür.

Sie hatte der Ankunft von Cäciliens Schwager entgegengesehen. «Ach, Sie sind es, lieber Hiller,» sagte sie tonlos, mit jener erschreckenden Ruhe, die oft die der Verzweiflung ist, «soeben habe ich meine Tochter verloren!»"

*

Die Welt beklagt das Genie, welches mit Lebenssorgen und Hindernissen aller Art zu ringen hat, aber sie sieht diesen Kampf nicht ungern; sie liebt Licht und Schatten, und neben dem düstern Dunkel des letztern erscheint ihr die künstlerische Persönlichkeit nur um so strahlender. Man ist daher geneigt, die Verdienste solcher Männer, welche, wie Mendelssohn, von Jugend auf wohlgeborgen im Schoße des Reichtums ruhten, geringer zu schätzen, indem man annimmt, es sei ihnen leichter geworden, den Lorbeer zu erfassen, als jenen weniger Begünstigten, deren geistige Schöpfungen im Drange der Lebensnöte entstanden. Aber wieviel Schönes und Großes im Gebiete der Kunst verdankt nur diesem äußeren Drucke sein Dasein! Wie viele Talente, die in Armut aufwuchsen, sind ermattet, sobald ihnen die Glücksgöttin lächelte und der Peiniger nicht mehr hinter ihnen stand, der ihnen Feder oder Griffel in die Hand zwang! Um aus dem Reichtum, dem Wohl= behagen heraus Großes zu leisten, dazu gehört eine starke Willens= kraft; denn auch dem äußerlich günstig Gestellten bleiben die Kämpfe, die Enttäuschungen, die unverdienten Zurücksetzungen und Anfeindungen nicht erspart, welche sich dem Talente, je größer desto erbitterter, in den Weg stemmen.

Nie brauchte Mendelssohn der Selbsterhaltung wegen zu arbeiten, aber nie auch überließ er sich müßig dem Behagen des Reichtums; er brauchte nicht zu schaffen, um zu leben, sondern er lebte, um zu schaffen. Mit rastloser Tätigkeit, mit freudiger Arbeitslust gab er sich seinem Berufe hin, in welchem allein er seinen wahren Lebenszweck erblickte, und wenn er mit energischer

Anspannung seines vollen Könnens und Wissens alles aufbot, um in seiner Kunst nach jeder Richtung hin das Beste zu leisten, so gebührt ihm, in seiner sorgenfreien Lebensstellung, dafür kein geringeres Verdienst, als wenn er um das tägliche Brot hätte arbeiten müssen.

Mendelssohn vereinigte in sich den Komponisten mit dem Virtuosen und dem Dirigenten, und alles dies in gleich vollkommenem Maße. Als schaffender Geist fragte er nicht nach dem, was der großen Menge gefallen möchte, sondern er gehorchte nur dem innern Drange, und er durfte es wagen, denn Formvollendung, Technik und Wohlklang kennzeichnen alle seine Werke; ihr harmonischer und melodischer Reiz nimmt den Hörer unwiderstehlich gefangen, und weiche Anmut und Grazie treten selbst in dem strengeren Stile seiner Kirchenmusiken hervor.

Seine universale Bildung erschloß ihm jede Sphäre, mochte es sich um einen religiösen, romantischen oder lyrischen Stoff handeln, und immer führte er den Hörer unmittelbar in die Situation hinein und erhielt ihn darin bis zum Schluß.

Wie er Töne hatte sowohl für die Stimmungen des Menschenherzens als für die laute und stumme Sprache der Natur, das hat Emanuel Geibel in dem folgenden Gedicht unübertrefflich schön besungen:

„O Du warst reich! Du trugst in Deiner Brust
Für jeden Schmerz den Klang, für jede Lust!
Du wußtest jenen dunkeln Laut zu binden,
Der über dem Erschaffnen in den Winden
Gleichwie des Weltalls leises Atmen schwimmt,
Und nun mit Jubel, nun mit tiefer Klage
Als Grundton stets zu unsres Herzens Schlage
Geheimnisvoll in unser Fühlen stimmt.
Du wußtest, welch ein ringend' Lichtverlangen
Von Blatt zu Blatt im Frühlingswalde klingt,
Was auf der Flut mit wundersamem Bangen

Der Geist der Nacht zu Meeresgrotten singt;
An Deine Seele klang des Herbsttags Trauer,
Wenn leise rieselnd in der Dämm'rung Schauer
Vom abgestorb'nen Baum das rote Laub
Gleich blut'gen Tränen hinsinkt in den Staub;
In der zerriss'nen Weise, die die Schwinge
Des Sturmes aus der Äolsharfe wühlt,
Hast Du das ganze Klagelied der Dinge,
Die ganze Sehnsucht der Natur gefühlt."

Carl Flemming, Verlag, Buch- und Kunstdruckerei, A. G., Glogau.

Wanderungen durch das deutsche Land.

Heimatkundliche Skizzen für unsere Jugend.

Mit Beiträgen zahlreicher Fachmänner

herausgegeben von

Prof. Dr. F. W. Otto Richter (Otto von Golmen).

Von der Nordsee rheinaufwärts bis zum Bodensee.

Mit zahlreichen Abbildungen.

Elegant gebunden Mk. 2.—.

In ebenso unterhaltender wie unterrichtender Weise macht das Buch unsere Jugend mit den wichtigsten Sehenswürdigkeiten der deutschen Heimat dadurch bekannt, daß es Wanderungen schildert, die Kinder in unserem Vaterlande ausgeführt haben, und hierbei alles berücksichtigt, was an den einzelnen von der Reise berührten Orten allgemeiner Beachtung irgendwie wert erscheint. Somit wird das Werk zu einer zweckmäßigen Ergänzung der Heimatkunde, wie sie in den Schulen gelehrt wird; denn es hilft dieser, den Kindern eine genaue Kenntnis unseres schönen Landes zu übermitteln und sie dadurch diesem zu immer treuerer, innigerer Liebe zu verpflichten. Besonders wertvoll wird das Werk dadurch, daß eine große Anzahl tüchtiger Fachmänner es ermöglicht hat, die hervorragendsten Gewerbebetriebe jugendlichem Verständnis zugänglich zu machen. Die Darstellung wird überall durch zahlreiche Abbildungen und Kartenbeilagen unterstützt.

Bilder aus der Weltkunde

von

August Hummel.

Mit sechs Farbendruckbildern von F. Flinzer, O. Strützel

und zahlreichen Abbildungen im Text.

Elegant gebunden Mk. 5.—.

An diesen lebensvoll behandelten Darstellungen aus der Natur- und Erdkunde soll sich die Beobachtungsgabe der jugendlichen Leser schärfen; ihre Einbildungskraft soll im heimischen Anschauungskreise Übung und Verständnis gewinnen zur Auffassung der Dinge fremder Länder, und so soll der Natursinn, dieses wertvolle Muttererbe des deutschen Volkes, sich ausbilden besonders zur liebevollen Wertschätzung der Heimat.

— Zu beziehen durch alle Buchhandlungen. —

Carl Flemming, Verlag, Buch- und Kunstdruckerei, A. G., Glogau.

Deutscher Sagenschatz.

Eine Auswahl der schönsten deutschen Sagen.

Nach Landschaften geordnet und bearbeitet

von

Professor Dr. J. W. Otto Richter (Otto von Golmen).

I. Band: **Nordwestdeutschland,** Rheinprovinz, Westfalen, Hannover, Oldenburg und Schleswig-Holstein. — Mit 10 Abbildungen. — Eleg. geb. Mk. 3.—.

II. Band: **Mittleres Norddeutschland,** Provinz Hessen-Nassau, Thüringen, der Harz und seine Umgebung, Mecklenburg und die Hansestädte Lübeck und Hamburg. — Mit 8 Abbild. — Eleg. geb. Mk. 3.60.

III. Band: **Nordostdeutschland,** die Provinzen Brandenburg, Schlesien, Posen, Pommern, West- und Ostpreußen. — Mit 4 Abbildungen. — Gebunden Mk. 3.—.

Die ausgewählten Sagen sind charakteristisch und bedeutungsvoll, ihre Wiedergabe ist künstlerisch abgerundet und klar, der Stil geradezu musterhaft. Zehn schöne bildliche Darstellungen schmücken das vorzügliche Buch. (Internationale Litteraturberichte.)

Parzival und Lohengrin.

Zwei Sagen aus dem Mittelalter

für das deutsche Haus bearbeitet

von

Emil Engelmann.

Mit einem Titelbild von Adolf Closz.

Elegant gebunden Mk. 3.—.

Engelmann hat es verstanden, in reinem, edlem, klarflüssigem Märchenstil das wunderbare, an ahnungsvollen Tiefen fast überreiche Epos zart und gefällig an uns vorüberziehen zu lassen, besonders auch der begeisterungsfähigen Jugend den großartigen Gang des Gedichtes ganz und voll zu erschließen. Mit steigendem Anteil vertiefen wir uns in dieses hervorragendste Geisteswerk unserer mittelhochdeutschen Litteratur. (Schwäb. Merkur.)

— Zu beziehen durch alle Buchhandlungen. —

www.ingramcontent.com/pod-product-compliance
Lightning Source LLC
Chambersburg PA
CBHW051146290426
44108CB00019B/2627